高等教育研究丛书

崔延强 主编

我国高等职业教育学位制度构建研究

何谐 著

HIGHER
EDUCATIO

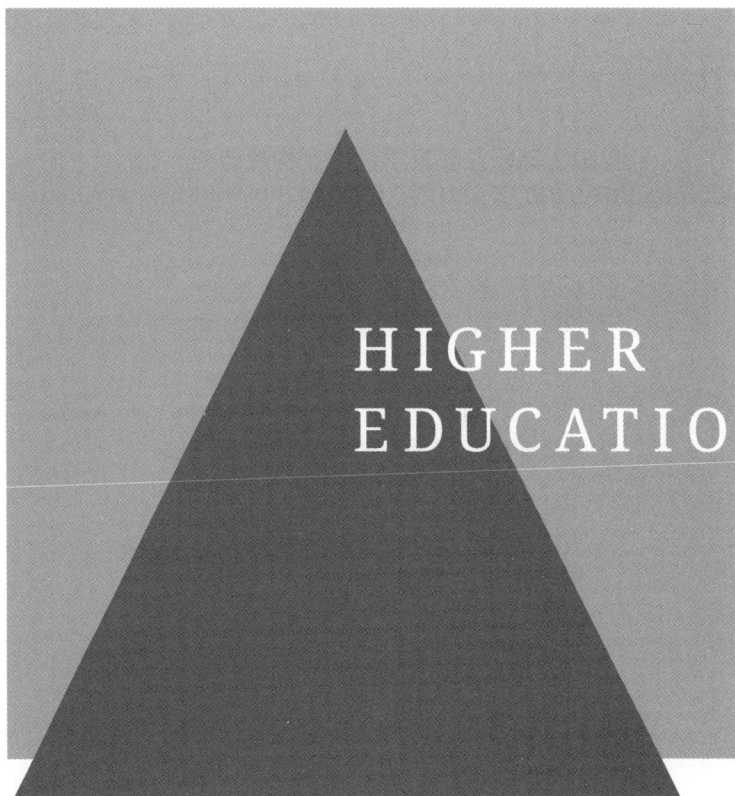

重庆大学出版社

图书在版编目(CIP)数据

我国高等职业教育学位制度构建研究／何谐著.--

重庆：重庆大学出版社,2021.3

ISBN 978-7-5689-2560-0

Ⅰ.①我… Ⅱ.①何… Ⅲ.①高等职业教育—学位—

教育制度—研究—中国 Ⅳ.①G719.2

中国版本图书馆 CIP 数据核字(2021)第 019496 号

我国高等职业教育学位制度构建研究
WOGUO GAODENG ZHIYE JIAOYU XUEWEI ZHIDU GOUJIAN YANJIU

何 谐 著

策划编辑:贾 曼

责任编辑:文 鹏 唐 祺　　版式设计:唐笑水
责任校对:张红梅　　　　　　责任印制:张 策

*

重庆大学出版社出版发行

出版人:饶帮华

社址:重庆市沙坪坝区大学城西路 21 号

邮编:401331

电话:(023) 88617190　88617185(中小学)

传真:(023) 88617186　88617166

网址:http://www.cqup.com.cn

邮箱:fxk@ cqup.com.cn (营销中心)

全国新华书店经销

重庆俊蒲印务有限公司印刷

*

开本:720mm×1020mm　1/16　印张:17　字数:290 千
2021 年 3 月第 1 版　　2021 年 3 月第 1 次印刷
ISBN 978-7-5689-2560-0　定价:68.00 元

/总序 大学的生命/

近 10 年有关大学问题的讨论,在"钱学森之问"和《国家中长期教育改革和发展规划纲要》的推波助澜下,风急浪高。有匡复"大学精神"的,有反思"大学理念"的,有编制"大学逻辑"的,不管是收拾大学的历史记忆,还是改造大学的现实制度,归根结底意在鞭策今天的大学教育重返"大学之道"。我检索了相关言论,发现两个盲点:一是抽象普遍的逻辑理由遮蔽了中国大学教育的特色寻觅与构筑;二是问题切入的视角是教授专家、高层管理,丢失了大学赖以存在土壤——学生。学生立场的"缺席",使大学之道的讨论显得格外悲凉。

我们的大学是谁的大学? 大学的生命究竟何在?

毫无疑问,大学是传道者和问道者不分肤色信仰、不分男女长幼、不计贵贱高低,济济一堂、如切如磋、究天问地、抒发胸臆的共同精神家园。我们师与生是守望自己精神家园的"最后的莫西干人"。牛津学者纽曼说,一间大学虽说不是诗人的生地,但如果不能激起年轻人一些诗心的回荡、一些对人类问题的思索,那这所大学之缺乏感染力是无可置疑的(2001)。大学不是纯粹的科研流动站,也不是按统一规格批量生产人才品牌的车间作坊。不能把大学的使命锁定在单纯的知识生产与再生产的链条上。如果一所大学的首要和主要任务是研究和专利,还要学生干什么? 如果要招收的只是学徒帮工,何不把清华、北大更名为"科学院清华分院""北大分院"? 每当听到"研究型"大学和"教学型"大学的称呼时,总不免有"汗"的感觉。教书育人、研学相长是大学天经地义的第一要务,如今又造出个"研究型"来,据说是有指标体系的。除了"自己争取到科研经费要和政府投入相当""不断生产高水平学术成果"云云之外,至少研究生的规模和本科生对等,或远远大于本科生规模,才初具"研究型"的条件。在这种理念的怂恿下,高水平大学严格控制本科生招生,研究生规模则突飞猛进。我们的一流大学都按这样的"研究型"标准操作,不仅研究生的规模膨胀不堪重负,培养质量令人担忧,而且相当一部分优秀生源进不了一流大学读本科,只好漂流到资源欠发达的地方,的确是一件难以理解的事情。在知识经济时代,正如美国社会学家贝尔所说,"大学是社会发展的中心结构",承担着知识创新与智力输出的责任,这是毋庸置疑的。但大学的"魂"是什么? ——还是那句老话:教书育人。研究是骨骼和肌肉,教育是灵魂和血液。大学必须根植教育,魂系学生,才能成为真正名副其实的大学,有生命力的大学。

本着这种理解考量一下,我们自己的大学体制创新也好,改革也罢,出发点不应只是一个与所谓国际水准接轨的"世界眼光"的问题。从表面上看,经费投入与筹措、知识造血能力与水平、管理理念与体制,的确好像与哈佛、耶鲁、麻省理工有天壤之别,但问题的关键核心是什么? 这些表象"差距"的背后是什么? 我们不能抽象地谈"接轨","接轨"不只是一堆数据的比较。我们应着力思考回到大学生命本源的问题:中国的大学,作为华语世界的大学如何在今天的大学世界之林,找寻我们自己的特色,确立我们自己的位置。特色就是不可比拟、不可通约,就是个性,就是优势,就是生命。没有特色的大学最多是在哈佛之后,再增添一所小哈佛、中国的哈佛而已。北京大学中文系陈平原教授在接受采访时说:"北大就是北大,与哈佛没有距离。"的确,雅典和耶路撒冷有什么关系? 这句话让我想起香港中文大学前任校长、牛津回来的社会学家金耀基先生讲述中文大学,作为一所以科学发现和弘扬中华文化为己任的大学,一所华语世界的大学,怎样从"新亚"和"崇基"两个小小的传统书院起步,顽强地屹立于亚洲乃至世界的大学之林。那就是在说英语的同时不忘说汉语,书院精神支撑现代大学制度。

大学的生命何在? 一言以蔽之,传统一点就是大学的书院气质,"摩登"一点就是大学的人文精神。离开了它,大学只剩下一堆数据、表格、指标、文件和证书,无法实现"以人为本"的价值目标。以人为本的人文关怀,落实到大学改革上,一是坚持以学术为本,重塑大学的学术评价和学术管理体制;二是以学生为本,重建教学设计与管理体制。

立于大学生命的基点,本丛书意在从大学思想和制度的维度,探索大学延绵八百余年、至今不衰的历史之谜与发展之路。

12世纪文艺复兴以降,大学历经新知识大发现、民族国家兴起、宗教改革、工业革命、全球化等浪潮,曾被质疑为纨绔子弟挥霍之地,一度烛火飘摇,几近泯灭。幸每每于危难之际,其命维新,于今发扬光大。但是思想不是博物馆,它与躯干息息相关。思想与制度构成了大学的灵与肉,互为偎依。

道以为制,制以为新,这是大学的肌体。文以载道,育人为先,这是大学的生命,中国大学的生命。

是为序。

崔延强

2019年春于嘉陵江畔

/目 录/

导　论

一、研究缘起

20 世纪 60 年代伊始,世界高等教育发生了巨大变化,高等教育的规模扩大、种类多样、层次多元,向更广泛的社会群体和更多职业、行业开放。这种变化造成了高等教育及其学位内部的不同格局:第一,原本属于培养一线职业岗位技术操作者的职业教育被允许进入高等教育领域,职业教育走向高等化、高级化,并作为一个独立的教育类型占领了高等教育的"半边天"。第二,学位的执业资格功能与价值开始复兴,世界各国开发了多层次多类型的、面向职业的学位,学位文凭不仅是学术水平的评价标志,也是执业水平的认证尺度。职业与高等教育联系越来越密切,根源在于,随着人类社会的发展,经济、科技、职业、社会生活等诸多方面对知识的依赖越来越深。高等院校是现代社会知识传播、运用与生产的核心机构,而学位又是国内外知识、能力与素质水平最权威的评价手段。因此,职业教育高等化和以职业为导向的学位制度在全球范围内兴起并快速发展。

20 世纪末,诸多发达国家已经形成学术型教育与应用型教育同步、学术型学位与专业型学位并行的高等教育体系。1786 年,美国出现了第一个面向职业领域的专业学位,随后一直发展到博士层次,20 世纪 50 年代,美国社区学院转向以职业技术教育为主要职能的职业型副学士学位教育[1],出现了面向特定专门职业的第一职业学位类型[2]。1984 年,法国"萨瓦理法"将"职业性"列入高等教育办学目标,施行以就业为目标、面向职业的职业学士、职业硕士学位制度[3]。英国在新职

---

[1]　续润华.美国社区学院发展研究[M].北京:中国档案出版社,2000:70-71.
[2]　沈文钦,赵世奎.美国第一级职业学位(FPD)制度分析[J].教育学术月刊,2011(7):22-32.
[3]　杨少琳.古老而长新的法国学位制度[M].重庆:重庆大学出版社,2010:60、95-97.

业主义思潮和"从业者的博士学位"[1]概念的推动下,不仅开设了面向具体职业领域的学士以下基础学位,还着手进行了第三代专业博士学位的改革。20世纪60年代,德国建立了应用科技大学(FH),授予实践导向型学位,彼时博士学位授予权仍然是FH不可逾越的传统学术型大学的特权。21世纪,石勒苏益格-荷尔斯泰州赋予该州的应用科技大学博士学位授予权[2],博士学位正式走进了以职业为导向的高等教育序列。据德国教育与科研部报道,德国联邦政府即将推行新学位证书等级制度,以进一步提升德国职业教育的地位[3]。英、美、法、德等高等教育发达国家的以职业为导向的学位制度已较为成熟。我国面向职业的学位制度还很不完善。2014年伊始,为健全以职业为导向的学位体系、建设现代职业教育体系,国家相继出台了《现代职业教育体系建设规划(2014—2020年)》《高等职业教育创新发展行动计划(2015—2018)》《国务院关于加快发展现代职业教育的决定》等文件,皆提出要探索与建立具有职业教育特点的学位制度。另外,一些高职院校早已自发性地尝试实施高等职业教育学位(以下简称高职学位)。如湖北职业技术学院尝试授予的"工士学位",还有上海、北京、珠海、厦门等地的高职院校以"联合办学"的方式授予境外或中国香港等地的"副学士学位"。基于我国不断增长的多层次应用型人才需求,构建我国高等职业教育(以下简称"高职")学位制度,完善以职业为导向的学位体系,具有重大意义。

(一)大国工匠学位培养与认证的制度缺位

我国工匠的培养与认证进入了新的历史起点。随着现代工业从机器大生产时代走向了信息化、智能化时代,技术工人开始向着匠人的角色转变。在以知识经济、创新驱动、智能制造为主要特征的新技术、新产业和新业态的背景下,中国应培育"具有精益求精的工匠精神,敢于创新,为中国制造增品种、提品质、创品牌"的大国工匠,特别是支撑实现制造强国战略的高技能人才队伍。《中华人民共和国国民经济和社会发展第十三个五年规划纲要》指出:"建立健全大国工匠优秀后备人才早期发现、选拔和培养制度"。当前,我国大国工匠的培养任务主要由职业教育

---

[1] S.Lester.Conceptualizing the practitioner doctorate[J].Studies in Higher Education,2004,29(6)757-770.
[2] 周海霞.德国应用科技大学(FH)获博士学位授予权之争[J].外国教育研究,2014(10):96-108.
[3] 杨柳.德国推行新学位证书等级制度,提升职业教育地位[J].比较教育研究,2014(5):108.

承担,但在其发现、选拔、培养和成才评价的学制上存在诸多问题。第一,中高职升学不畅,造成了选拔优质的技术工匠进入专科层次职业教育的难度加大。第二,职业教育体系将大部分的高技能人才排除在本科及其以上层次之外,造成能够成长为高技术水平和强技术创新能力的行业大师的储备人才不足。第三,职业教育学历文凭仅认证与评价高职毕业生的知识、技能的学习经历,却很难真实反映持有者的知识与技能水平、工匠精神水准以及技术创新潜力。第四,技术工匠的知识、技能和素养水平认证主体局限在由非学校教育机构实施的职业技术等级考试和职称评定上,增加了大国工匠培育的时间成本,浪费了职业学校的教育资本投入。高职人才培养的认证与评价无法反映现代工业社会大国工匠的本质特征,即科学性、实践性和创新性及其职业精神。另外,高等职业院校的教育模式尚未严格遵循现代工业社会科学化的技术范式、行业范式。基于大国工匠选拔、培养、评价与认证的职业教育系统,需要一套能够受知识界、教育界、行业、国际多方共同认可的制度来串联不同教育层次、不同渠道技术工匠的接续教育问题,规范行业、职业的科学知识与技术范式,确定应用技术人才的社会地位与身份。

（二）以职业为导向的学位制度尚未完善的现实问题

1991 年,我国开始实施面向职业领域的“学士—硕士—博士”三级专业学位制度,初步形成“以职业为导向的学位制度”和“以学术为导向的学位制度”双轨并行的学位格局。以职业为导向的学位制度是在职业系统专业化和实用主义思潮中孕育而生,虽然顺应了时代发展的需求,但由于以学术为导向的学位制度的社会地位高、利益相关者群体和社会观念固化,新兴产物——以职业为导向的学位的制度化需要历经长久变迁,以排除对旧制度的路径依赖,转变社会大众心理。目前,我国面向职业的学位系统存在着结构严重断层、专业学士层次学位有名无实、各层次间升学衔接机制尚未健全等问题,培养基础性应用人才的高职没有设置学位。以职业为导向的学位制度的问题具体表现在以下三方面:第一,学位种类与行业及其工种的对应问题。我国职业分为八大类,共 1 838 种职业,而专业学位仅有 47 种,学位种类不能涵盖主要行业及其工种,学位教育的专业设置明显与社会职业的工种、职业群不相匹配。第二,各层次学位发展不平衡问题。专业学士、硕士和博士三级学位种类的比例是 1∶40∶6,且学士及其以下层次尚未真正招生选拔接受学位标准的认证与培养。各层次应用型人才队伍及其储备力量的不足,极易降低职业系统的专业化水平、延缓职业化进程。第三,各级各类学位之间的融通与衔接机制问题。在专业学位体系内部,硕士与博士专业学位之间的对接主要问题在于课程体系的全局规划,在专业学位体系外部,与学术型学位体系的融通机制尚未设置。实际办学中并没有将两种类型的学位教育区分建设,专业硕士生源主要来自学术型教育的普通高校毕业生和同等学力条件下的极少部分高职毕业生,仅凭满足升学的持有要求的学位层次及其经验条件而实现融通。如此容易导致接受应用型教育序列的学生在其学习过程中出现了知识、技术和能力系统的断层。因此,我国需要完善以职业为导向的学位制度,以现有的专业学位体系为载体,向下补充建设专科学位教育和本科学位教育,向上完善改进专业硕士学位与专业博士学位之间的融通与衔接机制。

(三)技术技能人才全面发展的学位制度需求

随着技术与科学、技术与理念的联姻,现代技术的生成方式、操作方式和评价标准发生了转变,技术生成既依赖经验也需要科学,技术操作需要熟练更需要反思,技术评价需要效用更需要新理念。因此,现代工业对技术技能人才的综合素质要求越来越高,我国工业强国的发展需要全面发展的技术技能人员来支撑。首先,要求技术技能人才是一个“反思的实践者”。技术教育不再仅要求能够合格完成生产线上的技术操作,更需要技术操作者能够独立思考、理性批判职业实践过程中出现的问题,进而改进、完善和创新技术操作和操作技术。其次,要求技术技能人才职业知识系统的交叉性和全面化。技术技能人才不能是单学科技术技能人员,其技术技能实践需要熟练的操作,更需要对操作原理有更深更广的理解和认识。他们应该全面地掌握本职业领域内的科学知识、技术知识、实践知识以及意会知识等,更应当具备跨领域、跨学科专业知识运用的能力,这是反思型技术实践者成长成才的基石。最后,职业精神是现代社会技术技能人才的必备素质。我国职业教育在技术技能人才培养上长期忽视其职业精神、职业态度的养成,而技术技能人才的全面发展就要求职业技术教育应实施对技术伦理、技术灵魂、职业精神、人生意义的体悟教育,这些新理念、新变化、新要求需要一个新的制度保障。学位具有知识性、文化性和权力性,拥有学位授予权的高等院校已达到学位授予标准,能够体现指定学位类别的教育理念、人才标准和精神文化。因此,给予实施技术教育的高等院校学位授予权,以学位的制度手段重新定义技术技能人才所应该具备的知识结构、技术范式以及技术伦理与精神,以保障新的历史时期技术技能人才的全面发展。

高职学位制度构建之所以迫切且必要,是因为它既涉及个体自低向高接续学习的终身教育进程,又涉及规范、认证与监测高职办学与教育质量问题,还涉及我国各层次应用型人力资本的开发、积累和使用问题。2014 年前后,我国学界掀起了研究高职学位制度的热潮,而至今,已有成果大多是碎片化、单一因素的基础性研究,如:必要性分析[1]、阻力分析[2]、国外经验介绍与借鉴[3]、标准设计[4]与构建研究[5]等。已有文献始终未见从制度本体出发,注重新制度的系统构建。因此,本研究试图将高等化的职业教育与学位制度结合起来,改变专科层次职业教育学位缺位的现状,贯通应用技术人才的"副学士—学士—硕士—博士"四级学位升学通路,满足职业系统和知识经济的发展需求,从理论上设计出我国高职学位制度的应然样态,以转变"重理论、轻技术"的高等教育格局和传统观念,重获高职身份的社会认可,明晰市场力量在高等教育制度中的权力限度和地位。

二、文献综述

我国在高等教育大众化发展过程中,高职发挥着教育分流和教育公平的作用。2014 年,普通高校有 2 529 所,高职院校占 52.4%;高职毕业生约 31.8 万人,占普通高校毕业生总人数的 48.2%。高职已从边缘走向了中心,为经济发展培养高水平应用型人才提供了源源不断的储备力量,成为高等教育的主力军。近几年,部分学者、教育工作者及社会人士等开始关注并探索实施高职学位制度的构建。但目前尚未发现"高职学位制度"的专著,笔者通过中国知网、万方数据库、维普数据库、读秀百链知识库和台湾学术文献数据库等文献搜索工具,以"高职学位制度""专科学位制度""工士学位"为篇名,搜索到期刊论文、硕博论文、图书、知识、报纸报

[1]　李梦卿.管视与谋思:职业教育发展研究[M].桂林:广西师范大学出版社,2012:34-39.
[2]　解瑞卿.高等职业教育学位授予的障碍排除——以制度合法性为主要观察视角[J].职教论坛,2014,(22):61-65.
[3]　沈苏林.国际视野下构建我国高等职业教育学制与学位体系的思考[J].继续教育研究,2011(10):24-27.
[4]　李梦卿,安培.从工士学位审视我国高等职业教育学位授予标准[J].职业技术教育,2014(22):11-16.
[5]　崔延强,吴叶林.我国高等职业教育学位的制度功能及其构建[J].教育研究,2015(9):84-91.

道等文献77篇。

基于高职学位这一研究对象,笔者以"学位""高职""高职院校""学位制度""高职学位""高职学位制度""专科层次学位""工士学位""副学士学位""基础学位"为综合检索词进行文献检索,共检索到较为贴近研究主题的学术期刊、硕博论文、报纸报道共1 846篇。研究成果主要集中在2010年以后,2014年达到高峰期,具有代表性的研究者有:李梦卿[1]、李安萍[2]、曹必文[3]、周洪宇[4]、崔延强[5]、陈厚丰[6]、李玉静[7]等。这些文献主要探究"高职学位"的价值、功能、概念,在此基础上提出构建这一学位制度的宏观策略,未见对高职学位制度作出完整而系统的制度本体构建研究。那么,根据研究主题的核心概念及其重要关系概念,将从三个部分进行文献回顾与分析:学位制度的相关研究、高职的相关研究和我国高职与学位制度的相关研究。首先从宏观视角掌握学位制度变迁的已有研究;其次从微观角度掌握学位制度各要素的研究成果;第三由于高职学位制度是高职的学位制度,因此,必须了解高职的前沿研究成果;最后综述关于我国高职学位制度的研究成果,以服务于接下来高职学位制度的构建;最后对以上的研究成果与不足作出统一评述。

(一)学位制度的相关研究

1.关于学位制度变迁的研究

学位制度变迁研究多数集中在学位制度史和学位制度改革的研究之中,只有几篇学术论文和学位论文专门关注学位的制度变迁。如:苏兆斌通过深入分析和思考我国学位制度历史,在批判性地借鉴国际上一些好的经验和结合我国实际国情与我国中长期教育改革和发展的基础上,提出完善具有中国特色的学位制度理

[1] 李梦卿."工士"学位的学理逻辑:法理意义及选择最优性研究[J].高等教育研究,2015(3):60-65.

[2] 李安萍,陈若愚,潘剑波.学位与学历关系的误读分析——由高职"工士"学位授予引发的思考[J].职业技术教育,2015(18):39-42.

[3] 曹必文,刘青.欧美高等职业教育的学位授予及其启示——以美国和瑞士为例[J].中国高教研究,2010(9):49-50.

[4] 周洪宇."工士"学位为高职教育"定位"[N].中国教育报,2015-02-13(3).

[5] 崔延强,吴叶林.我国高等职业教育学位的制度功能及其构建[J].教育研究,2015(9):84-91.

[6] 陈厚丰,李海贵.建立我国高等职业教育学位制度的探讨[J].高等教育研究,2015(7):54-59.

[7] 李玉静.国际高等教育专科学位制度发展与实践探析——以澳大利亚副学士学位为例[J].职业技术教育,2014(28):83-88.

论与实践的建议和策略[1];胡钦晓从文化的视角探究美国学位制度变迁的动力[2];梁博雅从高等教育结构的视角考察美国学位制度的变迁,指出"美国学位制度的变迁与高等教育机构分层息息相关,我国应该设立副学士学位,以促进我国高等教育的普及化、民主化、终身化乃至国际化的进程"[3];魏欢等从市场的封闭性和开放性的角度探讨学位授权审核制度的变迁轨迹[4]。

综合散落在学位制度史和学位制度改革的研究成果中关于学位制度变迁的问题,以下主要从学位制度的变迁轨迹、学位制度的变迁动力和学位制度功能的变迁三个方面来综述已有研究。第一,关于学位制度的变迁轨迹的研究结论,有学者总结概述了国内外学位制度演变过程中的轨迹特征。我国学位制度从外部引进到本土化的学位制度创立的演变过程,说明了我国已经具备了独立自主培养各种层次与类型人才的能力"[5];学位制度创立后,学位制度逐渐走上国际化,"既有来自德、美、日、苏联的模仿,又有来自传统文化和本土制度的创新"[6];从制度化过程来看,学位制度从无法可依到严谨立法再到法律制度的建设,实质是践行社会正义的过程[7];而对国外学位制度变迁的研究,姜爱红指出,德国学位制度变迁是顺应时代发展与形势需要而改变的,始终以服务社会为目的,以满足社会对人才的需求为方向标[8]。国内外的研究成果与实践证明,学位制度向着本土化、多元化和国际化的学位制度形式变迁。第二,关于学位制度的变迁动力来看,欧涛认为,知识社会下,学位制度的变革与发展受到知识经济、信息技术和大学转型的影响[9];周谷平和吴静认为"高等教育发展是学位制度建设的内驱力,要正确把握学位的内涵才能真正发挥学位制度的作用"[10];梁淑红认为大学与多科技术学院地方政府与多科技术学院的利益博弈是二战后英国高等教育制度变迁的动因[11]。还有学者

[1] 苏兆斌.我国学位制度的历史与现状研究[D].长春:东北师范大学,2013:117.
[2] 胡钦晓.文化视野中的美国学位制度变迁[J].高等教育研究,2010(2):105-109.
[3] 梁博雅.美国学位制度变迁及启示——以高等教育机构分层为视角[J].当代教育科学,2016(9):43-47.
[4] 魏欢,黄红富,赵会泽,等.从封闭走向开放:学位点授权审核制度的回顾、变迁与展望[J].学位与研究生教育,2009(2):12-15.
[5] 罗祥云.我国学位的历史沿革与新中国学位制度的创立[J].学位与研究生教育,1991(6):55-58.
[6] 吴文刚,周光礼.模仿与创新:中国学位与研究生教育百年回顾[J].高等教育研究,2014(10):46-51.
[7] 黄平.经验视野中的学位法律制度[J].江苏高教,2007(1):86-88.
[8] 姜爱红.德国高等教育学位制度历史演变探析[J].学位与研究生教育,2015(12):68-72.
[9] 欧涛.知识社会视野中的学位制度[D].南京:南京师范大学,2012:22.
[10] 周谷平,吴静.近代中国学位制度的历史演变[J].高等教育研究,2002(4):97-101.
[11] 梁淑红.利益的博弈:英国高等教育大众化政策的制定过程研究[D].武汉:华中师范大学,2008:159-161.

认为,我国学位制度变迁的动力不是一成不变的,清末民国时期主要由文化因素推动着学位制度的生成与发展,新中国建立后至改革开放前是政治力量领导着学位制度变迁,市场经济时期,经济因素是学位制度变迁的核心动力。总之,政治、经济、文化和科技是在不同历史时期对学位制度的改革起到了各自不同的作用。第三,从学位的制度功能与价值上看,已有比较丰厚的成果。总体来说,在不同历史阶段,学位表现出不同的制度功能。中世纪学位制度主要发挥着教师行会"从业资格"鉴定与管理和宗教教育[1]的作用,类似于如今的职称制度。这一观念已被众多研究者所证实,特别是国外研究学位制度史的学者,例如瓦尔特·吕埃格的《欧洲大学史(第一卷)》、海斯汀·拉斯达尔的《中世纪的欧洲大学:大学的起源》以及一些关于中世纪大学的研究成果都有所提及。这些职能到了19世纪以洪堡大学为代表的近代大学已荡然无存,此时的学位制度便是"以研究生教育为桥梁,评定与划分不同学术知识与科学研究水平的高层次专门人才的标尺,也是一种荣誉称号"[2]。自此之后,研究型学位兴起,它摆脱了"行会和宗教"管控与垄断,只为评定学位持有者的科学知识与科学研究水平。黄宝印基于知识生产视角认为,"学位的功能在其与个体的知识、社会、管理因素的关系中实现,即它具有知识管理的功能"[3]。20世纪末,各国的学位制度呈现出"向国际化方向发展、向广大自学成才者开放、学位进入企业职工教育领域"[4]的特点。柯林斯[5]注重探讨了文凭在社会中的政治价值和社会分层的作用。罗伯逊认为,学位只颁发给一些学生而不颁发给另外某些学生是为了限制人们获得不同职业的机会,他认为,学位作为一种正式的资格证明,更容易让雇主筛选求职者[6],起到信号筛选作用。国内学者对现代学位的制度功能的研究也有不少成果。骆四铭认为学位对经济、文化、社会公平、公共利益和人力资源交易成本都发挥着积极的作用[7]。崔延强和吴叶林认为高职学位的制度功能表现为衔接、正名、导向和资本等四大功能[8]。柯林斯从多

[1] 杨少琳.古老而常新的法国学位制度研究[M].重庆:重庆大学出版社,2010:64.

[2] 叶绍梁.学位的概念及其与研究生教育关系的辨析[J].学位与研究生教育,1999(5):65-70.

[3] 黄宝印.学位内涵与功能辨析[J].高等教育研究,2007(10):62-66.

[4] 俞文.世界高等教育学位制度新的发展趋势[J].高等理科教育,1997(3):59-62.

[5] 柯林斯.文凭社会——教育与阶层化的历史社会学[M].刘慧珍,等,译.台北:桂冠图书股份有限公司,1998.

[6] 罗伯逊.社会学(下)[M].黄育馥,译.北京:商务印书馆,1991:501-507.

[7] 骆四铭.中国学位制度:问题与对策[M].北京:华中科技大学出版社,2007:36-38.

[8] 崔延强,吴叶林.我国高等职业教育学位的制度功能及其构建[J].教育研究,2015(9):54-59.

学科融合的视角探讨教育文凭之所以受到极大重视是因为它注重规范控制——即文化社会化——和建构全国性科层体制机构,然而文凭的扩大和膨胀使其危机四伏,柯林斯认为应该废除文凭制度,理由是一可以努力克服经济不平等,提供开放的机会,二可以克服收入不均等[1]。

2.学位结构的相关研究

学位结构是学位制度的主体框架,研究学位制度的本体要素离不开对学位结构的要素研究。本研究主要从学位类型结构、学位层次结构和学位专业结构三个方面对有关学位结构的研究成果进行综述。

就学位类型结构的相关研究而言,1981—1990 年,我国学位类型比较单一,统一为学术型学位。1984 年提出专业学位研究生教育的建议,1991 年国务院学位委员会审议通过了第一个专业学位硕士点,1996 年国务院颁布正式文件《专业学位设置审批办法》,形成专业学位与学术学位并行的格局。学位类型的形成、拓展与分化同社会经济、科学技术的发展水平和社会分工是密不可分的,学界对学位类型结构的研究主要集中在"打破学位类型二元分化格局"和"专业学位制度的改革"上。康翠萍认为,学位类型的二元划分是缺乏科学依据的,她根据科学的发展经历,把学位分为三种:"科学研究型学位、技术研究型学位和应用研究型学位"[2]。王战军提出,"从研究生教育迅猛发展的现实来看,学术型学位和专业型学位的二元划分已经不能囊括当代研究生教育的全部,除了专业学位外,还出现了其他类型的研究生教育,如非职业应用型学位"[3]。与此同时,还有中山大学徐俊忠等提出的"类专业学位"、暨南大学史学浩等提出的"应用型科学学位"等。在欧洲国家还出现了实践型学位,该学位"注重的是实践行动,代表了高水平的知识实践能力,尤其是专门职业的、组织的或者社会的复杂议题"[4]。综上,学者们通过对当前社会人才需求的观察,分析当前我国学位类型二元划分的弊端,并提出自己的解决方案。对于"专业学位及其制度的改革"研究上,学界强调专业学位的职业属性,别敦荣认为:"专业学位是专业教育的文凭证书,是面向特定社会职业的人才需求,为

[1] 柯林斯.文凭社会——教育与阶层化的历史社会学[M].刘慧珍,等,译.台北:桂冠图书股份有限公司,1998:61,238,245-247.
[2] 康翠萍.对学位类型界定的一种重新解读[J].学位与研究生教育,2005(5):50-52.
[3] 王战军.学位与研究生教育评价理论与方法[M].北京:高等教育出版社,2012:64.
[4] Lester,S.(2004).conceptualising the practitioner doctorate. studies in higher education,29(6):750-777.

培养社会高端专业人才而设立的学位类型,具有职业性与学术性相统一、特定的职业指向性和教育的实践依赖性等特征"[1]。李成明和王晓阳认为,授予专业学位研究生教育"在一定程度上与职业教育具有同质性,具有共同的内在逻辑,但又不等同于职业教育,它是一种更高层次的职业教育"[2]。另外,学界普遍认为应该不断拓宽专业学位的层次和领域,建立与职业相连接的培养模式与管理体制。例如:有学者建议尽快建立教育博士专业学位制度[3]、有学者探索基于项目的校企协同培养模式[4]。

就学位层次结构的相关研究而言,21世纪,国际上主流的学位层次是三级结构,即学士—硕士—博士,并且为了解决社会对不同层次人才的需求和学生的就业问题,一些国家采取了扩展学位层次、建立与学位互补的文凭制度或资格认证体系等措施。法国在20世纪中后期统一了学位与高等教育文凭,并于21世纪使二者更紧密地结合。此后,在高等教育大众化和普及化的驱动下,英国、美国、澳大利亚、日本等国纷纷改革,实施四级学位制度,增设学士以下学位。我国就学位层次结构探讨的核心问题是"在高职专科层次增设学位",以涵盖整个高等教育体系,与高等教育制度相匹配。骆四铭指出,我国自现代学位制度确立以来,把工作重心过多地放在了研究生教育阶段,使得硕士以下的学位管理滞后、高职高专没有学位是影响和制约着高职高专教育发展的原因之一[5]。陈厚丰、李海贵从"高等职业院校社会地位、技术技能型专门人才培养、高等教育健康持续发展、与国际学位制度接轨"[6]的角度论证了构建高职学位的必要性。潘懋元也提出构建高职学位制度,不同的是,他认为不应该仅仅把高职看成是区别于本科教育的专科层次,而应该把它看成一种教育类型,与中等职业教育衔接的、可实施专科层次教育也可实施本科以上层次教育的、独立于学术理论型本科院校之外的、独立的高等教育体系[7]。还有学者从高职专升本教育需求出发,认为"高职专升本教育必须重视毕

[1] 别敦荣,赵映川,闫建璋.专业学位概念释义及其定位[J].学位与研究生教育,2009(6):52-59.
[2] 李成明,王晓阳.针对职业领域的专业学位研究生教育:内在逻辑与知识[J].学位与研究生教育,2015(2):23-27.
[3] 张应强.关于设置教育博士专业学位的政策建议[J].现代大学教育,2003(1):40-43.
[4] 张永泽.专业学位研究生基于项目的校企协同培养模式探索[J].学位与研究生教育,2014(6):8-12.
[5] 骆四铭.学位研究及其体系建构[J].高教探索,2006(4):46-48.
[6] 陈厚丰,李海贵.建立我国高等职业教育学位制度的探讨[J].高等教育研究,2015(7):54-59.
[7] 潘懋元.建立高等职业教育独立体系刍议[J].教育研究,2005(5):26-29.

业学生的学历与学位授予问题,建立一套切实可行的、适应职业市场需求的文凭发放办法"[1]。顾海兵认为,应该"取消毕业证书,尊重专科毕业生与本科肄业生的权利,设立副学士学位"[2]。崔延强从学位的"职业属性"出发,认为增设高职学位制度具有衔接、正名、导向和资本四大功能,并对构建该学位制度提出实践路径。

就学位的专业结构相关研究而言,研究成果主要集中在优化和调整学科专业结构,以适应整个社会、区域的产业结构变迁和优化教育资源的目标,如:《区域高等教育学科专业结构调整与建设的机制与策略》(杜国海、王涓,2007)、《新常态下高等教育学科专业结构与产业结构优化的协调性分析》(杨林,2015)、《高校学科专业结构与产业结构的适应性研究》(李英、赵文报,2007)。另外,有部分学者就某个学科的学位点分布进行影响因素分析和差异性、不均衡性的原因分析及对策研究,如:《博士学位点区域发展差异与趋势研究——2005 年至 2011 年追踪数据的实证分析》(于晓敏等,2013)、《我国体育硕士专业学位研究生教育不均衡性的表现及分析》(孙涵,2012)、《新学科目录下我国高校研究生教育学位点区域分布与差异分析》(丁皓、牛奉高,2016)。还有一大部分的研究成果是对其他国家的高校学科专业结构的设计与变迁,进而吸取指导我国学科专业结构调整的经验与教训,如:《21 世纪以来英国高等理科教育学科专业结构的变化及启示》(蒋家琼,2013)、《美国高校学科专业结构与产业结构的互动关系研究》(李战国、谢仁业,2011)。

国外以学位结构为主题的研究成果较少,著作类以学位结构改革为焦点,例如:Anderson G.Lester 审查了学位结构现状和那些可能用于结构改革或创新活动的标准[3]。Stephen H.Spurr 在分析了美国学位结构问题的基础上,提出了学位结构改革的新方法和基本原则[4]。学术期刊中,主要研究在欧洲一体化的博洛尼亚进程中,如何进行学位结构改革。例如:Kehm M.Barbara 等人研究发现,德国和挪威的高等教育及其学位培养模式明显受到洪堡价值观和理想的传统限制,虽然程度

[1] 张劲,陈小亚.高职"专升本"教育需求分析与实施方案构想[J].职业技术教育,2001(13):22-25.
[2] 顾海兵.探讨取消高校毕业证书与设置副学士学位问题[J].学术界,2005(7):134-138.
[3] Anderson Lester.Academic Degree Structures:A Point of View[M].Norderstedt:BoD-Books on Demand Press,1972:194-200.
[4] Stephen H. Spurr. Academic Degree Structures:Innovative Approaches:Principles of Reform in Degree Structures in the United States[M].New York:McGraw-Hill Press,1970:176-210.

不同,但影响着欧洲高等教育一体化的学位结构改革[1]。Collis F.Kevin 和 Biggs B.John 研究了澳大利亚学位结构设计的理论依据:对各部门的知识和技能需求进行考察,阐明各级学位对学生思维要求等的复杂标准,以此设计课程、入学条件和学位结构[2]。

3.学位授予标准的相关研究

关于学位授予标准的研究,一方面是以学位标准为明确主题的研究成果,另一方面往往与学位培养结合起来研究。第一,以学位标准为关键词的研究成果。主要研究专业学位的标准,特别是工程硕士专业学位标准。李宏等将工程硕士学位标准分为国家、领域和培养单位三个层面的内容[3];林杰等构建了教育硕士专业学位标准的课程学习考核、学术水平考核和职业道德考核相结合的三维宏观指标系统[4];向智男和孙延明提出,要借鉴国外在制定工程硕士学位标准时坚持"以培养工程师为目标、以应用实践为主线、以发展能力及素质为中心、以职业目标为导向"[5]的原则。还有《国外学位制度》(北京师范大学外国教育研究所,1981)、《质量致胜:学位质量集成创新的思考与实践》(王亚杰,2005)等著作。另外,毕家驹从国家资历框架的角度,探究了我国学位标准的问题并提出对策建议。他认为,标准和准则是工作的灵魂,只有制定了学位标准才能保证质量,与国际接轨[6]。同时,他介绍与分析了英国和欧洲高等教育区的荣誉学士、学士、硕士和博士的学位标准,指出现代学位标准应该具有学术性、时代性和国际性[7]。同样,尉健慧比较了英美和欧洲高等教育区的学士学位标准,也认为学位应具有学术性、国际性、开放性和操作性[8]。还有几位学者从学位标准的重要性角度,提出应该对国家层面

[1] Kehm M.Barbara, Michelsen Svein, Vabo Agnete. Towards the Two-Cycle Degree Structure: Bologna, Reform and Path Dependency in German and Norwegian Universities[J]. Higher Education Policy, 2010, 23(2):227-245.

[2] CollisF.Kevi, Biggs B.John. Matriculation, Degree Structures, and Levels of Student Thinking[J]. Australian Journal of Education, 1983, 27(8):151-163.

[3] 李宏,刘东,肖建国,等.工程硕士学位标准体系的构想[J].学位与研究生教育,2007(3):26-30.

[4] 林杰,朴雪涛.我国教育硕士专业学位标准研究[J].研究所教育研究,2012(1):74-77+84.

[5] 向智男,孙延明.国际化视野下我国工程硕士学位标准的分析及对策[J].高等工程教育,2012(2):29-36.

[6] 毕家驹.欧洲高等教育区的学位标准和质量保证准则[J].高教发展与评估,2006(5):53-56+60.

[7] 毕家驹.国家学位标准要与时俱进[J].高教发展与评估,2006(6):31-34.

[8] 尉健慧.西方国家学士学位标准及其启示[J].中国高教研究,2009(5):36-38.

的学位标准进行立法,我国迟迟没有对学位标准进行立法的根源在于制度缺陷[1],导致各学位授予机构在制定具体的各层次学位标准时,缺乏稳定性和科学性[2]。因此,学位授予标准的核心问题在于国家层面上构建一个导向性的标准指标体系,以及在高校层面上依据学位层次、学位类型构建具体明了的标准指标体系。第二,与学位培养结合起来研究的成果主要集中在研究生学位教育阶段,对学术型与专业型研究生学位教育的培养目标、知识控制、课程设置、论文等修业要求的特点进行辨析[3]、方案进行改革[4]等;就专业硕士学位人才培养制度,主要探索以职业需求为导向的培养制度[5]、校企协同培养模式[6];针对培养方式与实践脱节的核心难点[7],有学者提出固定学科—专业人才培养框架,按照行业大类定位培养能够适应和引领行业发展的高层次应用型人才[8];另外,还有一部分学者提出"进行高职学位教育",曹必文提出:"应该以'必需、够用'为原则,以工资过程为教学导向,以职业情景为教学模式,以岗位案例为教学引导,实施学分制,根据技术进步和职业岗位(群)的新要求,实现课程设置的动态化,且注重人文社会科学课程在课程体系中占适当比例"[9]。

　　近几年,国外的相关研究主要是基于学位日益成为市场需求和就业对学位文凭的依赖的社会现实,针对面向职业的学士以上学位标准,研究"如何制定'与时俱进'的学位标准和制定什么样的学位标准才能获得社会认可"这两个问题进行研究。Shields-Bryant 和 Elayne 联合美国五个信息科学与技术(IST)的专业认证机构,致力于构建 IST 学位课程的理论框架,并提出了 IST 专业技术学士学位课程新

[1]　刘恒,邱新.我国学位标准立法研究[J].江海学刊,2014(6):125-132.
[2]　范守信,杨咏.高校学士学位标准问题初探[J].学位与研究生教育,2009(6):51-54.
[3]　胡玲琳.学术性学位与专业学位研究生培养模式的特性比较[J].学位与研究生教育,2004(6):22-26.
[4]　袁本涛,胡轩,杨力苈.目标与路径:专业学位培养方案的内容分析[J].高等工程教育研究,2015(5):136-143.
[5]　文永红,吴小林,齐昌政,等.以职业需求为导向的专业学位研究生培养实践探索[J].国家教育行政学院学报,2016(5):80-85.
[6]　罗兵,高月华.专业学位硕士研究生校企合作培养案例分析[J].高校教育管理,2013(3):100-103.
[7]　赵炬明.学科、课程、学位:美国关于高等教育专业研究生培养的争论及其启示[J].高等教育研究,2002(7):13-22.
[8]　向城,黄宗明,张云怀.打破学科专业束缚按行业大类定位培养复合型专业学位人才[J].学位与研究生教育,2016(2):29-34.
[9]　曹必文,刘青.我国高等职业教育学位授予模式构建[J].职业技术教育,2011(22):49-50.

的国家标准[1]。2003 年,Loveland 和 Thomas 与 165 名认证技术教育教师研究了基于标准的圣彼得堡学院(SPC)新技术教育计划,提出一名有效的技术教师在完成职业技术学位教育的重要性[2]。就副学士学位而言,1991 年,美国早已从国家层面制定了技术副学士学位课程的最低标准[3],各州也陆续制定了针对特定专业的州内技术副学士学位标准,例如,路易斯安那州制订了一项为期 6 个学期(75 学时)的办公系统技术副学士学位持有者的能力培养计划课程,旨在为学生成为企业高管和高层管理人员的特约助理作准备[4]。Heritage George 和 Thomas Andrew 考察了英国 120 个来自 10 个不同高校的地理专业学生的高等教育学位课程标准要求,统计出他们的差异后发现,由于各高校存在不同的学位课程计算法,不同高校间差异为百分之几。通过对现行制度审查,以期从这些差异中透析出地理专业国家层面的学位标准[5]。

4.学位管理体制的相关研究

学位管理体制是规范、协调和惩罚学位管理中人的行为问题,是保障学位制度实施、学位标准执行和学位质量保障的核心要素。从管理学的角度,学位管理体制处理的核心问题是:"学位授予公共权力在政府内部的横向和纵向配置以及政府与社会、学校之间的权力配置与关系……包括学位管理部门之间的关系机制,分为横向的学位管理部门与学位授予单位的关系机制、学位授予单位内部管理体制、学位管理部门与社会组织的关系机制;纵向的中央学位管理部门与省级学位管理部门之间的关系"[6]。从法学的角度,学位管理体制包括学位的审核授权、授予权、监督权、撤销权等权利关系。本研究总结归纳我国对学位管理体制的研究,主要针对

[1] Shields-Bryant, Elayne. Academic Standards for Developing, Implementing, Evaluating, and Improving Information Science and Technology Baccalaureate Degrees[J].Journal of Information Technology Education, 2006(5):405-428.

[2] Loveland,Thomas.Initiating a Standards-Based Undergraduate Technology Education Degree Program at St. Petersburg College[J].Technology Teacher,2006(15)08:33-35.

[3] American Technical Education Association. National Minimum Standards for Associate Degree Technical Education Programs1991[Z].1992:3-8.

[4] Louisiana Technical Education Program and Lourse Standars:Office Systems Technology Associate Degree[Z]. Louisiana State:Louisiana State Dept.of Education,Baton Rouge.of Vocational Education.1995:1.

[5] Heritage George,Thomas Andrew.Institutional Bias and the Degree Class System[J].Journal of Geography in Higher Education,2007,31(2):285-297.

[6] 马怀德、林华.论学位管理体制的立法逻辑[J].教育研究,2014(7):15-21.

国内问题与现状,集中在:各主体间及其内部的权责问题、学位授权审核问题、学位立法问题三个方面。

其一,各主体间及其内部的权责问题实质是权力配置问题,从微观上研究各主体间的行政权力界限问题。我国实行三级管理的国家学位,学位的授予标准、程序、权力、质量等各个方面采取国家统一管理,学位授予机构只是执行者而不是决策制定者。学者们一致认为,这种学位管理体制在计划经济时期发挥着巨大的作用,但是在当前市场经济体制中,丧失了灵活性、弱化了高等教育机构的学术自决权利、阻碍了自主办学的民主权利和积极性的发挥、抑制了人才的差异性和多样性[1]。需要进一步思考"国务院学位委员会、国务院学位委员会办公室、教育部,地方人民政府学位委员会、地方人民政府学位委员会办公室、地方政府教育行政部门的关系、职能、权利如何理顺、明晰,他们与高校之间的关系及职能划分"[2]等问题。另外,学位管理体制纵向关系上的问题特别突出——"各方权力边界并非清晰与明确;省级的有限权力不能很好地调动地方积极性;国务院学位委员会与地方学位委员会双重性权力结构使两者关系复杂"[3]。翟亚军和王战军对省级政府学位与研究生教育的管理职能进行了历史梳理,并对其未来逐步走向权力明晰、定位准确、创新、公平、效率以及供养职能的美好愿景作出预测[4]。

其二,学位授权审核问题。我国现行国家学位制度,高等院校的学位授予内容都是国家授权式。在不同国家和地区,学位授予单位取得学位授权资格有不同的模式,我国属于审核制(需满足一定学位授权条件并经相关部门审核批准才能取得),还有核准制和自动取得制,美国现代大学学位属于核准制。骆四铭通过中美学位授予审核办法的比较,认为授权式学位授予权来自统治者,脱离社会和学术界;而核准制或者认证制的学位授予权,权力来源于社会,学术权力、社会组织的权力将共同控制学位管理工作[5]。学位授权审核制度的改革是近年来我国学位制度改革的重要内容之一,部分学者认为,国家应该转变观念,下放权力给学位授予

[1] 劳凯声.中国教育法制评论(第10辑)[M].北京:教育科学出版社,2012:60.
[2] 赵长林.中国学位制度实施三十年回顾与总结[J].研究生教育研究,2012(1):21-27.
[3] 林华.论学位管理体制纵向关系的法制建构[J].学位与研究生教育,2015(12):37-41.
[4] 翟亚军,王战军.省级政府学位与研究生教育管理职能的历史演进及未来走向[J].学位与研究教育,2012(4):64-67.
[5] 骆四铭.学位管理:"认证"还是"授权"——中美学位管理比较分析[J].黑龙江高教,2009(5):63-67.

机构,构建行政许可模式下的学位授予权审核机制和开放多元化的学位质量监控体系[1],甚至提出取消国家学位制度,转型为大学学位制度。但也有学者更为理性与中庸地指出,国家学位与大学学位各有利弊,学位管理体制的构建不能走向极端,而是要保持平衡[2]。

其三,学位立法问题的研究。我国《中华人民共和国学位条例》及其《实施细则》自施行以来已有 35 年,其间从未正式修订过,都是以政策形式对其进行扩充和完善。当前,随着我国市场经济的发展与高等教育的大众化和普及化,学位授予工作中出现的诸多诉讼案例均与学位法的缺位有关。1998 年,北京科技大学本科生田永起诉母校拒绝颁发毕业证、不授予学位;1999 年 7 月,北京大学 96 届博士毕业生刘燕文起诉母校不颁发毕业证书、拒绝授予博士学位等。发生学位纠纷的根源是《学位条例》中救济制度的缺失。另外,《学位条例》中未体现专业学位的相关规定,且未曾对我国现行的学位类型及其对应的教育层次与院校作出合法解释。那么,"专业学位是否还具有法律效力"[3]。"学位法不可能解决学位的所有问题,但应当解决与学位有关的主要问题,即国家、学校、申请者与学位的关系,明确国家、学校、申请者的定位"[4]。再者,姚金菊研究发现学位授予程序存在制度缺陷,她从正当程序制度构建出发,认为学位授予程序应该构建一套从主体与审核制度、参与制度、听证制度、回避制度、救济制度为主要内容的正当程序制度[5]。孙大廷提出现行《中华人民共和国学位条例》《中华人民共和国学位条例暂行实施办法》和国务院学位委员会颁布的《关于授予具有研究生毕业同等学力人员硕士、博士学位》的三个法律文件中存在着"无论在文字表述上还是在程序设定上都是不够精细的,三者之间自相矛盾"的问题[6]。

国外关于学位管理的研究主要涉及两个内容,一是在信息技术发达时代,如何运用信息技术和先进的管理理论来优化高校学位与学籍的信息系统。Ramaswamy V.Kizhanatham 等研究利用信息系统,即供应链管理系统(SCM)来管理硕士学位课

[1] 刘恒,邱新.我国学位标准立法研究[J].江海学刊,2014(3):125-132.
[2] 唐瑾,叶绍梁.从学位形态演变看我国学位形态发展新趋势[J].学位与研究生教育,2007(8):59-63.
[3] 劳凯声.中国教育法制评论(第 10 辑)[M].北京:教育科学出版社,2012:64.
[4] 马怀德.加快学位制度改革切实推进学位立法[N].法制日报,2000-07-23(3).
[5] 姚金菊.学位正当程序的制度构建[J].学位与研究生教育,2014(9):58-62.
[6] 孙大廷.关于学位授予程序的几个问题[J].辽宁教育研究,2002(11):21-23.

程系统,以确保在正确的时空有效交付正确的产品,以有竞争力的价格给客户[1]。二是关于学位授予法、政策和制度的研究。国外学者 Marshall Dave 研究了加拿大大学学位的起源、意义和学位授予的政策变化,指出不同学位认证过程导致不同程度的学位对学生的意义和价值不同,并建议制定国家标准的方法来确定学位质量[2]。

(二)高等职业教育的相关研究

关于职业教育的研究已持续了好几个世纪,19 世纪下半叶,高职在西方发达国家率先运行,我国在 20 世纪八九十年代才正式提出高职的概念,关于高职的研究至今方兴未艾。按照历史的时间顺序考察我国高职的研究成果,学界的研究紧跟高职的发展需求与趋势。第一,发展初期,学界主要研究成果集中于高职的必要性研究。李振波、石伟平[3]从经济、社会和教育三个方面论述高职发展的动因与条件。大多数学者都是从促进经济发展的角度讨论发展高职的必要性和可行性。有部分学者通过对域外其他国家高职办学的历史背景、形成动力等的比较,论证我国彼时发展高职的必要性,如《中外高等教育比较》(冯晋祥,2002)、《比较职业技术教育》(石伟平,2001)。第二,职业大学兴起后,学界围绕专科高等职业技术教育是什么,即高职的教育理念、人才培养定位和办学模式的问题展开研究。杨金土等认为,高职主要是高等技术教育[4],高职的培养目标主要有三种类型,即高层次的技术员类人才、技师型人才和管理人员[5],基本形成了高等教育培养两种人才类型的共识,即学术型和技术型。第三,自 21 世纪前十年,高职发展从追求数量转向追求质量的提高,研究成果主要集中在对"高职的实然问题与应然样态的改革与发展"研究上。此时的研究重点是从教育学的角度对高职的整体教育过程进行全

[1]　Rmaswamy V. Kizhanatham, Boyd L. Joseph, Desai Mayur. Master's Degree in Management Information Systems with a Supply Chain Management Focus[J]. Journal of College Teaching & Learning,2007,4(5):61-66.

[2]　Marshall Dave. Degree Accreditation in Canada[J]. Canadian Journal of Higher Education,2004,34(2):69-96.

[3]　李振波,石伟平.从国际比较的角度论高职发展的动因及条件[J].职教论坛,1998(9):22-24.

[4]　杨金土,孟广平,严雪怡,等.论高等职业教育的基本特征[J].教育研究,1999(10):57-62.

[5]　杨金土,孟广平,等.对技术、技术型人才和技术教育的再认识[J].职业技术(教育教科版),2002(22):5-9.

面的研究:高职的定位与特征的研究[1]、人才培养研究[2]、办学模式研究[3]、专业设置研究[4]、质量评估研究[5]等,其中着力点是产学研结合、校企合作的办学与培养模式[6]、课程设置[7]的研究。第四,预测今后十年内有关高职的研究趋势将集中在"现代职业教育体系视域下的体系和制度建设"上。2010年,《国家中长期教育改革和发展规划纲要(2010—2020年)》,重新定位与丰富了高职的内涵,突出"现代"二字;2013年,教育部袁贵仁部长初步定位"现代职业教育"内涵:"推进现代职业教育体系建设……推进学历文凭和职业资格'双证书'制度,培养更多的熟练劳动者、各种技术人才和一大批高素质技术带头人"[8]。构建"高职独立体系"是2010年至今高职探讨的核心问题,高职一线工作者罗先锋认为,高职独立体系的外延是"从专科到研究生层次的学历教育体系;学历与非学历、职业与普通教育沟通衔接的体系"[9]。李志锋从微观层面就高职各专业的学制设置上提出,不能一刀切地将所有专业都施行两年学制,有些专业、行业、产业需要更长的学制[10],要实施弹性学制[11]。彭志武认为,高职学制改革应该建立在"高职体系和普通高等教育体系相衔接、相沟通的体系,高职体系中各层次教育应易于与成人高等教育结合之上的灵活多样、有长有短的高职学制"[12]。常小勇提出进行高职制度创新,他从高技能人才培养的角度切入,提出高职制度创新关键是管理体制、招生制度、办学机制、教学管理和课程开发等方面的改革,重点是产学研合作的教育制度创新[13]。近几年,在新职业主义的思潮中,国外对高职的研究开始着力于高

---

[1] 张新民.高等职业教育特征研究述评[J].现代大学教育,2005(6):91-94.

[2] 王明伦.高等职业教育人才培养模式重建之思考[J].教育研究,2002(6):89-91+96.

[3] 周建松.关于高职教育办学定位和办学模式的思考[J].中国高等教育,2005(20):35-36.

[4] 吴叶林,崔延强.基于大数据背景的高职院校专业设置机制创新探究[J].中国高教研究,2015(5):95-99.

[5] 王启龙,李君敏.同行评议:我国职业院校质量评估的重要补充[J].全球教育展望,2014(11):92-100.

[6] 唐永泽,卢兵,霍雄飞.以工学结合为主线构建高职人才培养模式[J].中国高等教育,2009(1):47-48.

[7] 崔延强,何谐.台湾地区高职教育学位课程设置研究[J].高教探索,2017(6):91-94+99.

[8] 袁贵仁.在2013年全国教育工作会议上的讲话[J].中国高等教育,2013(Z1):3-10.

[9] 罗先锋,黄芳.普及化阶段的高等职业教育——美国的经验和中国的展望[J].中国高教究,2016(8):93-100.

[10] 李志锋.高校函授的发展方向[J].北京成人教育,1988(8):14-15.

[11] 姚国成.对以就业为导向的高职教育发展观的"六个透析"[J].教育与职业,2004(14):13-15.

[12] 彭志武.高等职业教育学制研究[D].厦门:厦门大学,2007:209-211;241-244.

[13] 常小勇.高等职业教育制度创新——高技能人才的视角[D].上海:华东师范大学,2009:123-150.

职如何配合经济发展、社会流动[1]，注重学生对高职的态度与期望[2]，从专业和技术的特性上研究如何提高高职质量[3]等问题。

（三）我国高职学位制度的相关研究

本研究将从"构建高职学位的争议、对国外面向职业的学位制度实践的研究与启示、关于高职学位制度的构建路径研究、'工士'学位的相关研究"四个方面，对"我国高职学位制度"的研究成果进行综述。

1.关于构建高职学位的争议

现有研究中，主张构建高职学位的观点多于反对的观点。反对构建高职学位的媒体人、一线工作者和学者的观点，集中在对"工士学位"功用的质疑。何勇海[4]认为，为高职设置学位并不能改善高职院校的教育质量，打造"一流"的高职，评价"能工巧匠"的标准不在理论知识，而在于制造出来的产品的误差率和合格率。教育部职业教育与成人教育司巡视员王继平[5]表示了他的担忧："职业教育要改变走学校、学科、学历、学位的传统老路子"，使高职朝着以升学为导向的方向发展。杨国栋[6]认为，给高职毕业生颁发类似本科毕业生一样的学位证书并无多大意义，它并不能更好地指向就业、技能、市场和社会认可。媒体时评人堂吉伟德认为："比给工士学位更重要的是职业教育改革"[7]。另外，支持构建高职学位的人多数来自"职业技术学院"的一线教研人员；如李梦卿为我国"工士学位"的理论研究与实践做出了巨大的贡献。其次来自"大学"的学者；少数来自教育行政人员。

［1］ Sue Webb, Ann-Marie Bathmaker, Trevor Gale, Steven Hodge, Stephen Parker, Shaun Rawolle. Higher Vocational Education and Social Mobility: Educational Participation in Australia and England[J].Journal of Vocational Education & Training,2017(1):147-167.
［2］ Catterall Janice1, Davis Janelle1, Yang Dai Fei1.Facilitating the Learning Journey from Vocational Education and Training to Higher Education[J].Higher Education Research and Development,2014(2):242-255.
［3］ Antoine C.M.Van Den Bogaart, Harmen Schaap, Hans G.K.Hummel, Paul A.Kirschner.Combining Concept Maps and Interviews to Produce Representations of Personal Professional Theories in Higher Vocational Education: Effects of Order and Vocational Domain[J].Instructional Science,2017(3):359-376.
［4］ 何勇海.评论："工士学位"难解职教歧视［Z］.http://www.chinadaily.com.cn/hqpl/zggc/2014-06-23/content_11879331.html.
［5］ 王继平.深化职业教育改革［J］.职教论坛,2014(13):5.
［6］ 杨国栋.职业教育不缺学位缺技能［N］.台州晚报,2013-06-23(5).
［7］ 堂吉伟德.比给"工士"学位更重要的是职业教育改革［N］.深圳商报,2014-06-23(8).

2.对国外面向职业的学位制度实践的研究与启示

现有的对国外职业教育学位的研究中,以探索性研究和比较研究为主要研究目的与研究方法,主要集中在英国的基础学位、美国的副学士学位和第一职业学位、德国的应用技术大学(FH)学位、澳大利亚的 TAFE 制度、日本准学士学位以及多国高等专科层次学位的比较等。通过分析域外的相关研究,总结了域外丰富的实践经验,如:李巧针等比较了美、英、澳、日和中国香港地区、台湾地区的高等教育中低于学士学位的一级学位的产生背景、学位功能,总结了此种学位授予的一般主体、学位课程设置注重社会需求、就业与升学的学位功能和招生的开放性特征[1]。李玉静比较了美、英、澳的高等教育专科阶段学位,认为这一学位发挥着就业和升学的双重功能,被纳入国家资格框架体系中而能够与其他学位与证书衔接[2]。曹必文探究了美国和瑞士的高职学位,认为该学位改善和提升了职业教育的办学层次、自身的形象和社会地位[3]。张爽从政策分析的角度,评价了英国的《基础学位计划》,指出该政策渗透着国家本位、市场本位、社会本位以及相关主体的合作理念[4]。另外,何杨勇指出并评价了英国基础学位的发展问题:"基础学位有成为其他学位跳板的趋势、企业参与程度不高、质疑体现社会公平的功用,以及企业主操控基础学位的弊端"[5],对我国建设高职学位有一定的警示作用。还有,少量硕博论文专门研究美国和加拿大的社区学院及其副学士学位,如《副学士学位制度研究》(谢媛媛,2006)、《加拿大社区学院高等职业技术教育研究》(吉莉莉,2007)、《美国社区学院升学与就业双重功能研究》(任钢建,2008)。尚未见专门著作研究国外的专科层次学位,只有散落在承担该学位教育的学院或大学的研究成果中或高等教育政策中,如《美国社区学院》(毛澹然,1989)、《战后英国高等教育政策研究》(易红郡,2012)、《高等教育体制变迁研究——英国高等教育从二元制向一元制转变探析》(张建新,2006)。

[1] 李巧针,余雪莲,郄海霞,等.国际高等教育专科层次学位的设置、发展与比较分析[J].学位与研究生教育,2005(12):54-58.
[2] 李玉静.国际高等教育专科学位制度发展与实践探析——以澳大利亚副学士学位为例[J].职业技术教育,2014(28):83-88.
[3] 曹必文,刘青.欧美高等职业教育的学位授予及其启示——以美国和瑞士为例[J].中国高教研究,2010(9):49-50.
[4] 张爽.英国《基础学位计划》政策的评价及启示[J].外国教育研究,2006(8):51-54.
[5] 何杨勇.英国基础学位的发展问题解读和评析[J].现代大学教育,2014(6):19-25.

3.关于高职学位制度的构建路径研究

探索高职合理的多层次办学。现代高职结构应该包括专科、本科和专业学位研究生教育[1],建立专科教育层次的副学士学位制度,逐步推动高职上移至本科和硕士研究生教育层次[2]。杨勇认为,应该把高职学位制度纳入"专业学位体系"之中,"增设专科层次职业教育学位,丰富专业学位"[3]。有学者提出"借鉴专业学位发展经验,在高职中设置专业副学士学位,进而建立高职自己的专业学位体系"[4]。沈苏林提出构建"高职专业学位体系"[5],开展专业学位研究生教育与高职衔接的制度性研究,授予专科层次副学士学位,使其与专业学士学位、专业硕士学位和专业博士学位衔接。曹必文认为:"高职学位的层次可暂时划分为副学士(学制三年)、学士(学制四年)两种,预留硕士和博士层次的发展空间"[6]。

4."工士"学位的相关研究

作为高职主力军的高职专科层次教育,其学位制度建设问题已成为我国学位制度改革的核心问题。目前,政府并未颁发正式的规章制度,仅依靠少数高职院校借助"联合办学与授予"和"授予非国家学位"的方式,设置专科层次学位和本科学士学位,实现诱致性学位制度变迁。如中国大陆首个副学士学位是哈尔滨工业大学国际创新人才培训学院与香港理工大学联合培养,授予毕业生香港理工大学副学士学位;深圳职业技术学院与深圳大学联合培养高职本科,授予学士学位。而"工士学位"则是我国提出的最完整的、具有中国特色的高职学位。此学位层次低于学士学位,授予对象是受过高等专科层次教育的人群,首次授予湖北职业技术学院2014届1 103名应届毕业生。

"工士"学位及其制度的理论研究,除中国昌外,研究成果的作者皆来自高职院校。现有研究成果主要从以下几个方面研究,叠加整合这些成果,便形成具有一定系统的学位制度研究。第一,论述构建"工士"学位的必要性和价值。从已有研究上看,"工士"学位构建的必要性和价值的观点较为一致。就其构建必要性上

[1] 孙粤文.论专业学位研究生教育与高等职业教育的衔接[J].学位与研究生教育,2014(1):54-58.
[2] 陈厚丰,李海贵.建立我国高等职业教育学位制度的探讨[J].高等教育研究,2015(7):54-59.
[3] 杨勇.我国高等职业教育学位层次结构的构建[J].职教论坛,2014(7):35-38.
[4] 周佳丽,廖兴界.高等职业教育设置专业学位探究[J].职业教育研究,2011(1):15-16.
[5] 沈苏林.国际视野下构建我国高等职业教育学制与学位体系的思考[J].继续教育研究,2011(10):24-27.
[6] 曹必文.我国高等职业教育学位授予模式构建[J].职业技术教育,2011(22):67-70.

看,有利于教育公平、测评毕业生学业水平、优化高等教育结构、建设现代职业教育体系[1];就其价值上看,总体上较为肯定其教育、社会、人力资源、发展、学术、管理等价值[2]。第二,对"工士"内涵和名称来源[3]的研究。王永颜认为[4],"工士"学位的本质是受教育者通过高职教育追求应用的学术,而社会通过管理活动评价学术实用价值。申国昌[5]认为,"工士"学位有内外生性两面内涵,外生内涵是社会需求,内生内涵是个体和高职院校的需求。第三,对"工士"学位制度实践路径的思考。刘大伟[6]对"工士"学位创新机制实施过程中可能出现的路径依赖的阻力作出了论述;而大多数学者则从"工士"学位的法律、认知、标准[7]和制度[8]层面上探寻其制度化途径。

总体来说,学界对设置高职学位制度的必要性已经达成共识,基于多方争鸣与多视角探索,对高职学位制度内涵、价值、功能的认识也逐渐清晰,这为本研究的开展奠定了较好的理论基础和制度设计依据。

(四)已有研究的评述

通过前文文献梳理和分析,笔者认为,当前学界对学位制度、高职和我国高职学位制度的构想均有涉及。其中,"学位制度、高等职业教育"的相关研究成果相对饱满、较为系统化,集中体现在对学位的制度功能、设置规则、结构布局、标准体系、管理制度等的剖析和改革研究,对高职的改革与发展研究,讨论国外高职与学位制度融合的经验,探究国内高职与学位制度的融合办法,为我国高职学位制度的框架以及各制度要素设计提供宝贵的理论与实践借鉴。然而,已有研究对高职学位制度的需求、制度变迁的方向和制度本体的系统构建研究并不深入,这是进行本研究的契机和意义所在。

[1] 曹晔.高等职业教育实施"工士"学位制度的思考[J].教育发展研究,2014(21):64-68.

[2] 李梦卿,杨楠.高等职业教育"工士"学位的多维价值论研究[J].教育与职业,2015(5):8-11.

[3] 李梦卿,王若言.工士学位及我国高等职业教育学位名称推定语境研究[J].职教论坛,2014(31):20-25.

[4] 王永颜.高等职业教育工士学位制度改革探析——基于价值论视角[J].职教论坛,2014(31):26-31.

[5] 申国昌.高等职业教育"工士"学位的内涵、价值及其构建[J].教育发展研究,2014(21):59-62.

[6] 刘大伟.路径依赖和制度变迁:"工士"学位机制创新的诉求[J].教育理论与实践,2016(3):9-11.

[7] 李梦卿,安培.从工士学位审视我国高等职业教育学位授予标准[J].职业技术教育,2014(22):11-16.

[8] 张弛.多维视角下高职教育"工士"学位制度的建设与发展研究[J].职教论坛,2015(19):20-25.

1.已有研究的成果

随着高等教育的发展,学位已经对个体、社会和高等教育机构产生了深远的影响。学界对学位制度评价功能的研究极为丰富,对学位制度功能演变的解读达成基本共识。文凭社会,就业市场对学位的依赖所造成的学位制度问题成为近几年来学界研究的焦点。基于学位制度的经济价值、政治价值、文化价值和社会分层价值等的变化,学者们从多维学科视角提出了对学位制度的结构、管理、运行和创建等进行改革的策略。这些研究成果为本研究提供了坚实的理论基础和有力的成果支撑。学位制度发展至今不仅是一种知识制度、学术制度,更是一种社会身份象征。学界还对学位制度变迁与社会之间的关系也进行了宏观上的分析和论证。这为本研究在建立以就业为目的的、面向社会职业的新型学位制度时,如何考量新型学位的定位问题、专业设置问题和学位标准问题提供了很好的借鉴。

已有研究对现行学位制度的制度本体研究较为深入,特别是在学位结构、授予标准、管理与衔接机制问题上,国内有丰富的研究成果。例如,学位授予标准的探讨,主要从学位的本质、价值出发,探讨学位授予标准的制订原则、定位、与产业和行业的关系、标准实施模式、已有标准修订等;又如,学位结构问题,往往与高等教育结构优化和发展趋势结合在一起,研究跨学科学位设置与发展问题、完善国家学历资历框架问题、促进不同学位类型之间的对接与转换问题等。这为本研究提供了设计理念指导。高职学位制度设计不是简单地为一种教育类型设计一种新学位制度,而是站在高等教育体系的全局,为推动多元且一体的高等教育体系而做出的制度安排。当然,关于学位的管理体制改革、学位立法等研究也有不少成果。这些都有助于本研究在构建新兴学位制度时遵循现行学位管理体制的总基调,宏观把握现行学位制度的运行与管理现状,避免学术型学位制度设计与运行中出现的管理问题。值得一提的是,高职学位制度的本体研究也是国内以"学位制度"为研究主题的研究内容,虽然从单个研究成果来看较为碎片化,但是从总体来看,已有关于高职学位制度之学位内涵和本质、高职学位制度之授予标准、高职学位制度之构建路径等研究成果。

由现有研究成果可知,当前社会转型期,我国学术界致力于学位制度改革研究,将主要精力集中在专业硕士学位制度的完善上。例如,许多学者关注到以往单一形式的学位制度根本不能服务社会现代化建设,只有多元的学位类型与层次,才能满足更多的个体和社会需求,才能为社会发展挖掘多样化人力资源,为社会公平创造更多途径。而关于多元学位的讨论中,关于建立专科层次的高职学位制度的探讨最为激烈,也得到国家和教育实践者的大力支持。且研究者们积极探究国外和中国港台等地区的以职业为导向的学位制度变迁的原因、动力和路径,试图借鉴并运用于构建和完善有中国特色的学位制度。这为本研究开拓了视野,积累了实践经验。

2.已有研究的不足

虽然已有研究取得了一定的成果,但仍然有未尽之领域可以深入探讨。学位制度的已有研究主要集中在现行学位授权审核实践过程中学位制度本体各要素存在的问题。鲜有从历史的角度,审视我国学位制度变迁过程中,新旧学位更替、撤销的内在动力,也鲜有从制度功能出发,解读学位制度本体与学位制度功能是如何相互作用的。最为关键的是,已有研究关于高等职业教育学位制度的研究成果较为零散,尚未见对整个高职学位做系统化的制度研究。

第一,研究我国学位制度史的成果不少,但鲜有人对学位制度发展史中学位制度的自发性变迁和强制性供给的影响因素和动力进行深入探讨。国外职业教育学位制度起步较早,而我国在21世纪才有少数高校自发性地实施高职学位制度,才获得探讨职业教育学位可行性的政策首肯,这是高职学位制度生成的有利条件,然而这些有利条件的出现动力何在? 这是已有研究中还未被深入探讨的内容。

第二,关于高职学位的制度本体的系统化研究不足。从高职学位已有研究内容上看,多停留在宏观层面的探讨,如"必要性、内涵与价值",而对于高职学位到底是什么样的学位,有几个层次,几个种类,高职学位授予标准如何制订,这一标准与学历文凭标准和职业资格证书标准应该有何不同,高职院校的学位授予权是否应与学术型学位一样由国务院学位办统一授权,地方政府、行业及企业与高职院校在学位管理中的权责应该如何分配,高职学位专业如何与学科专业区别,是否所有的高职院校都有资格设置学位,高职学位点设置如何服务于动态变化中的产业和行业……这些问题并没有深入研究,而这一系列问题正是一个完整学位制度形成所必须解决的关键问题。

第三,高职学位的制度设计所运用的研究方法、群体和视角单一。从研究者组成来看,研究者大多集中在高职院校的教授和一线实践者,鲜有来自学术职业的研究者。这一方面使研究成果与实际问题切近,能够较快地运用到实践中;但另一方面,研究成果单方面地多基于实践的经验总结与分析,学理性、思辨性有待进一步加深。从采用的研究方法来看,要么单一运用比较研究法,要么单一地从理论层面探讨制度的应然样态。高职学位制度既是一种理论思辨研究,也是以实用、适用为目的的应用研究,因此,在研究方法的选择上,应该将理论思辨与实证调查、个案研究相结合,使高职学位制度基于实际需求与案例经验的理论实践相结合的制度安排。从研究视角上,研究者多从教育学的视角来论述高职学位制度的应然样态,其实高职学位制度不仅是一种知识制度,也是一种社会制度,还是一种职业制度。这就要求高职学位在制度构建时应该是多视角共建的,不仅要运用教育学理论,还要运用社会学、人力资本理论、制度学等多理论多视角来进行研究。

三、核心概念界定

(一)学位

在现有研究和辞典定义中,学位概念主要从功能和符号意义两个视角界定:一是从学位的功能上定义,学位有评价与管理的功能。康翠萍认为:"学位是学者个体通过教育活动追求学术成果的形式与社会通过管理活动对其评价和认可的形式的统一体"[1]。《中国大百科全书·教育卷》定义为:"评价学术水平的一种尺度,是国家或高等学校以学术水平为衡量标准,通过授予一定称号来表明专门人才知识能力等级"。黄宝印认为:"学位是从高等教育领域对科技、教育、文化、医学、工程及其他专业领域高层次人才的知识水平和能力等级的划分和确定,其功能是满足知识管理的需要"[2]。二是从学位的符号意义上定义:"学位是学院或大学授予那些圆满完成了规定课业的学生的称号"[3]。《国际高等教育百科全书》认为:"学位通常是由学院或大学向个人授予的、对完成某个阶段的学习或在科学研究、职业工作中取得的成就的一种认可称号"。

---

[1]　康翠萍.学位论[M].北京:人民教育出版社,2004:90.

[2]　黄宝印,陈艳艳.学位内涵与功能辨析[J].高等教育研究,2007(10):62-66.

[3]　詹姆士·奥汉伦,林恩·莫尔斯坦森.关于教师教学工作的评价[J].李荷珍,译.高等教育研究,1981(4):75-79.

综上可归纳出学位内涵的几个基本点：

①学位的基本载体是知识。

②学位具有评价性,评价的对象是个体。

③学位是标准化评价,说明个体在知识、能力和道德方面达到预设标准。

本研究把"学位"界定为:学位是学习者经过有计划、有目的的系统化教育后,国家、受委托的高等院校或研究机构,授予其国家认可的认证凭据,以证明持有者已经达到一定知识、能力与素养标准。

(二)学位制度

1.制度

"制度"一词直至20世纪七八十年代才被我国正式使用,而古汉语中,制度的概念相当于法令、法度、规范等一系列外在规约、束缚、限制的意思,与西方制度词源上的"规则(System)、组织(Institution)和体制(Regime)"含义相近。新制度主义兴起后,制度理论被广泛运用到社会学、政治学、经济学、管理学、法学和教育学领域,形成了多种学科的新制度理论观点。其中最受认可的是霍尔和泰勒的分类:理性选择制度主义、历史制度主义和社会学制度主义三大流派。

第一,理性选择制度主义学派把制度看成一种为了实现集体利益最大化而人为设计出的、约束人类行为的规则或规范。科斯认为,契约形式就是制度,即"根据交易费用的衡量结果决定选择何种契约形式"[1]。诺思认为:"制度包括人类设计出来的、用以形塑人们相互交往的所有约束,由正式制度、非正式制度和实施机制组成"[2]。西奥多·W.舒尔茨将一种制度定义为:"一种行为规则,这些规则涉及社会、政治及经济行为"[3],例如用于确立公共品和服务的生产与分配的教育制度。法国社会学家涂尔干认为,社会结构的基本构成便是"规范",即为共同价值观所支持并用以指导个体行为的准则,而"规范"在某个领域的集结和体系化便是

[1] 罗纳德·H.科斯.社会成本问题[A].罗纳德·H.科斯.财产权利与制度变迁——产权学派与新制度学派译文集[C].上海:上海三联书店,2014:41.
[2] 道格拉斯·C.诺思.制度、制度变迁与经济绩效[M].杭行,译.上海:上海三联书店,2008:4.
[3] 西澳多·W.舒尔茨.制度与人的经济价值的不断提高[A].罗纳德·H.科斯.财产权利与制度变迁——产权学派与新制度学派译文集[C].上海:上海三联书店,2014:175.

"制度"[1]。第二,历史制度主义学派认为,"制度是指经过长期存在已经定型的人类行为样式"[2]。彼得·霍尔是该流派的核心代表性人物,他认为制度是在政治和经济各领域形塑个人之间关系的正式规则、顺从程序和标准化的惯例。第三,组织社会学的新制度主义认为制度与组织是密不可分的,制度是组织发展到一定程度的文化体系。斯科特认为:"制度是为社会生活提供稳定性和意义的规制性、规范性和文化—认知性要素,以及相关的活动与资源"[3]。从制度对个体的功能上,凡勃伦把制度解释为一种一般的思想、惯例和习惯,从而形成了组织或集体的文化系统。组织社会学新制度主义学派注重研究基于社会关系的"组织—制度"的文化、象征与认知。

综上,三大流派都把制度当成一种人类行为的规范与规则,不同的是,有的流派关注独立个体的行为模式,有的流派研究基于社会关系的行为模式;有的流派认为制度与组织是两个不同的主体,有的流派认为制度与组织没有本质区别;有的流派挖掘制度建构的权力关系,有的流派挖掘制度导向的文化系统。从社会制度的层面上看,属于微观层面的标准化规则;从制度与组织的关系上看,是组织环境下的制度;从制度的功能上看,强调制度的标准化规范功能、对公共产品或服务的生产和分配功能以及对个体存在的组织文化的塑造。因此,本文的制度内涵是指:"在特定组织中,对个体行为标准及个体间的关系模式的制约与激励手段"。

2.学位制度

综合学位和制度两者的概念,本研究认为,学位制度就是在高等教育组织中,对受教育者个体的受教育行为过程与结果的标准化规定,以及在学位授予过程中所涉及的国家、授予者和被授予者之间关系模式的规范化准则,这些规定与准则对学位申请与授予发挥着制约、规范和激励的管理功能。简而言之,学位制度是关于学位申请与学位授予的规范化管理守则,它涉及什么样的人有资格申请、以什么标准申请、申请哪种学位、谁来授予、授予程序是什么、授予谁等一系列学位申请与授予的管理问题。因此,本研究的学位制度包括学位标准、学位专业类别、学位管理机制三大部分。

---

[1]　埃米尔·涂尔干.社会分工论[M].渠东,译.北京:三联书店,2000:13.
[2]　河连燮.制度分析:理论与争议[M].李秀峰,柴宝勇,译.中国人民大学出版社,2014:24.
[3]　斯科特.制度与组织——思想观念与物质利益[M].姚伟,王黎芳,译.北京:中国人民大学出版社,2010:56.

（三）高职

对什么是高职的界定问题，关键是区分高职与普通高等教育。随着科学技术的发展和社会产业结构的变化，普通高等教育毕业生和高职毕业生的就学目的趋于一致——以就业为目标。但同是指向劳动力市场的两种高等教育类型有何不同？当普通高等教育在高等教育体系中占绝对优势时，高职又该如何下定义？雷正光教授认为，现代职业教育培养目标的时代特征是："以人才市场需求为中心、以学生的发展为本、以职业能力为导向"[1]。《国际教育标准分类》认为，高职培养"更加定向于实际工作，并更加体现职业特殊性"[2]的人才。"《中华人民共和国高等教育法》明确高职隶属于高等教育体系，薛喜民认为高职是高等教育的重要组成部分，是相对于普通高等教育而言的职业技术性质的高等教育，它也是职业教育体系中的高层次。"[3]。吕鑫祥认为高职是培养技术型人才的、具有终身教育特征的独立教育类型[4]。

综上，职业技术教育最大的特征是"以职业岗位为导向"，（而高职之"高等"则体现在比中等职业技术教育接受更具系统性、科学性、有一定深度和广度的知识传授。）在教育层次上，高职不应局限在专科层次，而应随着知识广度和深度的变化而提高教育层次，全面发展至本科教育。从教育类型上，高职是区别于学术研究型普通高等教育的另一类教育。本研究认为，高职是由高职院校承担，培养高级技能人才的专科和本科教育层次。这些高职院校是：高等职业技术学院、大学的二级学院、职业大学、高等专科学校等正规学历教育的高等院校。

（四）高职学位制度

1. 高职学位

在为高职学位下定义之前，必须辨析其与专业学位、学术型学位的概念异同，

［1］ 雷正光.现代职教培养目标定位研究[J].职教论坛,2003(9):7-10.
［2］ 联合国教科文组织36C/19号令.国际教育标准分类法(ISCEO 2011)[S].法国:联合国教科文组织,2011.9.15.
［3］ 薛喜民.积极发展高等职业教育　为城市经济建设服务[J].上海高教研究,1997(12):4-8.
［4］ 吕鑫祥.高等职业技术教育研究[M].上海:上海教育出版社,1998:133.

从而才能全面界定高职学位。

第一，与专业学位的辨析。依据《专业学位设置审批暂行办法》可知，"指向职业领域、专业化的技能标准和职业规范、需求规模"是专业学位设置的三大必备要素，专业学位是为职业领域定向培养实践型、应用型人才的一种学位类型。就其培养定向来说，高职学位与专业学位属同类却是不同知识、能力与素质水平层次的学位。《教育大辞典》明确定义了专业学位是"除人文科学、社会科学和自然科学以外的学科领域(如工学、农学、医学、法学、商学、教育学、管理学等)所授予学位的统称"。目前我国专业学位由符合标准的综合性大学承担，集中发展硕士学位层次，该学位的种类设置多以职业实践的应用科学领域为划分依据，因为研究生层次的学位教育必然是导向更为高深知识的习得与知识实践、应用。

第二，与学术型学位的辨析。学术型学位是侧重于抽象的理论知识研究的一种学位。《中华人民共和国学位条例》对学士、硕士和博士学位标准的规定表明，个体通过知识与技术的习得，应逐步养成科学研究与创新能力。美国著名教育家欧内斯特·博耶把学术分为探究性的学术和应用性的学术，探究性的学术主要是理论性强、致力于为知识而知识的探索科学知识的研究活动，学术型学位便是评价持有者的探究性学术水平。我国学术型学位发展至今，学术型学位制度已较为完善，已经形成了完整而系统的制度主体，并完成了制度化过程。

高职学位是其所蕴含的知识与技能水平标准的标志。高职学位标准是面向职业岗位的有关实践知识、职业技能和职业态度的标准。综上，本研究将高职学位界定为："国家或受国家委托的高等院校，授予达到既定知识、技能和素养标准的毕业生认证凭证"。

2.高职学位制度

从广义上看，高职学位制度是高等教育制度的重要组成部分，它的确立将牵动着整个高等教育学制、文凭制度、招生考试制度等的变化。从狭义上看，高职学位制度是学位体系中相对独立的制度整体，它是学位群中一类学位制度。因此，高职学位制度是以学位申请—授予为主线，在高职院校组织中，规范相关行为主体的行为和关系模式的、有法律效力的规则。本研究认为："高职学位制度是国家或受国家委托的高等院校，授予达到既定知识、技能和素养标准的毕业生认证凭证的一系列规范化行为准则"。这一准则可以简单地表达为：在高职院校及设有职业技术学院的大学中修读高职学位的学生,学制期满后,修满应修学分,完成实习任务,经考核成绩合格者,国家或受国家委托的高等院校可授予其高职学位。

四、研究设计

(一)研究思路与结构

本研究从三大部分六个方面内容展开研究,总体上遵循着"是什么——为什么——什么样——怎么办"的思路:首先,高职学位是什么的本质认定;接着,为什么要构建高职学位制度,即高职学位的供需矛盾,这也是高职学位制度构建的动力;然后,以高职学位是什么的学理探究为制度构建的理论依据,构建起高职学位制度的应然样态;最后,就设计出来的制度本体提出如何推进高职学位的制度化、合法化,这实质是制度安排后的优化。

本研究的思路结构图如图导-1所示。

(二)研究内容

本研究共六章,具体划分为三大部分内容:

第一部分,明晰高职学位的本质和外延范畴,以致在高职学位制度设计时能够准确把握其内在机理。这一部分着力于高职学位制度的理论审视和制度建设的现实需求。第一章基于职业教育文凭功能的演变史、学位的一般属性和高等教育相关理论,对高职学位的本质内涵和外延定位进行论证,为全文新学位制度构建奠定理论基础。第二章立足访谈实证调研,探明高职学位制度缺位导致的人才培养困境、接续学习阻断、高职发展障碍,综合审视高职学位制度构建的现实需求。

第二部分,基于第一部分对高职学位制度的理论审视,着力于高职学位的制度构建。这是本研究的核心内容,分为四个章节论述,主要探讨:①高职学位点设置。高职学位点的建设如何既满足市场需求又推进职业系统的专门化,既保障了学位点的稳定性又不抑制其灵活性。②高职学位授予标准。作为人才培养的出口标准和质量保障的学位标准,应该从哪些维度和单元以什么样的尺度规定人才规格。③实现高职学位的科学有效管理,促进技术技能人才培养,必须创建符合职业教育特点的学位管理机制。④高职学位的衔接机制。探讨高职学位分别与学士学位、

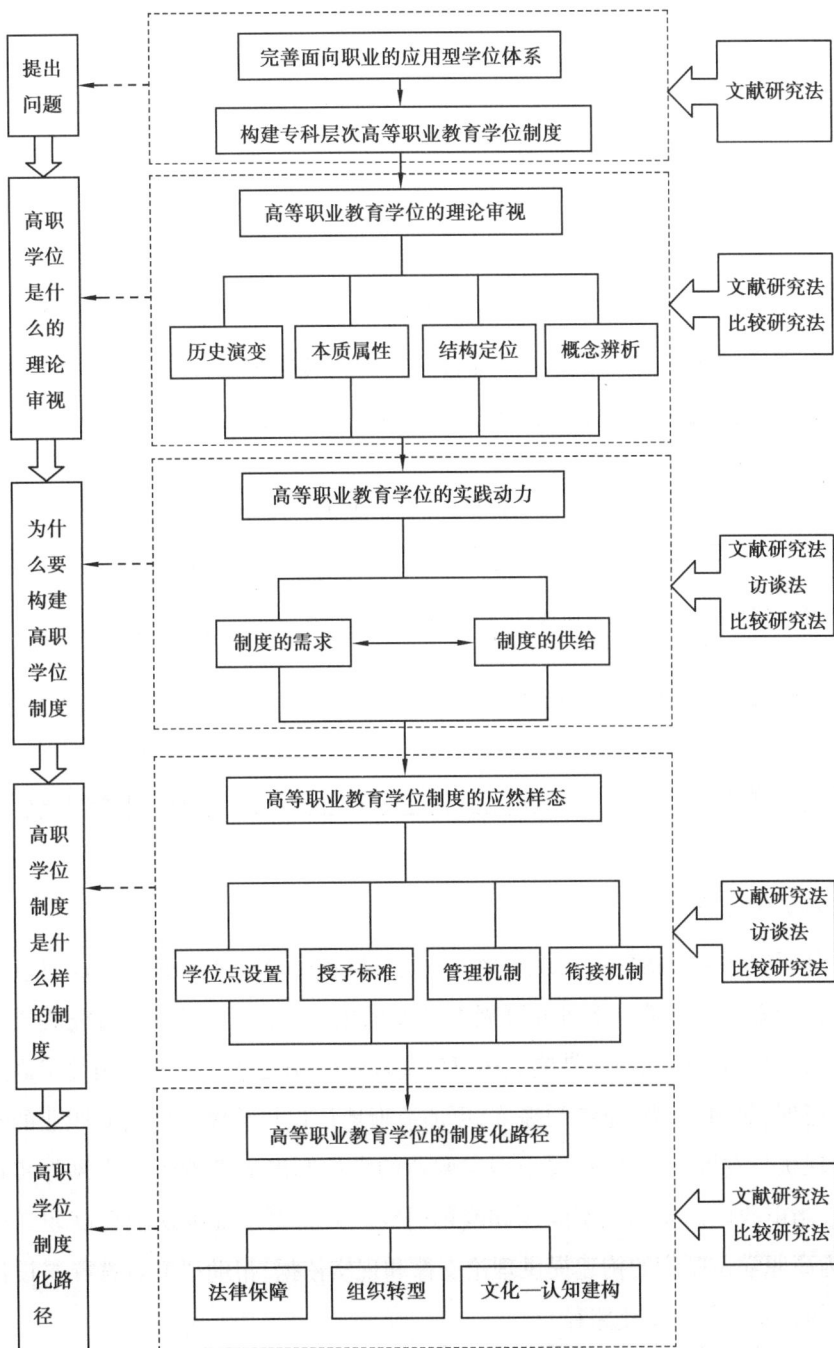

图导-1　高等职业教育学位制度构建研究的思路图

职业资格认证如何衔接的问题。

第三部分,探讨高职学位制度从自上而下的制度实践转向自下而上制度内化的路径。当高职学位制度生成后,需要通过执行来实现制度功能,制度的实施、扩散和持续作用需要得到合法化,才能实现制度的历久弥新。

（三）研究方法

本研究总体上是从理论样态上来构建高职学位的本体制度,试图呈现一套科学、合理、可行的新型学位制度。围绕着这一研究对象和研究目的,本研究主要采用理论研究和实地调查研究相结合的方法,以下是本研究方法整体概览表(表导-1)及各研究方法使用的具体操作:

表导-1　全文研究方法使用情况宏观概览表

预解决的研究问题	使用的研究方法
高职学位的理论审视,包括本质属性、在学位体系中的结构定位、与职业资格证书的辨析	比较研究法、文献法
高职学位制度构建的依据,即实践动力	访谈法、文献法、比较研究法
高职学位的制度主体建构	访谈法、文献法、比较研究法
高职学位的制度化路径	文献法、比较研究法

1.文献研究法

文献研究法主要指搜集、鉴别、整理文献,并通过对文献的研究形成对事实的科学认识的方法。文献是本研究开展的重要依据,一方面了解学界研究成果和趋势,另一方面,为本研究提供借鉴。通过对高职学位制度这一主题的相关国内外文献进行梳理、甄别、归类、总结和提炼,更加清晰地认识与掌握国外面向职业的学位制度的现状与发展方向、国内关于面向职业的学位制度的理论研究成果与实践成效,以及当前我国高职的现实问题和改革研究。同时更加准确地把握高职学位的本质,为高职学位制度的构建提供理论支撑和现实依据,帮助研究者选择与设计最为关键的高职学位制度化路径。

2.调查研究法

访谈法是调查研究法的一种形式,它是"对现状的研究,以及确定和解释社会的或心理的变量之间的关系的研究"。[1]　本访谈调研采用非结构式访谈,以问题为导向拟定一个大致的访谈提纲,以半封闭和开放式提问的方式提问。访谈的初始时段,将问题聚焦于询问对方院校在"培养定位、培养方案与标准、专业设置与调整和文凭管理"等方面的现状与困境;访谈的深层阶段,将问题聚焦于了解被访谈者对"设置高职学位的态度、看法及原因,实施高职学位教育的构想、运行与管理高职学位的图景",同时多角度地追问与探寻影响他们对高职学位设置、实施、运行与管理的态度和看法的因素。本研究的访谈对象主要由"国家示范性高职院校"和"非国家示范性高职院校"的教务处主任、系主任、副院长等中高层管理与领导者构成,访谈总人数为 15 人。之所以以"国家示范性高职院校"和"非国家示范性高职院校"选取访谈对象,旨在将教育经费、考试招生、办学条件、师资队伍和自主权等有相对优势的政策倾向者与一般性的高职院校分开,以调查两种身份的高职院校对高职学位的态度及其实施高职学位制度的条件。具体访谈对象信息如表导-2所示。

表导-2　访谈对象相关信息一览表

编　号	姓　名	所在学校类型	职　位
1	DYS	国家示范性高职院校	副院长
2	ZHM	国家示范性高职院校	党委书记
3	TYH	国家示范性高职院校	教务处长
4	LZY	国家示范性高职院校	经济管理系主任
5	GJ	国家示范性高职院校	道路工程系主任
6	CJL	非国家示范性高职院校	软件技术系主任
7	RYM	非国家示范性高职院校	茶学系教师
8	ZLN	非国家示范性高职院校	副院长
9	LMX	非国家示范性高职院校	副院长
10	GJ	国家示范性高职院校	教务处长
11	HY	国家示范性高职院校	汽车工程系主任
12	YFR	非国家示范性高职院校	副院长
13	TWP	非国家示范性高职院校	校长助理
14	SXM	非国家示范性高职院校	副院长
15	ZCX	非国家示范性高职院校	副院长

---

[1]　威廉·维尔斯曼.教育研究方法导论[M].袁振国,译.北京:教育科学出版社,1997:201.

访谈具体步骤:第一,将访谈录音、电话录音、现场笔记、走访见闻等资料全部输入电脑,将录音转化为文字,将现场笔记文本录入电脑,以 word 形式存成文档,基本保持资料的原始性。第二,将生成的原始资料进行建档管理,档案分为三大类:一是关于当前高职院校在人才培养定位、培养方案与标准、专业设置与调整和文凭管理等方面的现状与困境;二是关于高职设置应用型学位持积极态度与看法的资料;三是关于高职毕业生就业与升学的问题。第三,对访谈资料进行编码。在定性研究中,编码是资料分析必不可少的环节,研究者根据研究需要,将原始资料以不同的主题或概念类别分类,以便于按照主题词或名称概念来分析资料。三个文件夹中的内容以专业、授予标准和学校管理为主题词进行编码、分类,以便于在设计高职学位制度主体时作为佐证支撑。

3.比较研究法

比较研究法就是对物与物之间和人与人之间的相似性或相异程度的研究与判断的方法,它分为纵向比较研究法和横向比较研究法。为了更加清晰地把握高职学位的概念,设计出更加科学、合理和本土化的高职学位制度,本研究采用纵向比较研究法和横向比较研究法。第一,纵向比较研究法服务于全面认识职业教育文凭、学位、我国学位制度,按照历史发展的时间顺序掌握这些事件的历史演变过程,挖掘其演进过程中的特点、原因和动力。第二,横向比较研究法,本研究在构建高职学位的专业、授予标准和管理机制时,通过比较域外和中国港台地区高职学位制度设计,分析它们的特点、形成原因、影响因素和发展规律,取其可借鉴之处,结合我国实际问题和现实条件,设计出我国高职学位制度的应然样态。另外,关于构建高职学位制度化路径,本研究运用了横向比较法,借鉴了国外在非学术型学位制度实施初期是如何推进该类型学位制度的合法化、社会化的经验。

五、研究价值与创新

(一)研究价值

基于现实与理论的高职学位制度的构建,具有一定的理论价值和实践价值。

1.理论价值

以往研究鲜有对高职学位制度作出系统的理论解释,多就高职是否应该建立一个学位制度而提出争议。本研究在理论上具有的价值主要体现以下三个方面:第一,有利于系统化与本土化高职学位制度的理论研究。对高职领域进行学位制度研究是一项基于实践需要的新的理论探索,既是特定历史时期学位制度内涵、功能与价值的丰富,也是学位理论研究的领域拓展。学士以下学位制度在国外已有丰富的理论基础和实践经验,模仿域外制度模式是我国高等教育及其学位发展的惯用路径,忽视了高职学位本身的特殊性。本研究立足高职学位的内涵审视,通过理论建构、内在机理研究、需求剖析、深度访谈,多元路径探讨高职学位构建的理论诉求与现实动力,致力于建立应然状态的高职学位体系。第二,有利于丰富现代职业教育体系建设理论。文凭制度是现代职业教育体系的重要组成部分,高职学位制度的构建实质是高职制度和学位制度的改革与丰富。以往研究多站在现代大学制度的高度对学术型学位制度进行完善与改革,但尚未从现代职业教育体系出发,理性而系统地讨论学位制度建设问题。第三,有利于拓展高职学位制度的理论研究视角。高职学位制度的应然设计不仅是基于教育学理论视角下的研究成果,也涉及社会学、新制度主义、经济学与管理学范畴。本研究将整合多领域研究成果,以期从相关学科寻找制度构建的依据、方法和制度化路径。

2.实践价值

本研究也具有一定的应用实践价值,表现为以下三个方面:第一,就高等教育结构而言,通过高职学位制度构建,优化高等教育结构。在高等教育大众化、普及化时代背景下,单一学术型教育及其学位的高等教育结构已经难以适应多元需求,通过高职学位制度的建立,分立学术型与应用型高等教育的二分格局,促使教育实践者和办学者清晰其所在教育机构的功能、人才定位和教育标准等。第二,就学位体系而言,建构一个更加多元、开放的学位体系,为面向职业实践领域的高职毕业生建立一个向上攀越的学位保障机制,促进高职和专业学位与研究生教育、学术学位教育、职业培训的制度衔接与转换,为技术技能人才发展成行业大师提供终身教育的机会与通道。第三,就高职学位制度而言,本研究着力于突破高职学位制度碎片化、单一要素的已有研究,注重制度的系统设计,结合高职的性质、办学理念、人才培养定位与模式、专业设置等特殊性和实际存在的问题,致力于建立具有可操作性的、适用于高职的学位制度。分板块具体而深入地探讨与设计高职学位的管理机制、专业设置、准入标准等制度要素。为我国未来高职学位制度和政策制定实践提供参考,为高职相关法律法规修订提供借鉴。

(二)研究创新

第一,研究视角上,从知识、权力和文化的视角切入,研究高职学位的本质属性,提出高职学位具有实践知识评价属性、职业权力属性和实践文化属性,并作为高职学位制度构建的理论依据。

第二,研究思路上,本研究以构建系统而完整的高职学位制度为核心,以学位授予为主线,建构出由学位点设置、授予标准、管理机制和衔接机制构成的高职学位制度。

第三,研究观点上,一方面,关于高职学位制度各要素的设计,提出:设置服务于区域产业和行业发展的高职学位点,设计高职学位国家层面的统一授予标准,建立以省级政府为主导,行业、企业参与授权审核和授予决策的学位管理机制,建设高职学位在高等教育体系内的衔接机制和与职业资格的等级对接机制。另一方面,关于高职学位的制度化路径,提出:完善与建设职业教育、学位的相关法律法规,推进高职院校组织转型与建设,培育精益求精的价值认同和建构技术文化。

第一章 高职学位制度的理论审视

不管学位是作为执业资格凭证还是学术水平荣誉证书,它都具有知识属性、权力属性和文化属性。正是这三大属性孕育了现代高等教育的多元学位。高职学位是孕育于中世纪大学学位,诞生于现代工业社会的新型学位。要构建科学、可行的高职学位制度,必须从历史上追溯高职学位的"原形",从学理上明晰高职学位的"本质属性"。以此为本研究的立足点,架构起高职学位制度在我国学位体系中的地位、功能及其主体内容。

一、职业教育文凭功能的历史脉络

从历史视角对高职学位构建进行溯源,是当前厘清我国高职学位的本质、建立高职学位制度的重要基础。高职学位是重要的职业教育文凭,标明个体职业技能的水平、类型及其文化身份。随着时代境遇的变化,职业教育文凭的功能、价值和形态也随之变迁。

(一)中世纪行会组织中的身份符号

在欧洲中世纪,人们为了获得一定的职业身份必须加入行会,通过行会内部的教育和认可方能得到更为普遍的承认。学位原初是教师行会组织中的教学执业资格证,随着大学的形成和变迁而逐渐体系化、制度化。"从事教学的硕士或博士一般被称之为'摄政的"硕士和博士"',这一头衔赋予了其持有者以真正的社会尊严,使其易于接近特权阶层和贵族社会"[1]。中世纪欧洲大学的学位制度详细规定了获取每层级头衔的学科知识水平、演说与辩论能力、就职仪式等职业准入与晋

---

[1] 瓦尔特·吕埃格.欧洲大学史(第一卷)[M].张斌贤,等,译.保定:河北大学出版社,2008:159-161.

升标准。在其他行会组织中,同样存在职业晋级制度,但并不能称为学位,作为教师行会执业资格的学位与其他行会中职业称谓的等级体系并存。本质上,无论是教师行会抑或其他行会,构建的均是一套职业身份体系,在中世纪行会组织中,基于传统师徒制教育形成的"学徒、帮工和师傅"三级身份划分最为典型,也是大部分行会新人技能发展的参考体系。一般而言,低一级身份是高一级身份获取的必要条件,第一级"学徒"的招募,由行会领导和师傅从非奴隶、非私生子、具有一定家庭财产的、10岁以上的孩子中招收,通过试用期考核后举行仪式公布入学者名单并登记入册。第二级"帮工"身份,学制为3~5年,游历经历、晋升考试合格以及自制创意工艺作品三者是学徒进阶身份缺一不可的条件。第三级"师傅"身份,这一阶梯身份已经位居行会高层,不仅要求掌握本行业经济活动的全部技艺,还应该拥有一定数量的生产、生活资料。[1] 行会学徒制详细规定了获取每一级身份的技艺水平、生产能力、伦理品德等行业准入与进阶标准,保证核心技艺得以传承,并使行业能够迅速而准确地筛选出技艺者。此种身份等级制度延续了四个多世纪,其功能与价值在于它不仅是一种行业制度,更是一种个体社会化制度。个体从"学徒"身份晋级到"师傅"身份,意味着生计问题得到解决且在本行业有一定的自由权利和话语权利,城镇中行会组织成员具有自由人身份,"师傅"身份虽然拥有的资金不多,但是作为能够与其他同行自由竞争的生产者和经营者,在某种程度上"拥有人身、言论、信仰自由,拥有财产和订立有效契约的权利以及司法权利,享有某种程度的社会遗产、经济福利和安全,依据社会通行标准享受文明生活等一系列权利和义务"[2],提供了踏入更高一级的自由市民或贵族乡绅、行业首脑阶层的机会。

(二)近代工业革命后学校组织的学力证明

随着行会组织的衰败,"学徒、帮工和师傅"的三级身份制度失去了合法性,国家权力开始干预职业技术教育,使其逐渐走出家庭作坊并转向学校组织机构,同时对技术人才的等级标准、培养模式等规则的制定权不再由行会垄断。17—18世

[1] 贺国庆,朱文富,等.外国职业教育通史(上卷)[M].北京:人民教育出版社,2014:20-21.
[2] T.H.马歇尔,安东尼·吉登斯.公民身份与社会阶段[M].郭忠华,刘训练,译.南京:江苏人民出版社,2008:10-11.

纪,欧美各国职业教育走上了正规化、现代化的道路,承担着振兴资本主义经济、工业技术传承与济贫强民的责任。19世纪是世界各国职业技术教育大发展时期,有全日制和非全日制两种学校组织形式,一是针对在岗工人的非全日制职业技能再训练,如英国的技工讲习所、德国的星期日工艺学校;二是全日制职业院校,分为培养满足实际岗位需求的技术工人的中等职业学校,如法国的中等职业学校、美国的文实中学;以及培养更高一级的技术人才的高职学校,如法、德的高等专科学校、美国的独立技术学院。正规化的学校职业教育对其受教育者的入学、学制、培养模式、专业设置与证书形式等方面作出制度性规范。在入学年龄和学制上,严格规定了入学者需在12~16岁,学制2~4年;在培养模式上,主要是课堂讲授和工厂实训,重点培养学生现场技术操作能力,与此同时,对基础科学知识也提出相应要求。职业教育学校化后,文凭便成为连接学校与工作世界的纽带。招聘单位认为,到高校受过教育且获得文凭证书者是知识储量多而学习能力强的人,这种学习能力可等同于工作能力,如此便可减少用人成本。因而,工业革命后的高职文凭具有证明拥有者的学力和工作能力的功能。从"身份符号"到"学力证明",体现了人类社会形态从手工业和工商业不发达的封建社会向崇尚自由和商业发展的资本主义社会转变。学力证明打破了行会封建垄断和平均主义的生产资料分配方法,入行渠道不再以家庭出身、身份获得为单一渠道,那些有良好学习能力、认知能力、执行能力而又想进入行业就业的人得到大力支持,劳动制度开始以"自由和竞争"的逻辑进行变迁。从"行会"到"学校",职业教育及其文凭日益进入有制度、有组织的国家系统。当行会组织不能培育出适应资本主义新兴产业所需的技艺劳动者时,新的统治阶级则利用国家权力干预技艺劳动者数量与质量的输出,重建技艺劳动者学习与工作能力认证的合法化制度。

(三)当代多元证书与学位化文凭

随着工业革命的深入发展,技术成为社会与经济发展的关键要素,城市结构与社会阶层发生了巨大的变化,它使处于社会底层出卖技艺的人成为技术运用与研发的主角。在此背景下,工业社会逐渐出现了以职业资格证书为代表的制度,各类职业技术资格证书的获得标志着人们具备了从事某一专门领域活动的能力,有利于促进其获得社会认可和提升就业机会。20世纪中后期,职业资格证书制度在世界范围内兴起,一方面,因为工业社会转型期,大量的农业劳动力要转换成工业劳动力,这些劳动力受教育程度低,对机器大生产一无所知,需要通过职业培训习得技术技艺后才能上岗,职业资格证书则是他们岗位技能水平的鉴定凭证;另一方面,职业资格等级证书制度是由国家颁布,行业认可的评价工具,与职业学校机构颁发的文凭证书一样具有合法性和社会效用。法国设有多种多样的高职文凭与证书,如职业学习证书、职业能力证书、技术员证书、高级技师文凭、大学技术文凭等。除了职业资格证书外,通过正规高等教育获得职业技术文凭也是工业社会技能学习者的主流诉求。随着中等职业教育完成了普及化,高等教育阶段的职业教育也初步形成,世界职业教育呈现出初等、中等和高等三级学制。20世纪八九十年代,英国、澳大利亚等国家制订了证书与文凭的互换规则,在证书与文凭互换衔接上,"高级技术员证书通过一年的学校学习和企业实习可获得国家专业技术文凭"[1]。学位是大学系统中的重要制度设计,当职业教育成为高等教育的重要构成部分时,传统的对学力证明、身份符号的追求渐渐转变为对证书和学位文凭的追求。由此,专门的高职学位开始出现,传统各类资格证书也可以经过一定的认证与转换衔接高职学位,这主要得益于国家范围内职业与学术资格框架的构建。在德国,高职学位层次相当于职业资历框架的第六级,等同于学士学位,而英国则构建了基础学位制度、美国建立了应用型副学士学位。此外,面向职业的高等教育文凭层次不断提升,不仅有升至本科,甚至已有部分国家出现了硕士和博士层次的职业教育。

二、高职学位的本质界说

学位是知识水平的象征,当职业教育进入高等教育体系成为高职时,学位体系的构建就日益成为学习者重要诉求。传统学术型学位标志着个体对某一专业领域学理性高深知识(如原理、规律及其必然联系)的掌握情况,以职业为导向的专业型学位则标志着个体对实践性知识的把握程度。高职学位的属性既关照学位的一般属性,又具有自身的特点。

---

[1] 贺国庆,朱文富.外国职业教育通史(上卷)[M].北京:人民教育出版社,2014:41.

（一）学位的一般属性论说

在关于学位属性的已有研究中学者们众说纷纭,有的认为"知识是学位的第一要义"[1],有的认为"学术是学位的核心特性"[2]。从大学组织的内外部关系上看,学位既是大学组织与外部统治当局利益博弈的结果,又是大学组织对其内的学习者共同体的知识活动能力的培养与评价。本研究认为学位具有知识属性、权力属性以及学习者共同体文化属性。

1.学位的知识属性

中世纪大学已经奠定了知识在学位中的核心地位,因为作为教师行会的原初大学组织,知识是组织的生命线。不同历史时期的学位所指向的知识内涵、形态和功用都有所不同。中世纪大学所从事的知识是以基督教教义为核心内容的宗教知识,以超验性、箴言式的文本形态存在,用于灵魂教化。19世纪,研究型大学的兴起重塑了学位的知识内涵,转向科学知识(即学术)及其研究。哲学被认为是科学知识的集合体,经过知识分子不断地研究与探索,知识分化出不同形态,并逐步走向制度化,最终以学科制度的形式组织高深知识。此时学位便以学科为载体授予那些"为知识而知识"的科学研究者。20世纪,以美国为代表的应用型大学的出现,学位不再指向纯粹的知识研究活动,在知识与经济联系越来越紧密的社会需求下,学位更加注重实践的知识生产和知识的实践能力,知识的分化与组合突破了学科制度框架,开始向着多领域、多功能的特征发展,学位对知识水平、知识类型与知识能力的评价也趋于多元化、社会化和行动化。

2.学位的权力属性

原初大学的学位本就是教师行会与世俗社会、教会皇权斗争而赢得的独立的学位授予特权[3],它标志着教师行会及其成员在城市中拥有特权。从行会性质的视角上看,学位作为教师行业的"执教资格证",标志着满足执教条件,具备教学(或称传教)知识和能力,具有入行的权力。而对于医学、法学来说,拥有学位的职

[1]　张陈.我国当代学位制度的传统与变革[D].重庆:西南大学,2011:16.
[2]　康翠萍.论学位的本质[J].高等教育研究,2005(7):77-82.
[3]　雅克·勒戈夫.中世纪的知识分子[M].张弘,译.北京:商务印书馆,1996:68.

业人比没有学位的职业人更高贵,更有职业话语权。"12—15 世纪医学从业者大约有 4 000 人,其中拥有医学博士学位的从业者不足 2 000 人"[1],在医学从业者这个职业群体中,拥有学位的从业者(一般是内科医生)与没有学位的从业者(一般是外科医生)之间有着不可调和的矛盾,尽管内科医生的"实际医疗"能力比外科医生弱,但是他们非常鄙视外科医生,认为外科医生是类似于手工技艺者的身份地位。换句话说,他们的职业话语权威、专业权力是不平等的。宗教改革后,世俗社会力量壮大,民族国家建立,大学摆脱了教皇管控转为国家服务。学位证书如同公民身份一样,作为知识分子身份凭证,涵盖了彼时知识分子振兴国家的责任与权利。另一方面,学位是学术自由和学术自治的权力象征,随着市场经济的发展和全球化时代的到来,原本"国家—学校"单线的学位外部权力结构加入了"市场"主体,高等教育及其学位在国家、市场和学术三者的权力博弈中求得生存与发展。学位在学术资本主义[2]和高等教育市场化的现实中发挥着经济、社会和教育的作用,标志着劳动就业权力、专业权力等更多元的权力内容。在同行业中学位的高低预示着该持有者专业话语权的大小。

3.文化属性

学位的文化属性来自受学位持有者群体广泛认可并内化于心的精神与价值。获取学位所经历的智识训练和文化培育潜移默化地扎根于学人们的心里,形成了学位持有者们共通的价值认同和精神信仰。中世纪大学学人们"在同一耶稣上帝的世界里,甲大学的学者可以受到千里外他国乙大学的学者的款待,论共通的书,谈共通的问题,宾至如归"[3]。整个欧洲世界的大学群星们簇拥在共通的知识领域、使用共同的拉丁语,从事的所有关于知识保存、传播与生产的事业都是基于毫无保留地相信上帝创造的神秘宇宙秩序的合理性和对人类公共事业的补充。包括学位持有者沐浴着基督教的价值观,经历着相同的经院教学法、讲座和辩论的思维训练,从而使中世纪的大学及其所有成员产生了共同的精神气质——自由与平等,并形成了共同的学术伦理——理智的诚实、博学、概念明晰。19 世纪,大学是以建立理性社会为鹄的启蒙运动的产物,启蒙思想家们相信科学与理性的成长会导向

[1]　瓦尔特·吕埃格.欧洲大学史(第一卷)[M].张斌贤,等,译.保定:河北大学出版社,2008:397.
[2]　希拉·斯劳特,拉里·莱斯利.学术资本主义[M].梁骁,黎丽,译.北京:北京大学出版社,2014:1.
[3]　金耀基.大学之理念[M].北京:生活·读书·新知三联书店出版社,1997:72.

人类普遍的自由与幸福,他们全盘否定了基督教的价值体系。此时大学群星及其学位持有者们在理性信仰的支配下,形成了新的共同精神气质——科学精神,它取代了寻找上帝缔造的真理——以经院哲学为代表的知识研究与教学的基本范式,转向自然科学引发的科学方法。学位的培养开始要求学生学会运用实验的研究方法探索自然和人类社会的本质与规律,科学成为学人社会的共同信仰。在高等教育大众化的推动下,世界各国的大学理念与模式转而以之为模板。20世纪30年代,以美国为代表的实用型大学迅速崛起,大学学位体系发生了重大变革,在秉承了对科学知识共同信仰的基础上,逐渐丰富"有用知识"的定义、范畴、等级与类别,全力响应"实用理性"的理念。此后至今,世界大学及其学位的文化意义转向追求知识的效率和实用上来。

（二）高职学位的实践知识评价属性

高职学位是实践知识的衡量尺度,具有评价属性。现代学位主要指的是由国家或国家授权的高等教育机构或研究组织授予学者个体的一种荣誉称号,具有终身性特点,意在表明获得者在某一专门领域达到了相应的知识与能力水平。从本质而言,学位具有评价属性,是人才规格类型的衡量尺度,是对获得者学术水平、知识能力的评价、认定和授予的活动与结果。有学者认为,学位制度的形成伴随教育的发展,尤其是近代以来研究生教育的出现,促使学位制度不断改革和完善,使"评价"这一教育所固有的职能更为多元和复杂[1]。具体而言,最早的欧洲大学学位反映的是个体普遍性知识的获得状况,其基本形态是一种超验性的、箴言式的文本存在,用于精神教化。近代德国大学更加强调经验性知识和科学性知识,其基本形态是以哲学为知识的整合体而扩散出各种学科,大学通过"为知识而知识"的理性追求,培养具有"修养、独立、理性、自由"[2]的知识分子,学位制度因此反映的是专业性知识的水平与样态。随着第三次科技革命的兴起与深化,知识与经济联系越来越紧密,知识的实践与应用逐渐成为推动社会进步的主导力量。在这种背景下,社会对人才的需求逐渐多元化,不仅需要学术型人才,还需要大量不同层次和规格类型的知识实践者。高职学位是衡量职业人才实践知识水平与知识实践水平

[1]　杨有林.论学位的本质属性[J].北方论丛,2003(4):127-129.
[2]　陈洪捷.德国古典大学观及其对中国的影响[M].北京:北京大学出版社,2006:49,21.

的重要标准,通过对培养目标、培养过程和学位标准的系统构建和把握,最终培养和形塑大量适应社会需求的知识行动者和专家。换言之,高职面向实践场域,实践性的知识学习是高职学生的根本任务,通过制度化的学习,最终达到相应的规格和水平。高职学位的形成和完善基于知识的转型,实践性知识日益成为推动社会发展的根本动力,社会对拥有实践知识人才的需求是高职学位构建的内在动因。

(三)高职学位的职业权力属性

高职学位的职业权力属性立足于这种学位是专业知识和专业能力的表征,实质是专业领域权威带来的执业特权。高等院校是从事普遍性、百科全书式的知识工作还是从事独立分化的、专门性的知识工作,这两者的博弈推动着高等教育事业历久弥新。欧洲大学从中世纪到近代工业革命前这段时期,所从事的知识基本上是作为"一种普遍性知识和原理性、抽象性知识"而受到学位的认可和保障,被称为"远离现实社会的象牙之塔"[1],彼时学位指向理论技艺的学术而非实践技艺的专业。20世纪六七十年代后,随着第三次科技革命的兴起,社会对具有职业性专业知识人才的需求日益强烈,高职也随之兴起,应用型学位或称职业型学位在世界各国陆续出现。高职的专业性意味着某一特殊职业具有高知识含量、高技术水平,从一种零散辅助性知识走向系统化、专业化实践知识的进程,只有成熟的职业领域才能进入高职系统成为专业,并成为个体学习的依据和参照。个体习得的专业化的实践知识以学位形式获得认可和认证,进而成为个体参与社会分工与专业生产的身份与标签,未达到社会或行业认可的实践知识水平的学习者则不能获得相应学位。国家设立学位,给予合格职业市场保护,"推动重要或新兴职业沿着专业化要素量纲序列的运动,承认专业化程度较高的专门职业及其职业群体的特权身份,促使职业自治组织及其章程、行为守则、知识生产、技能培训等得到合法化"[2]。由此,以理论技艺的高深学问为知识主体的学术型学位与以实践技艺的专门学问为知识主体的职业实践型学位同立于世,反映了两种不同社会文化观——技术价值与学术价值,也反映了两类不同学者的专门知识权威系统。

[1] 克拉克·科尔.大学的功用[M].陈学飞,等,译.南昌:江西教育出版社,1993:1-2.
[2] 杜康.专业、专业属性及判断成熟专业的六条标准——一个社会学角度的分析[J].社会学研究,2000(5):30-39.

（四）高职学位的实践文化属性

高职学位的实践文化属性体现在技能形成的规训上,高职学位申请者经过本专业的实践知识学习、技能训练和对应职业的实作实操,掌握了岗位所需知识后形成一定的智识以熟练地进行技术操作与知识运用,而在某职业或职业群范围内这些高职学位持有者是具有共通的职业规范、技术伦理和实践价值取向的,这是对高职学位的实践文化属性的诠释。高职学位标志着持有者经过严格的知识实践能力训练和这种实践文化的形成而逐渐走向"全面发展的人",顺利实现从学生到职业人、从知识学习到知识实践的转换。17、18世纪以后,学位与职业之间联系紧密,一方面,学位制度的安排以"逻辑的事物取代了事物的逻辑"[1],即布尔迪厄所说的认识论意义上的"实践理性"指导着学位制度决策者设计学位与职业之间的对应关系。另一方面,根据布尔迪厄的本体论实践理论:"实践是相关行动者的社会存在形式"[2],所有社会实践活动的成功都是在特定"场域"中社会关系的成功。学位制度的实践体现受教育者的社会存在形式,即在学校场域中,注重学校知识习得与毕业后在社会职业场域中的实践活动的关系,"11—14世纪,医学学位的演变可以看出其与社会文化价值关系更为密切"[3]。工业革命以来,社会关系的复杂化、社会分工的精细化与生产的专业化,技术与学科之间的分裂越发显著,有部分学者认为:"技术的本质是实践性知识体系"[4]。高职学位的实践文化属性是基于高职人才培养定位——培养一线岗位技术技能工作者,这种教育类型中的实践知识学习与技能训练养成为即将走入职业生活的学生所必备的职业实践规范、价值取向和职业发展潜质,与学术学位文化不同,该学位不涉及探究知识本质的精神养成。

[1]　罗朝明.实践与实践性理解:布尔迪厄反思社会学的主题与品格[J].上海大学学报(社会科学版),2010(2):87-98.
[2]　皮埃尔·布迪厄.实践感[M].蒋梓骅,译.南京:译林出版社,2009:112-139.
[3]　瓦尔特·吕埃格.欧洲大学史(第一卷)[M].张斌贤,等,译.保定:河北大学出版社,2008:418-426.
[4]　禹智潭.技术:实践性的知识体系[J].科学技术与辩证法,1998(6):33-35+60.

三、学位系统中的高职学位类型定位

分类是聚共同之类而分特殊之物的认知方法,它对人们定位和辨别万事万物的性质起到了关键作用。"分类"主要涉及的是"概念处理",即分解一个概念的图景或通过集合几个概念来诠释一类概念图景。由此可推知,对于单个概念来说,必定有一个"形而上"的概念、一个"形而下"的概念和一个"性质相反"的概念,三者分析了这个概念的"论域",即所应用的对象范围[1]。涂尔干和莫斯认为,在层次等级坐标上存在两种分类方法:"技术分类"和"符号分类"[2]。"技术分类"就是一种形而下的概念分解,不含价值指导,依据分类对象或系统的自然生态关系做出简单的经验性划分,进而从量化操作上形成分类标准、模式与框架。如:"高校排名"高等院校分类。就学位分类的研究,"技术分类法"经常被运用于高等教育分类实践中,以某一个或几个维度为量化对象而进行的高等教育分类,间接地形成学位类型结构形态。"符号分类"就是一种形而上的概念分解,在一定的价值观引导下,运用类型学析出分类对象或系统的多重特征维度,进而从逻辑上建构分类标准、模式与框架,例如马克斯·韦伯提出支配权的三大理想类型。就学位类型划分的研究与实践成果来看,多是从完美主义的理想理论出发,运用"符号分类法"来建构学位的几种"理想类型",发挥几种学位"理想类型"的不同的作用。

(一)基于高等教育分类实践的学位类型分化

学位是高等教育机构职能与地位的重要标志。现有的许多研究将高等教育分类研究与高等院校分类研究合并在一起,这样的研究逻辑有一定的现实依据,但却忽略了高等教育分类不仅是高等教育办学实践的分类,更是高等教育系统本体的科学分类。从高等教育发展史来看,高等教育分类实践是多元价值融合与对抗的结果,高等教育中的多对矛盾冲突导致了各国高等教育不同的分类形态。学术界对高等教育分类的研究由来已久,在理论上尚未就此复杂问题达成统一的分类标准,而在办学实践上高等教育分类已有国际共同规约,如《国际教育标准分类法》。

---

[1] 鲁德纳.社会科学哲学[M].曲跃厚,林金城,译.北京:生活·读书·新知三联书店,1989:65.

[2] 埃米尔·涂尔干,马塞尔·莫斯.原始分类[M].汲喆,译.上海:上海人民出版社,2005:2.

1.高等教育发展史视野下高等教育及其学位的类型划分

学位分类经历了两大模式多种类型。第一种是一元类型模式,此种模式自最早的欧洲大学学位诞生起延续了近七个世纪,然这一元模式中存在着两种不能共存于同一时空内的、不同内涵的学位类型,即执业型学位和科研型学位。第二种是多元模式,19世纪末20世纪初,由于高等教育大众化和实用主义、职业主义的兴起,为满足更多学生和社会的需求,高等教育及其学位逐渐走向多元,至20世纪中后期,基本形成了多元学位类型的格局。

中世纪,最早的欧洲大学伊始,学位以"大学教师执教许可证"的身份出现,作为大学教师这一种职业的上岗执照,被冠名为硕士、博士或教授,三种称谓同属一类学位,后因执教专业的不同而在此类称谓前冠以学科名称,以区别不同学科的教学教师。这一时期的学位是执业型学位,即大学教师职业的上岗执照。17世纪,启蒙运动和宗教改革造成了罗马帝国的陨落,疆域上原本一体化的局面被打破,民族国家纷纷建立。各民族国家为了摆脱社会经济萧条、科技不发达、武器不精良和人民精神世界空虚等现实困境,各民族国家认为高等教育是驱动国家快速崛起的重要途径之一。此时,高等教育发展从大学以自我为中心转向了以国家为中心,高等教育开始通过高深知识探究服务于民族国家发展。在国家政策的指导下,那些事关国家存续命脉的学科成为大学中率先发展的先锋专业,大学培养了一大批崇尚科学精神的高级研究型人才,并授予其高层次研究型学位,即现代意义上的博士学位。学位类型从执业型转向研究型,究其原因,一是国家政策对高等教育功能的期待变化驱动学位类型分化;二是此阶段"反宗教、尚科学"的社会思潮推动着高等教育在育人观、知识观和管理观上变革。换句话说,高等教育及其学位类型的变化不仅顺应了政权和社会发展趋势,也遵循了高等教育自身的发展规律。19世纪末,西方工业发达国家基本完成了工业革命,渐入佳境的工业社会生发了市场经济,这种经济模式使国家与市场的关系紧张起来。国家在处理有关国计民生事务时,既要遵循市场特征,又要制定国家政策进行适度干预。高等教育分类政策的实施使高等教育从内部治理走向公共领域治理,试图厘清与解决大学与经济、学科专业与职业、知识理论与社会实践间的矛盾关系,国家在大力发展学术研究型学位的基础上,构建起面向职业、面向实践的多元学位结构。另外,20世纪后,知识的数量、种类、范畴和功能进一步扩大造成了多种科学文化的冲突,不同科学知识和文化很难在同一个高等教育类型里共存,不同科学知识及其文化亦很难用同一种学位类型表达,面向职业的学位(职业学位、专业学位)便应运而生。

2.国际通用的高等教育分类标准中的学位类型

20 世纪 80 年代,经济全球化带动了高等教育全球化,联合国教科文组织(UNESCO)于 1976 年首次颁布了《国际教育标准分类》(下称《标准》)法则,此法则是由横纵向分类构成的完整学制体系,便于各国留学生就学和学者交换,发展至今已经历了两次修订。1977 年第一次修订,主要解决 1976 年版《标准》过于笼统的问题,着力横向水平层面上教育标准的设置。就高等教育的再分类而言,处于第 5 级和第 6 级的高等教育横向分类仅发生在第 5 级,第 6 级仍然保持"高级研究和原创性研究"的科学研究型绝对地位。包含的大专、本科、硕士研究生三个教育层次的第 5 级教育被分为 A 类和 B 类,学术教育和专业教育同属于 A 类,职业技术教育属于 B 类。进入 21 世纪,联合国教科文组织根据世界各国教育的新进展,于 2011 年修订了 1977 年版《标准》,有以下四点突出变化:①将大专、本科、硕士研究生三个层次分别独立出来,各自为一个层级。大专称为"短期高等教育",定为第 5 级;本科学士教育定为第 6 级;硕士研究生教育定为第 7 级。②重点建设各层级和各类型教育及其文凭转换标准的机制。③各层次的类型分化也发生了变化。第 5 级短期高等教育分为"普通型和职业型",第 6 级、第 7 级和第 8 级教育都分为"学术型和专业型"两类。④各层次分化中加设了"定向未定(Orientation unspecified)",这一受教育程度等级,其表示国际间关于学士及等同课程和资格证书的学术和专业定向的受教育标准,未能在国际统一的受教育标准中找到对应标准的情况下,将其归于这一层级中使用[1]。

可以得知,国际认可的世界高等教育分类标准趋向于将高等教育及其学位分为"学术型和专业型"两种。"学术型"类别不言而喻,"专业型"类别则随着教育层次的提升而存在不同的内涵,例如,第 8 级博士研究生教育层次的专业型学位标准是特指特定职业的学位教育标准。专科教育层次的职业教育文凭被规定为一种单独的高级文凭而不作为一类独立学位类别存在。

---

[1] 联合国教科文组织.国际教育标准分类法(ISCED 2011)[EB/OL].http://www.doc88.com/p-6641254364247.html.2020-3-5.

3.技术分类法下国内高等教育及其学位的研究

自实证研究方法问世以来,实验法和量化研究方法成为学术研究中正统研究方法的一部分,而技术分类法便是借助一定的技术工具、操作性强的实证研究法之一。我国运用技术分类方法研究高等教育分类和高等院校分类的成果较为成熟,多数以量化高等教育机构的科研能力指标来划分高等教育类型,如:学术型学位授予量指标、科研经费指标、师资职称结构指标等。但是未见以此方法单独研究学位分类的成果,且大多集中在大学教育领域,将大学教育文凭与高职文凭视为一体的分类研究较少。这种方法的研究,往往是通过对高等院校分类和排序来确定高等教育及其学位的分类。例如:我国曾经为了管理上的方便将高等院校分为:"985院校""211院校""重点本科院校""本科院校""专科院校",这种分类虽然是对高等教育机构的分类,但是在资源配置与管理实践中被当作大学类型来认识。学者刘少雪和刘念才以高等教育及其学位的层次定位高等院校类型,运用量化方法,将我国高等院校分为"博士型大学、硕士型大学、本科型大学/学院和专科型学院"四大类和八小类[1]。在大学教育单方面分类上,通过对教学功能和科研功能两种功能的量化考核,将高等院校分为教学型、研究型、教学研究型、研究教学型四种类型。

综上所述,高等教育分类实践成果呈现出两个特点:第一,高等教育及其学位类型结构实践皆因"需求"而分化形成,即人为地对高等教育功能的期待和定位。有的基于高等教育治理需求的角度,依据对象的定位、评价、协调与预测而分类;有的基于政治需求的角度,依据高等教育及其机构与政权掌握者的权力关系而分类;有的基于知识的角度,依据对象的知识传播、运用和生产的类型、方式与途径而分类。第二,高等教育及其学位分类实践的结果表现为:高等教育及其学位的分类框架向着更为细化而多元的类型模块趋势发展,且试图在由"为了科学研究的高等教育(或称普通高等教育)和以职业为导向的高等教育(或称高职)"两大体系组成的高等教育系统中分化出不同的学位类型。

(二)基于理想类型的学位类型分化

"理想类型"是韦伯提出来的一种研究社会行为的方法论,他试图通过提出一

___
[1]　刘少雪,刘念才.我国普通高校的分类标准与分类管理[J].高等教育研究,2005(7):40-44.

个边界分明、内容明确、功能清晰的"完美概念"来认识、诠释自然界和人类社会。"理想类型"的概念是人们对"社会生活的特定关系和特定事件所集合而成的复合体的主观模型"[1]。然而,这种主观模型是理论上完美而纯粹的认知模型,是在现实中无法遇见的理想样态,只能将它作为一种常模参考系来认知对象。马克斯·韦伯在政治、管理和社会等领域都提出了一类社会行为的"理想类型"。政治支配权上提出了"超凡魅力型权威、传统型权威、法制型权威"[2]三种理想类型;管理领域上提出"科层制"理想模型;宗教学上提炼出资本主义精神的理想概念。此后,国内外一些学者通过韦伯的"理想类型"理论,提出了不同领域不同事件与事务的理想类型。欧根提出了经济秩序的两种理想类型:"中央管理经济和自由市场经济"[3]。现代知识分子的"理想类型"是那些由科学理性精神和社会道德责任感支配个人行为的知识分子[4]。陈洪捷提出的"德国古典大学观"具有卡里斯玛特征,它是高等教育理念的一种理想类型[5]。

事实上,关于学位分类的研究,高等教育学界和一线工作者一直在进行。国内最为著名的研究成果是以潘懋元为核心的研究团队的成果,这些研究成果多数是基于我国高等教育的内在发展逻辑或高等教育价值进行的分类研究,认为高等教育及其学位应该分为三大类:学术型、专业型和技能型[6]。康翠萍从哲学视角论学位,将学位分为学术型、专业型和技术型三大类[7]。然而,仔细思考其划分依据,并非按照同一逻辑线索而归纳出的"理想类型",三者彼此间未有排他性。就像历史上其他文凭一样,学位是专门的认证标志,而这种被广为承认的认证标志是由权力制衡手段来支持的。研究学位的"理想类型"应该从学位的属性理论出发,讨论什么样的人能够获得学位?为什么要获得学位?学位权力来源?学位权力制衡机制?……基于此,笔者认为学位有两种"理想类型",一是科研型学位,代表着高深知识、学术权力与文化;二是应用型学位,代表着专业知识、实践权力与文化。

科研型学位最为人所熟知。这种学位权力来源于人们对真理的永恒追求,真

[1] 魏峰.韦伯传[M].北京:中国广播电视出版社,2003:189.

[2] 马克斯·韦伯.学术与政治:韦伯的两篇演说[M].北京:生活·读书·新知三联书店,2013:56-60.

[3] 傅殷才.新保守主义经济学[M].北京:中国经济出版社,1994:270-271.

[4] 许纪霖.智者的尊严——知识分子与近代文化[M].上海:学林出版社,1991:75.

[5] 陈洪捷.德国古典大学观及其对中国大学的影响[M].北京:北京大学出版社,2002:107.

[6] 潘懋元,陈厚丰.高等教育分类的方法论问题[J].高等教育研究,2006(3):8-13.

[7] 康翠萍.学位论[M].北京:人民教育出版社,2005:40.

理的权威打败了国家政府、世俗政府和皇权权威,作为一股独立的权力制衡力量,它所认证的知识属性是抽象真理,所规约的是学人世界追求真理的文化——以学术为志业[1]。昔日的中世纪欧洲大学和德国古典大学时期所实施的大学学位与"科研型学位"最为接近。两个时期的大学学位的不同之处在于:第一,权力制衡的内在依据和外在手段不同。中世纪欧洲大学学位权力合法性由大学、世俗政府和教皇三者共同制衡,而19世纪德国古典大学时期的学位权力来源于国家而又独立于国家,是与国家权力对抗而成的权力制衡结构。第二,真理探究方面。学位所蕴含的真理探究领域更加广阔,研究方法更加多元,研究目的是科学理性与工具理性对峙。

"理想类型"的应用型学位依靠"专业"权威受到广泛承认。这种"专业性"是以知识为基础的职业领域的专业性。20世纪,在实用主义社会思潮的引领下,开始出现面向特定职业的学位类型,它与学位知识、权力分配、学人文化相关的中心命题在逻辑上便与真理互不相关了。该类型的权力制衡主体是行业、国家和学校,学位知识由行业参与并确定,经验知识、技术知识、实践知识成为学位知识的主题,学人世界充斥着"实用与效率"的价值观,以实践能力为最大限度满足社会需求为目标。应用型学位在现有制度设计中的代表是"专业学位",是以培养特定职业领域的专家、大师和产品研发人员为目标的一种高级学位。

(三)高职学位的类型定位:应用型学位

在实用主义的社会思潮影响下,应用科学应运而生,在学位体系上表现为不同层次的应用型学位与研究型学位两大类型。应用型学位是面向已高度专业化了的职业领域和职业岗位,培养在职业的特定场景中诊断问题、分析问题、解决问题的多层次应用型人才。高职是与职业世界紧密联系的、高等化了的职业教育,其"高等化"不仅体现在技能的规范化操作,更体现在以某种特定目的和理念而行动的应用特性。具体来说,高职通过智识和技术训练,将已经形成的技术规范传授给学生,以培养一般任务操作、职业问题诊断与治疗的工作者。即使职业岗位上的每个工作人员能够规范化地完成任务。高职学位不仅是能够规范操作的执业人员的标

[1]　马克斯·韦伯.学术与政治:韦伯的两篇演说[M].冯克利,译.北京:生活·读书·新知三联书店,2013:17.

识,高职学位持有者还应该能够将执业规则放到特定社会环境与行业需求下,以目的的复杂性灵活地理解、应用、创新职业实践。因此,本研究将高职学位定位为应用型学位。

那么,高职学位与同为应用型学位的专业学位有何不同? 两者是同类不同层次的学位,那就意味着两个学位的内涵有所差别。高职学位与专业学位的内涵差别实质是"专业"与"职业"的关系问题。威尔伯特·穆尔(Wilbert Moore)在怀特海的观点"职业是基于习惯性活动,在个人实践工作的尝试错误过程中不断修正的"[1]的基础上进一步论证了"专业是高度专门化的职业"[2]。对专业与职业这对关系的理解,本质上是解决何为知识以及知识的等级划分的问题。根据怀特海和穆尔的观点,试错后的经验性的、无体系的知识是不能成为学位教育中的知识,而专业这个概念本身就包含了经得起推敲的、严谨的完整知识结构。那么,问题就转换成:职业实践中的知识是否能称之为知识。随着技术技艺在改造自然和人类社会事业上的作用越来越大,支撑技术技艺形成与应用的知识也被纳入了高等教育的知识殿堂。穆尔把应用知识分为最高级的通则知识和最低级的解决具体问题的知识,即技术,作为应用知识的组成部分,这一知识正是基于多变的、具体的实践场景下具体问题解决的技术知识。知识是学位的基本单位,实践是学位的内容呈现,学习是学位的第一表现。本研究从知识、学习与实践三个方面将高职学位与专业学位区别开来,以突出高职学位的类型特征(表1-1)。

第一,高职学位的知识维度是类型属性定位的第一要素。一种学位类型代表着一种知识类型的制度化,高职学位所蕴含的知识是实践知识,实践知识不同于应用知识和科学知识。实践知识最大的特性在于指向实践活动,科学知识指向对象的本质;实践知识最大的特性是以"技艺或技术"为本的个体实践活动,应用知识指向以"应用科学"为本的一类实践活动。因此,高职学位知识的情境特殊性和自主选择性极强。但是这并不代表高职学位知识没有"科学理论",其知识来源于相应的应用科学知识系统。那些认为理论诞生于实践的学者将科学理论知识系统阐述为先知识发现再知识实践的顺序循环,而以马克思和哈贝马斯为代表的学者认

---

[1] 唐纳德·A.舍恩.反映的实践者——专业工作者如何在行动中思考[M].夏林清,译.北京:教育科学出版社,2007:20.

[2] 唐纳德·A.舍恩.反映的实践者——专业工作者如何在行动中思考[M].夏林清,译.北京:教育科学出版社,2007:20-21.

为,知识系统是从知识实践开始,经过组织、储存、分配直至发现与生产而形成。职业知识系统是针对具体问题解决的技术系统,它极少发生真理性知识的生产,而是针对问题目标,分析具体情境,选择与组织由经验知识和理论知识形成的技术技艺方法。

表 1-1　高职学位与专业学位的内涵辨析

		高职学位	专业学位
知识	知识观	技术理性	科技理性
	知识来源	应用科学知识	学科知识和应用科学知识
	知识系统	不确定的、非学科的	严谨、稳定、标准化
学习	学习标准	对具体问题解决的评价和课程的达标考核	研究成果和课程的达标考核
	学习过程 (课程与实践)	课程架构以"应用理论课程与实务实践"为主;顺序是:先岗位实习后,理论学习与岗位实务穿插进行	"三段式"课程结构:基础理论课程、应用理论课程和实习实务;顺序:先理论积累,再实验室实务操作,再岗位实习
实践	目标	如何最高效的行动	基于专精科学知识的技术性问题解决
	逻辑	方法—目标	理论—方法—目标

第二,高职学位的实践维度是学校与社会联结的第一要素。实践是高职学位的第一目的,高职学位的实践维度关乎如何处理学校学习成果转换成社会工作实践的问题。长期以来,"理论高于实践"和"实践服务于理论"的观点在人类认识上根深蒂固。亚里士多德认为"可变本源的存在物"是实践与操作活动的对象,以已有的可变本源存在物为原材料,进行技术思考,审视它们生成其他东西的可能性和途径,所生成的东西便是一种道德—政治上的"善"。马克思毫不避讳地承认人类实践的工具理性,把实践聚焦于物质生产领域,生产实践活动是人类社会全部活动的基础,就其本体而言,它又是检验真理的唯一标准和改造世界的武器。在知识成为生产要素的市场经济中,人类把"科学的目标放在对自然和历史事件的因果因素的抽象分析中,就意味实践不仅仅是科学的应用,于是,技术概念就取代了实践概念"[1]。高职学位类型所蕴含的实践观是技术概念中情景化的实践观,即建立在

[1]　汉斯-格奥尔格·加达默尔.真理与方法[M].洪汉鼎,译.上海:上海译文出版社,2004:752,663.

"具体问题"上的实践观,其活动的资源、路径和对象都是"新"的,正如人不可能同时踏入一条河流一样,即使面对着同一个问题,也可能使用不同的"技术"方法来解决。

第三,高职学位的学习维度是高职院校育人与办学的关键手段。此维度关涉学位的育人标准,这一标准的选择必须遵循教育规律和职业实践事实,一方面,按照我国学位教育培养方案的基本框架,培养模块中必定包括课程、实作,课程学习与实作参与穿插进行,以培养具体问题的创制性实践为主要目标;另一方面,基于岗位需求,设置满足岗位要求的知识、技能和态度的标准指标,并从技术伦理的视角,形塑职业技术人才的道德观和价值观,实现"职业人"的全面发展。

四、高职学位纵向层次定位

高职学位层次的定位必须依据我国高等教育学制,高职学位实施专科与本科两个层次教育,与硕士、博士专业学位对接,与普通高等教育体系的学术型学位融通。专科层次高职实施副学士学位,本科层次高职实施应用型学士学位。众所周知,专业学位注重实践的研发能力层面,而高职学位偏向于面向职业小类的实践知识习得、能力养成及灵活应用。

(一)中国学位层次结构的演化路径

学位层次结构表明国家对人才水平规格的需求结构。我国学位层次的变迁经历了"两级学位层次"与"三级学位层次"反复更替的过程。在每个时期,各层次表现出不同的规模和结构。这些层次结构的构建是由外部因素(国家经济、文化、政治、社会等因素)和内部因素(高等教育发展规律和知识发展等因素)进程决定的。从外部因素来看,国家的经济发展水平和产业、行业结构需求是其关键要素;从内部因素来看,则由知识及其技术运用状况决定。因此,本书试图梳理不同历史时期我国学位层次结构规模规划,分析学位层次结构变化的原因及其影响因素。

1.1912—1931年"两级"学位规模与结构特征

1902年《壬寅学制》和1904年《癸卯学制》奠定了我国三级学位层次基础。清政府站在封建地主阶级的立场,利用国家力量,一方面初步将"西学"之知识、技术和培养模式等以法规合法性身份引入我国学校系统,另一方面在办学上维护封建主义意识形态的绝对统治,以及防止资产阶级的入侵以动摇其贵族身份和统治地位。在这种矛盾中,清末民初并未形成具有现代意蕴和特征的学位制度。1912年,中华民国成立,新兴资产阶级登上历史舞台,新兴资产阶级与旧势力形成了对立的两派。高等教育学制、学位层次结构的政策、制度和立法在"科玄之战"的思想碰撞中形成。1912—1931年,我国实行"两级学位结构",《壬子癸丑学制》首次规定授予大学本科毕业生学士学位,同时实施了大学院的研究生教育,认可自然科学学科,但研究生教育不授予学位。这种两级学位结构在袁世凯政府时期得到更名,完善了研究生层次的博士学位政策,但最终只实施了学士学位,及其同级学位:技士和硕士。1918年共有3所国立大学,共培养学士学位获得者1 824人,其中国立北京大学有668人、国立北洋大学有491人、国立山西大学有665人。1924—1931年,国立大学增加了11所。

2.1931—1949年"三级"学位规模与结构特征

1931年,我国首个《学位授予法》问世,将学位层次从"两级"改成了"三级",设学士、硕士和博士。随后的《大学研究院暂行组织规程》《学位分级细则》《硕士学位考试细则》《博士学位评定会组织条例》《博士学位考试办法》等政策更详尽地解释了硕士和博士的入学资格、修业年限、研究性论文和课程的考核标准等,使得三级学位层次分明,本科与研究生层次的入学人数强势上涨(表1-2)。

表1-2　国民政府时期高等教育培养情况表

年　份	本科毕业生数(人)	本科在校生数(人)	研究生在校生数(人)
1932	5 515	35 640	—
1933	6 750	37 600	—
1934	8 325	37 257	—
1935	7 825	36 978	—
1936	7 351	37 255	75
1937	4 532	27 906	20
1938	4 774	32 170	13
1939	5 266	39 108	144

续表

年　份	本科毕业生数（人）	本科在校生数（人）	研究生在校生数（人）
1940	6 905	40 351	284
1941	6 878	51 528	333
1942	7 633	54 099	289
1943	8 329	62 236	410
1944	8 450	64 847	422
1945	11 669	69 585	464
1946	16 409	110 119	319
1947	20 575	130 715	424

数据来源：第二次中国教育年鉴。

由表可知，1935 年，我国在学位授予实践上真正开始实施硕士博士学位授予工作，各层次学位培养的数量呈现逐年递增，但 1937—1941 年由于抗日战争，学士与硕士博士学位教育（这里的硕士博士学位是指硕士一级学位，博士学位层次的授予实践国民政府尚未执行）呈现出较大幅度负增长，且毕业人数明显减少。1932—1944 年间，每年学士学位教育的毕业生人数不超过 1 万人。随着抗日战争的结束，1945 年以后，学士学位教育的在校生和学士学位持有者的人数大大增多。关于硕士博士学位教育，在校生人数在 1938 年出现低谷之后就呈平稳增长，至 1947 年，硕士博士学位教育的在校生数已比 1936 年扩大了 4.7 倍。

3.新中国成立—1977 年"两级"学位层次结构的变形

与 1912—1931 年的"两级"学位不同，此时的两级学位并非"学士和硕士"两级，此两级是跳过学士学位层次，直接设置研究生教育的高层次硕士和博士两级学位。这样的结构大变革与"学习苏联"的政策有关。1949—1977 年，这二十多年来我国学位制度流于政策规划，终未实施，频频破产。在社会主义改造背景下，我国高等教育及其学位的层次结构设计理念受到了政治与意识形态的巨大影响，改造了原有学制和学位结构，采用苏联模式，取消学士学位，只设置两级高层次学位。1951—1955 年，中央人民政府先后三次调整硕士博士教育层次的学制和培养方案。修业年限从两年改为 2~3 年,最后确定了四年学制。在入学条件上规定学位攻读者需要是"大学和专门学院毕业生或具有同等学历者"[1]。1955 年的《中华人民共和国学位条例(草案)》和《中华人民共和国国务院学位和学衔委员会组织条例(草案)》规定了硕士和博士两级学位;1964 年,在国内一大批科学技术人员的强烈要求下,《中华人民共和国学位授予条例(草案)》颁布,设副博士和博士两级,以培养中高等学校匮乏的师资和科学领域高精尖人才,特别是军事和航空领域的高精尖人才。1949 年招收研究生 242 名,1953 年将近 3 000 人,毕业生数已达到1 177人[2]。但由于内部政治运动激烈和没有制度保障机制,导致了 1956 年到1977 年恢复高考这二十年间学位制度形同虚设,既没有颁发学位证书,也没有按照学位制度规定的培养模式与修业要求,进行规范化、标准化的人才培养。1966年,国家实行"暂停研究生教育办学"的政策,此后我国研究生教育史留白 12 年,直至 1978 年恢复。

新中国成立后至改革开放时期,我国高等教育学制和学位制度的设计与实践处于摸索期,新中国在学位制度的建设初期没有充分考虑高等教育遗留的历史问题和深入认识高等教育及其学位的本质。同时,对于一个新兴的民族国家来说,这是一个大国崛起的关键期,中央政府加强集权管控,全面实施计划经济,在学制和学位设计上便没有考虑社会需求和个体的能动性和主观愿景。

4.1978—至今"三级"学位层次的恢复与稳定

改革开放以来,为与国际接轨,我国恢复了"三级"学位层次结构。1981 年,《中华人民共和国学位条例》的颁布标志着我国学位真正走向了具有现代意义的学位制度。经过一个多世纪的发展,我国各级学位的授予数量和质量有了突飞猛进的发展,为我国社会主义建设提供了各层次的人才。从各级学位授予数的比重来看:1981—1990 年,学士学位占比约 91%,硕士学位占比约 8%,博士学位占比约0.3%,三者之比为:1:0.08:0.003。1991—1999 年,学士学位占比约 88%,硕士学位占比 10%,博士学位占比 1.6%,三者之比为:1:8.8:0.02。2000—2009 年,学士学位占比约 87%,硕士学位占比约 11%,博士学位占比约 1.4%,三者之比为:1:0.12:0.02;2010—2014 年,学士学位占比约 76%,硕士学位占比约 13%,博士学位占比约

[1]　吴本厦.新中国研究生教育和学位制度的发展历程[J].中国高等教育,1999(20):21-23+20.
[2]　教育部教育年鉴编纂委员会编.第二次中国教育年鉴[M].北京:商务印书馆,1948:963-964.

11%,三者之比为:1:0.17:0.14。由此可见,这30年间我国学位层次结构的变化特点是:"学士层级比例相对缩小,研究生学位比例逐渐扩大,但是学士学位教育仍然是我国高等教育及其学位层次的工作重点"。2002年,我国高等教育毛入学率突破10%,进入高等教育大众化阶段。有学者认为,到2030年,中国高等教育毛入学率有望达到50%~60%,已经进入高等教育普及化时期[1]。此时人们的整体知识水平得到提高,高等教育制度与社会职业之间的关系也越来越复杂。这并没有带来真正的教育公平,而是"强化了高等教育中'精英'与'大众'教育之间的界限"[2],除了最知名的高等教育学府培养精英人才外,其他高等教育机构将为社会大众提供社会各职业所需的各级各类人才。在知识经济需求和科技高速发展的背景下,我国学位层次结构的发展形态,势必向下延伸并继续保持高级精英学位的发展势头。

5.21世纪专科教育层次出现学位

从现有法律与制度上看,我国高职没有学位授予权,但在办学实践中,高职及其毕业生是非常需要学位制度的。国内专科教育层次的学位授予方式主要有三种方式:第一,香港和台湾地区的大学直接授予具有合法性的专科学位,台湾地区实施高等技职教育一贯式学位培养,授予副学士学位;香港也设有受国际和国内认可的副学士学位。第二,通过联合办学授予专科教育层次的学位。如中国大陆首个副学士学位是哈尔滨工业大学国际创新人才培训学院与香港理工大学联合培养,授予毕业生香港理工大学副学士学位;厦门民办高职南洋学院与美国普莱斯顿大学联合开办国际商务管理、计算机科学专业的双文凭班,学生毕业可获普莱斯顿大学副学士学位。第三,没有国家认可的学校直接授予。如湖北职业技术学院于2014年以非国家学位的形式授予1 103位应届毕业生"工士学位"证书,以及一些民办高职院校实施本校的副学士学位制度。

我国专科教育层次的学位是在市场经济和高等教育大众化的社会客观现实下出现的新型学位,学位层次建设重心下移,应用型人才的各阶段全方位培养越来越受到重视。根据我国高职人才的培养定位——"生产与管理一线的技术技能人

[1] 马丁·特罗.从精英到大众再到普及高等教育的反思:二战后现代社会高等教育的形态[J].徐丹,连进军,译.大学教育科学,2009(3):5-24.
[2] 安东尼·史密斯,弗兰克·韦伯斯特.后现代大学的来临?[M].侯定凯,赵叶珠,译.北京:北京大学出版社,2014:166.

员",高职学位应该强调社会产业与行业需求,面向职业实践。这种非强制性、自发性的专科教育层次的学位探索不禁让我们思考:21世纪,世界各国纷纷以学位制度的形式或职业资格框架使基层职业领域人才的知识性、重要性和技能性合法化,那么,我国在面向职业的学位制度建设中,如何结合现有学位框架,优化学位的层次结构?

(二)域外高职学位的层次定位

国外职业教育学位的层次结构多样,表现出不同社会、经济、政治、文化需求下的不同层次结构。

1.美国

美国高等教育及其学位的分类分化,受实用主义思想的深刻影响,注重知识、人才与技术对物质财富增长的功能。自19世纪起,专业教育与技术教育就进入州立大学,课程呈现出学术与职业相结合的特征,《莫雷尔法案》的出台,增强了高等教育服务于工农业生产的职责,开启了高等教育向更广阔人群开放的时代。20世纪中叶,社区学院在初级学院的基础上壮大起来,强化了其职业教育与培训的职能。培养处于应用型专业人员与熟练工人之中间地带的专门职业人,不仅给国家的经济发展带来直接收入和满足社会特定人才需求,而且为形成学习型社会和个体终身学习提供了可能性。克拉克说:"美国社区学院运动开创了向学习社会的伟大转变。"可以断言,美国高等教育及其学位的多元发展是以社会需求为导向的多元标准而设计,而这种需求表现为市场需求,向着服务国家与地方、产业与行业、社区与生活的需求方向挺进。2005年,高于学士学位层次的、有别于副学士学位的另一种职业型学位——第一职业学位(First Profession Degree)在美国建立,它是几种专业化极高的职业在高等教育领域的制度化标识,既标明了一种知识等级和价值,又作为一种从业资格条件的符号存在。美国的面向职业领域的学位不可能一直停留在基础学位层次,在不久的将来必走向更高层次教育,与从业标准连接,成为一种更受欢迎的高等教育力量和学位类型。

2.英国

英国依据有无学术自治权,二元划分高等教育系统为"有学位授予权的大学,即自治管理机构"和"无学位授予权的非大学,即国家控制的公共部门"[1]两大阵营。在大学序列中,传统大学授予研究型"文/理学士、硕士学位和哲学博士学位",新大学和现代大学授予专业型学位,研究型与专业型两类学位分轨而制,相互独立。在非大学序列中,19世纪末创建的城市大学(学院)作为高职机构初见端倪,虽然属于高等教育体制内的机构,但不允许拥有同大学同等的自治权力与待遇。在一个多世纪内,城市大学培养的工商业从业人员必须通过考试以获得城市大学的"校外学位"。直至20世纪20年代,部分城市大学才拥有学位授予权,授予的是研究型学位序列的"理学士学位"。20世纪80年代后,英国设置了中学后2年制的基础学位,自此,英国真正意义上设置了职业型学位。1991年,一批多科技术学院升格为大学,拥有学位授予权,但是学位质量和地位都不及此前的传统大学。可以说,英国的职业型学位及其教育还没有得到社会和当局的认可。英国这一分层法是受老牌古典大学之理念的深远影响,他们认为只有"学术"才是高等教育的正统,那些有关"技艺或操作"的知识都是非主流。因此,原为高职机构的多科技术学院在升格大学后,其课程与专业设置开始与1991年之前的大学模式趋同。

3.法国

18世纪末,法国创建高等专科学校,这实质上是精英的专业教育,它与巴黎大学为代表的传统大学一同将大学分化为两大系统,学位类型设置不再简单地以"文理"划分,开始按自然科学学科来命名,如:工程学位、管理学位等。19世纪末,"工科学院"以职业型高等教育机构的身份出现,为工业经济服务,解决中下层人民的受教育和就业问题。20世纪,法国高等教育学位体系确立了三类学位等值互通的规范系统。20世纪80年代后,法国高等教育进一步职业化,创建"大学职业学院",举办以职业为目标的专科、本科和研究生三个层次的教育,颁发相应文凭和学位。自此,法国高等教育及其学位形成了理论型与职业型共同发展的二元格局。法国高等教育机构及其颁发的学位或文凭种类繁多,层次等级划分较细,其学位或文凭证书的意义仍保留着传统的"从业资格"的浓重色彩,每一个高等教育阶段所授予的学位或文凭都将成为"就业"的必要条件。例如:国家博士文凭是大学教授

---

[1] 张建新.高等教育体制变迁研究——英国高等教育从二元制向一元制转变探析[M].北京:教育科学出版社,2006:90.

和国家高级研究员的必备条件。

4.德国

德国不实施面向职业领域的学位制度,但是从职业文凭的就业效用和经济价值来看,并不逊色于普通高等教育文凭。正是由于德国的职业教育"双元制"非常成熟,职业院校与企业合作教学、合作生产、合作育人极其紧密,才使德国行业、企业等雇主可以通过求职者的学习经历、职业院校类型和国家考试成绩来较为准确地判断求职者的职业能力。以职业为导向的高等专科院校相当于我国的高职院校,但我国高职学历层次低于本科,而德国高等专科院校或专科大学可实施本科教育,具有学士学位授予权。毕业文凭与学士学位在就业筛选上亦是等价的,但在升学功能上并非等值,因为不是所有高职文凭持有者都能攻读博士学位,学士学位文凭的拥有才是攻读博士学位的先决条件。而高职院校毕业文凭持有者只有那些"具有特殊才能的高职院校毕业生,经过能力确认考核,找到愿意指导自己的教授后"[1],才能获得攻读博士学位的资格。2014年,德国巴登-符腾堡州的高等专科学校拥有博士学位授予权,德国开始注重社会职业所需人才的培养。

综上,国外关于高职学位层次设置不一。设置在专科教育层次的,例如美、日、英;设置在本科教育层次及以上的,如法国、德国、瑞士;这表明了高职学位层级应该基于一国的经济状况和职业结构,与其所对应的职业发展与变化需求相匹配。

(三)高职学位层次定位的影响因素

学位层次结构的设计与各结构的发展规模往往受到国际上其他先进国家、本国的经济与科技发展状况、意识形态与文化以及人口规模与结构、高等教育政策等因素的影响。从历史的角度考察,我国学位制度是"外生内发型",学位层次结构的每一次变化的影响因素都有包含着国际、科技、经济和文化传统。但是不同时期主导性影响因素不同。具体而言,在民国时期,从二级到三级学位层次的转型主要受到国际因素影响;而在新中国成立到现行三级学位层次的确立,政治意识形态和文化传统起到了重要作用;进入21世纪以来,专科层次学位自发地出现,主要受国家经济与科技发展的推动。

---

[1]　张桂春."第二渠道"——德国高专毕业生的攻博之路[J].世界教育信息,1996(9):6-8.

1.国际因素

19世纪,留日归来学者和教会大学将学位制度引入丧权辱国的中国,觉醒的中国人开始反思如何实现民族崛起和国强民富。国民政府成立后,新兴民族资产阶级掌权,他们提倡民主和科学,重视教育,在西学东渐的运动中主张发展高等教育,培养一大批高级知识分子和科学人才以振兴中华。民国时期,"移植西方发达国家的方法与态度"始终是国民政府体制建设、制度设计的主题,当然也包括学位制度的构建,"故定学位,当与各国所已定者协合,此余所以欲按西文定汉名也"。民国政府初期,学堂和书院改制,大学组织与制度正在筹建,教会大学的学位制度给予我国很大的借鉴意义。由于教会大学仅设置学士一级基础学位,且制度较为完备,故而彼时虽设有研究生层级教育但不授学位。民国中期,一批留学德国和美国的学者归来,他们实地考察了世界各国的学制,同时翻译了高等教育先进国家的研究成果,如《世界各国学制考》《中国教育之改进》《各国学制概要》等,开始认识到大学教育不仅要培养国民健全的人格,更应该养成"学问之神圣的风习"。故而,开始重视研究生教育,培养科学人才,模仿美德,设置研究生学位,解决清政府遗留下来的高等教育升学转学问题:"使办学者、就学者牵掣而不能自由"。

2.科技与经济因素

国家经济与科技发展水平影响着国家发展人才的能力和战略,这种能力和战略体现在对学位层次的结构规划和规模发展上。高等教育刚刚从西方引入中国之时,国内有识之士在振兴中华的信念下,开始摸索工业社会人才培养的高等教育模式。由于当时我国是一个工业落后、没有现代科技成果的国家,对于"大学学位是什么"的认识还未完全领会,彼时的学位是认证持有者西学、西术的掌握水平,对于"高深知识研究"还未有很强烈的愿望。随后,我国社会开始步入工业发展道路,社会经济急需科学与技术,这正好与以蔡元培为代表的教育改革家们所执行的高等教育之"学术自由"和"高深知识研究"的改革相呼应,已有研究表明,"高等教育层次越低,与地方经济关系越密切;层次越高,辐射的区域越大","高层次人才是实现国民经济持续增长的关键所在"。因此,高层次学位(学士以上学位)学位便成为国家实践探索与理论研究的主要领域。综上,科学技术的需求度和发达程度与高层次学位呈现正相关,社会对科学技术的需求越强烈,高层次学位的规模就越大,高层次学位制度就越完善;科学技术越发达,高层次学位的规模与质量就越高。

而经济发展水平限制着高层次学位层次的发展规模与学位质量,因为,经济水平对学位层次结构的影响往往是通过教育经费的投入来调节。为了吸引有能力的人攻读高深知识,国家对高层次学位人才培养有很多优惠政策,例如:研究生助学补贴、出国访学留学政策等。而低层次学位教育大多由地方性高校承担,教育办学由地方政府决策,主要教育经费来源于地方财政拨款,由于我国东、中、西部经济发展很不平衡,产业结构和财政能力的差距必将影响不同学位层次在各区域内的分布、发展规模和质量。

3.文化传统因素

文化传统是影响高等教育多元结构发展的关键因素,它形成的社会心理表现为对学术教育的信仰与对非学术教育的认知。我国和英国是深受文化传统观念影响的典型国家,对高等教育有着强烈的精英情怀。英国认为只有社会精英和上层公民才有资格获取学位,高等教育应该只为精英服务。那些技术与技艺从业者皆要听命于社会精英,执行社会精英的决策。中国高等教育虽然起步晚,但是中国社会对知识分子身份存有天生的敬仰。从中国古代社会阶层自上而下"仕、民、工、商"的划分可知,属于"仕"阶层的知识分子是社会的精英阶层,从事工业和商业活动的人是社会中下层人民。那么,将工业和商业从业者教育与培训纳入高等教育,与知识分子一同学习,这在中国传统观念上很难被接受。这也是为何早于北洋大学堂创办的近代第一所专业教育学堂——福建船政学堂没有发展成现代大学组织的一个重要原因。由此可见,文化因素对推动职业教育高等化、高等教育职业化起到了决定性作用。职业与技术要进入高等教育,必须使其社会身份与职业地位相对提高,一方面需要需求推动,另一方面还要调整社会心理,塑造开放的、包容的高职与高级技术认知。

(四)高职学位的层次定位:学士及其以下层次

高职学位定位于本科和专科两个教育层次的学位,即在学位层次结构中处于学士及其以下两个学位等级。

从"高职在教育体系中的定位"的角度考察,国家政策将高职限定在专科教育层次,但现实实践中,高职院校已经开始试行本科教育。针对这种现状,近几年,学界正重新探究高职定位问题。在已有的高职定位研究中,学界大致分为两种观点,一种观点认为:建立高职独立体系[1],引入本科教育[2]。另一种观点认为:高职学位即专科层次学位,与专业学位系统对接,共同承担应用型人才的专科、本科和研究生学位层次的一贯式培养。高职院校是否办本科教育,实质是高职及其院校、毕业生的身份重建问题。然本研究认为,高职院校升格举办本科层次职业教育回应新一轮产业革命和知识社会的需求。随着我国社会与经济发展对各层次技术人才的需求结构变化,国家一方面加大专科高职院校的建设力度,建立国家示范性骨干高职院校;另一方面着手应用型大学建设,使部分地方性本科院校转型为应用型高校。为服务我国制造业大国转向制造业强国的发展战略,建设各层次水平的应用技术人才队伍,国家不仅注重高端应用人才培养,而且储备了大批基层技术技能工人大军。从我国整个产业和行业的梯队来看,这样的应用型人才规划是符合产业的人才需要结构和有利于中小企业发展的。另外,从知识变迁的角度,职业系统知识变迁表现为职业系统内部知识的增加与更新和外部知识系统对职业系统的冲击。不管是职业内部知识变迁还是外部知识变迁对职业系统的冲击,都给处于一线职业岗位的技术、管理和服务工作者带来了极大的挑战。一线职业岗位的技术操作不再是简单的操作,工作任务也日新月异。专科高职的学历培养,只注重学生在一定时间内完成学习任务的受教育经历,在知识快速变迁的时代下,高职不仅要转变学历教育方式,升级为学位教育,更要提升培养质量,发展高职本科。既注重技术操作的熟练程度,又注重学理性科学知识;既保证学生完整的受教育经历,又培养学生的职业生涯和学业生涯的可持续发展能力。

如果将高职学位仅定位在专科层次,将会给现有的学位体系造成混乱局面。一方面,专业学士学位有名无实,高职专科教育层次学位没有学士层次学位作为桥梁以实现升学,高职学位亦是一纸文凭而已;另一方面,在现存的学术型学位体系与专业学位体系下,若只存在单一层次的职业教育学位,将出现学位衔接无门的问题。因此,高职学位应该定位于学士及其以下两个层次。这样,我国学位体系将由学术型学位制度、专业型学位制度和职业型学位制度三大类组成,使我国学位类型与层次种类繁多,存在两类面向职业的学位制度,也才能更加明确技术技能人才的内涵,提高高职人才培养层次与质量,同时为应用型高校和产业培养一大批基础性应用技术人才。

[1] 潘懋元.建立高等职业教育独立体系刍议[J].教育研究,2005(5):26-29.
[2] 杜时贵.高等职业教育应引入本科教育[J].职业技术教育,2010(6):23.

第二章　高职学位制度构建的实践动力

　　制度创建有多种形式,可分为一是自下而上的诱致性自发变迁,二是自上而下强制性变迁。高职学位制度的创建既是近几年个体、高职院校和市场对职业教育学位的自发性变迁诉求,又是国家站在产业经济和人才发展的战略高度所需要的强制性政策与制度供给。高职"断头教育"的身份所带来人才培养困境和现代职业教育一贯式接续培养的问题,通过设置高职学位,优化高等教育及其学位结构,重新整合教育资源在职业教育和普通教育间的分配,使两个系统协调共进而得以解决。因此,本章以现实状况为基础,分析高职学位制度构建的实践动力和影响因素。

一、高职学位构建的制度需求

　　目前,我国政府并未颁发针对高职院校学位授予的正式规章制度,仅有少数的高职院校借助"联合授予"或"学校自授"的方式,以期实现自下而上诱致性学位制度变迁。如中国大陆首个副学士学位是哈尔滨工业大学国际创新人才培训学院与香港理工大学联合设立,授予其毕业生香港理工大学"副学士学位";湖北职业技术学院于 2014 年以非国家学位的形式授予 1 103 位应届毕业生"工士学位"证书;还有一些民办高职院校自设"副学士学位",授予本校达标毕业生。高职院校设立面向职业岗位的高职学位,不仅符合当前知识经济发展的时代背景,而且与建立职业教育接续培养制度和高职内涵式发展相呼应。

　　(一)个体层面:高职毕业生职业生涯发展的诉求

　　文凭作为一种文化资本类型影响着持有者的职业生涯发展进路。个体先天具有的文化资本来自父母的受教育程度和职业、家庭氛围、教育资源[1]等,而个体后天文化资本的积累主要通过教育。教育作为一种文化资本,"以作品、文凭、学衔为符号,以学历或学位为制度形态"[2],个体通过教育而取得文凭符号,进而积累更广泛意义上的文化资本。也就是说,教育与文化资本之间的关系是:受教育本身就是一种文化资本,同时又因为受教育而获得持续积累文化资本的资格。众所周知,教育的层次和类型直接影响着从业机会的多寡和职业地位的高低,而这种影响往往以文凭符号来预估或判定求职者能够胜任的职业层次和类型,这已经被很多学者所证明。综上,人们可以通过教育投资获得文化资本,并得到文化资本再生产的资格,凭借文凭文化符号与权力而影响自身职业生涯发展和学业再深造。

1.文凭的文化资本内涵

研究文凭的文化资本内涵必须先掌握什么是文化资本。文化资本是布尔迪厄社会学理论提出的一个重要概念,旨在研究社会阶层与文化资本之间的关系,以及教育不平等现象是如何产生的。布尔迪厄认为,由于社会阶层给个体带来不同的文化资本含量,从而影响到个体在教育场域中所能获得的特殊利润,高的文化资本阶层获得了高的特殊利润,高的特殊利润又为其文化资本再生产带来了优势条件。这是个"优则更优""阶层固化"的循环往复过程。在布尔迪厄看来,评价文化资本高低的标准是"高雅文化"的占有和参与度[3],"高雅文化"只是一个特指的标签,即上层社会特有的惯习、偏好、品味、形象、精神和权力等文化形态,18世纪由精英文化表达,19世纪初—20世纪上半叶由科学文化表达,而20世纪60年代至今,逐渐由以职业为载体的、与社会经济发展相关的文化表达。文化资本有三种基本类型:身体化的文化资本、客观化的文化资本和制度化的文化资本[4]。文凭是最典型的制度化文化资本,它标志着所在的教育场域中人们的精神、修养和共享价值观,这种精神文化通过工作世界和生活世界外显于职业能力、产品生产、行业或岗位的话语权以及人际关系等,最后将这些内在与外化的文化资本作为教育、地位、

[1] Jay D.Teachman, "Family Backgroud,Educationl Resources,and Educational Attainment," American Sociological Review,vol.52,no.4,1987:548-557.

[2] 王立科.论文化资本及其对高等教育机会平等的影响[J].中国高教研究,2009(2):27-30.

[3] Pierre.Bourdieu.Distinction:A Social Critique of the Judgment of Taste[M].London:Routledge Press,2010:389-410.

[4] Pierre Bourdieu.The forms of capital,in J.G.Robinson(ed)Handbook of Theory and Resear-ch for the Sociology of Education[M].New York:Greenwood Press,1986:244.

文化再生产的有效资本,获得终身学习机会,进而实现职业地位提升。

2.高职学历证书与学位证书的文化资本差异

两个证书都是学校教育的经历凭证,但是它们的"学力"认证效力不同,学历证书与学位证书的最大区别在于"学术论文"。现代大学高深知识之研究理念将大学学位文凭导向学术研究能力与成果的评价上,塑造的是学生的学术思维,营造的是场域的学术文化。而学历证书证明的是某毕业生经历过某个教育层次并具有这个层次水平所应该具备的知识含量、技术含量,不要求学术性论文;表明的是基础学力,如"听、说、读、写、算"等基本学习能力,与学术文化无关。从理论上说,以学术论文为学位证书申请的这一核心要素预示着学位教育修业年限、课程设计和教学方法等与学历教育是截然不同的,学位具有精英文化及高深知识习得、熏陶和探究的价值鉴定含义,而学历证书只能说明经历过一定时间学习和接受了一定数量的知识,文化层次天然低于学位证书的价值意义。两种文凭形式在教育过程中所积累的文化资本有显著不同,但是却在证书申请条件的实际操作中,两者是合二为一的,学历证书申请也需要撰写学术论文,仅是要求不及学位证书的学术水平高。显然,当前社会,学位证书的社会地位和文化资本高于学历证书的社会地位和文化资本,这是因为工业社会初期,人们认为只要有教育经历,积累一定的知识储备,接受学习方法训练,便具有可塑性,这种可塑性是没有接受过教育的劳动者不具备的素质,而恰恰是这种可塑性能够对社会生产力作出贡献。但是,随着社会经济的发展和科学技术的进步,"科学与技术"成为推动社会生产力发展的关键因素,企业、行业便开始注重从业者是否受过知识研究训练,是否具备知识研究的文化资本,因此,学位证书成为广大企业招聘的必备条件。学位证书不仅意味着从业者更强的"工作胜任力",能给单位带来更大更长远的利润,更是某种工作或职业的专门化、专业化程度的标识。安德鲁·阿伯特批判自然发展的职业化(Professionalization),认为工作的职业化与专门化过程是与其他职业和专业相互竞争而成,而此专门化过程将影响着支撑其专门化建构的教育系统,将代表职业的证照制度和学历学位文凭绑在一起,进而影响就业机会[1]。

---

[1]　张宜君.台湾职业结构与劳动力市场转型的动态分析 1978-2012[D].台湾:"国立"台湾大学,2015:14.

3.高职学历证书的文化资本对职业生涯发展的影响

陆学艺在对当代中国社会阶层的研究报告中指出,当代中国社会的分化越发表现为职业的分化[1],职业类型与职业层次构成了个体所占据的社会结构位置的重要坐标[2],传统社会以单位为核心进行职业分层的浪潮已逐渐退却,文凭证书越来越与个体的社会地位、职业地位捆绑在一起,成为影响个体社会阶层的重要因素。众所周知,我国高职长期实施学历文凭制度,其文凭的文化资本是学历证书的文化资本。讨论高职文凭的文化资本对职业地位的影响,也就是讨论高职学历证书的文化资本对职业地位的影响。笔者将从高职学历证书的适用场域、话语权和再生产能力三个方面阐述其对职业地位的影响。

高职学历证书的适用场域影响着职业起点及其职业地位的发展。"场域"是文化资本理论极其重要的概念。场域中包含了群体及其生存、竞争和交往模式,它依托于某一有形空间,但实质是一个独立而开放的无形空间。就教育场域而言,高职学历证书所在场域与普通高等教育的学历证书所在场域不同。高职学历证书所在场域的特征是从事与职业实践知识、技术技能相关的活动,持有者共享"就业为本"的工具理性价值观,并一同致力于将现代科学理论和科学技术运用到社会生产。这与传统大学主要进行理论教学与研究的场域是截然不同的。就行业场域而言,高职学历证书所在场域是那些职业层次较低的一线工作岗位,这就注定了其获取的职业是低经济收入、低社会地位与声望的。要想改善其职业地位,必须提高其职业层次的参与范围,也就是要拓展或改变高职文凭符号所能适用的场域。

高职学历证书的话语权影响着职业地位的自主选择。学历证书与学位证书的话语权差异影响着个体是否能够自主地选择可供选择的职业地位。现代学位诞生以来,学历证书的文化资本便大大低于学位证书的文化资本,而高等教育大众化造成的学位证书贬值,也加剧了学历证书在专业领域和职业领域等公共领域中的话语失效。在访谈调研中,一个软件技术系系主任谈到:"一个招聘岗位,明明可以用低成本聘用专科学历证书持有者,却将应聘条件定位在'本科学士学位及以上者',原因在于,他们不仅需要技术过关的工作者,而且需要一个可以持续性服务岗位、服务公司、服务行业、能够跟上科学技术高速变化的高素质人才,也就是说,要

[1] 陆学艺.当代中国社会阶层研究报告[M].北京:社会科学文献出版社,2002:7.
[2] 秘舒.劳动力市场的结构变迁与动态特征——求职过程的宏观分析[J].南开学报,2012(6):86-97.

有技术也要有本领域长久的专业话语权。当然,这样的岗位要求不排除是本项工作的劳动力供应量大,竞争力强所致。"职业人一旦不能保持自己在岗位中的话语权,就无法保证能够自由地选择、维护、提升自己的职业地位。高职毕业生一般就职技术性强的岗位,而技术的不确定性、快速变化、稳定性差使得技术工作者在维持自己的技术话语权威上必然需要更大的文化资本。以学位制度的形式来肯定和提高高职毕业生的技术话语权,改变学历证书阻碍其持续地增强在对应职业场域中的话语资格,使高职学历证书持有者能更加自主地选择、更加主动地保护与提升自己的职业地位。

高职学历证书的再生产能力影响着职业向上流动的能力。高职学历证书的再生产不仅是应用科学教育再生产导致的应用技术社会再生产,从社会公平与平等的角度上讲,更是低社会阶层、低职业地位的人们向高社会阶层、高职业地位流动的文化资本再生产。根据准确的数据统计表明,2013 年,25%的高职毕业生成为一线操作工人,在基层技术或管理岗位工作的有 47%,中层技术或管理岗位工作的23%[1]。2010—2013 届高职毕业生半年内离职率分别为:44%、52%、42% 和43%,比本科毕业生半年内离职率高出 10%。就离职原因统计,"个人发展空间不够"为由而主动辞职占比最大,约51%。就离职去向上看,三年后离职读研人数极少,2012 届中仅有 0.5%[2]。从数据可知,高职学历证证书的在教育文化资本再生产能力上明显不足,不是高职毕业生不求进取或不重视"个人发展",而是离职再就业的职业流动上,无法摆脱"一线的和基层的"技术操作、管理人员的职业层次和地位。

综上所述,专科层次教育以学历文凭而非学位文凭为制度形态,又削弱了其文化资本含量再生产功能,已注定高职毕业生在教育与职业场域内所能获取的是低层次文化资本。不利于高职毕业生积极规划其职业生涯,改善其职业地位。因此,在承认高职学生文化资本已经存在"先天"差异的前提下,通过设置学位文凭、标准化技术技能人才、打通高职毕业生终身教育通路等对策,可以弥补由于政策和学校制度等因素造成高职教育文化资本的低认同,从而能够减少高职出身的终身教育不公平现象的发生。

---

[1]　郭建如.高职教育培养模式变革:就业市场变化与毕业生就业概率分析[J].高等教育研究,2013(10):57-63.

[2]　麦可思研究院.2013 年全国大学生就业报告[M].北京:社会科学文献出版社,2013:125-128.

（二）学校层面：转变高职"断头教育"身份的诉求

我国专科教育层次自诞生之日起就处于尴尬的境地，它既归属于从事高级人才培养的高等教育，却又得不到培养技术精英的社会认可度和教育能力。一方面，高职确实属于培养中、高级技术技能人才方面的职业技术教育；另一方面，行业、企业又严重欠缺能够胜任的技术技能人才。这不仅仅是高职的办学质量问题，更是高职作为"断头教育"的身份问题。职业教育断桥于专科层次，不仅强化了对非脑力劳动者偏狭认知的传统观念，而且在政策导向上证明了高职及其毕业生低人一等的事实。

1."断头教育"降低了优秀生源加入应用型人才队伍的意愿

近几年，高职出现了"就业率高"与"招生难"并存的剧烈矛盾。自 2006 年始，高职应届生的就业率在逐年上升，直逼普通本科应届生的就业率（表 2-1）。但是为何在就业前景一片大好的高职居然会出现"招生难"的问题？这是因为高职是一种低层次的终止性教育。在当前文凭社会，高文凭都很难找到满意而长久稳定的工作，何况低层次没有学位文凭的高职，对学生未来学业和职业的发展都是缺乏前景、弊大于利的。在高等教育大众化、普及化的今天，选择到高职院校接受高职是高中升学的无奈之举。

表 2-1　2006—2014 年高职专科与普通本科的就业率[1]

时　　间	项目			
	专科文凭持有者占总就业人数（%）	专科文凭持有者的就业率（%）	学士学位持有者占总就业人数（%）	应届学士学位持有者的就业率（%）
2006	4.3	80.1	2.1	90.2
2007	4.3	84.1	2.1	93.5
2008	4.4	83.5	2.3	90.1
2009	4.7	85.2	2.5	91.2
2010	6	88.1	3.7	91.2
2011	7.6	89.6	4.9	90.8

[1]　注：该表统计的专科文凭持有者与本科学士学位持有者是来自正规学历教育高校授出的文凭，不包括成人教育和网络教育院校授出的文凭。

续表

时　间	项目			
	专科文凭持有者占总就业人数（%）	专科文凭持有者的就业率(%)	学士学位持有者占总就业人数（%）	应届学士学位持有者的就业率（%）
2012	8	90.4	5.2	91.5
2013	8.5	90.9	5.5	91.8
2014	9.3	91.5	6.2	92.6

数据来源：中华人民共和国教育部发展规划司.中国教育统计年鉴[J].北京：人民教育出版社,2006-2014.

国家统计局.中国统计年鉴[J].北京：中国统计出版社,2006-2014.

麦可思研究院.中国大学生就业报告[M].北京：社会科学文献出版社,2009-2014.

从高职教育招生的实践情况上考察,高职招收的生源渠道还比较单一,虽然从2011年始教育部着手高职招生渠道多样化工作,但是高职的招生渠道主流仍然是通过"高考"。国家和省级示范性高职骨干院校允许单独招生考试,但能拿到的招生指标较少,通过对口升学考试的计划学生数远远少于从高考通道招收的学生数,如2016年安徽某高职院校面向普通高考招生计划数占总计划数的88.4%,面向对口升学的招生计划数占总计划数的11.5%。另外,高职招收的学生大多表现为语数外等文化理论水平与技术实践水平两者很不平衡。众所周知,通过高考招收的学生都是高考分数较低、没有经过任何技术实践教学的普通高中教育毕业生。国家和省级示范性高职骨干院校的高职独立考试的考核模式也是重文化理论成绩轻技能测验结果,如福建省某国家示范性高职院校高职招考章程表明:文考分占总分的85%、技能分仅占总分的15%。而从对口升学(中等职业技术院校升入高职院校)考试通道招收的学生一般技术实践能力较强,但语数外基础文化理论能力薄弱。就高职的属性而言,理想的生源质量,或称优秀生源,应该是具有一定中等水平的"听、说、读、写、算"基本学习与交际能力,适当偏向中等较强的技术实作能力和技术素养,但是这种优秀生源不管从哪种渠道都难以获得。知识学习能力强的和道德修养素质高的学生必然选择今后在就业和学业进路上有更广阔而多元选项的普通高等教育,而那些文化理论成绩好、又有一定技术实践能力的学生,由于受到"万般皆下品,唯有读书高"的传统文化影响,也不愿升至高职院校接受高等职业教育。

"良禽折木而栖",现代社会大众已经不是因为看不起非脑力劳动的技术人员而不选择高职,而是作为"断头教育"的高职既不能在教育体制上给予"消费者"福利,又不能在经济待遇上为其毕业生改善生活。因此,高职不能给予广大高职毕业生向更高层次教育进取的资格,使其吸引不到优秀生源,进而又影响培养高质量的应用型技能人才。

2."断头教育"阻断了与传统大学教育衔接的通道

"断头教育"的高职身份给高职毕业生的升学带来了极大的阻力。现代职业教育体系的理性构建应该"既在纵向建构一个完整的职业教育体系,又在横向架设沟通职业教育与普通教育的桥梁"[1]。目前,高职不仅无法攀升至更高层次的应用型高等教育,而且与学术型高等教育衔接断裂。从目前高等教育学制来看,高职要转入学术教育序列必须通过升学,专科层次高职统一实施职业技术教育,未有学术教育和职业教育的分类。在地方高校未全面成功转向应用技术大学之前,高职毕业生的升学即转学,转向接受学术教育。高职纵向阻断来自"断头教育"模式下的升学制度问题。

问题一:升入、转入学术教育序列的院校去向问题。高职毕业生升学院校有三类:一是由各省人民政府统一规划安排的传统大学;二是与高职院校合作办学、联合培养的传统大学;三是职业技术学院是传统大学中的二级学院,其毕业生可直接升入该大学。一方面,可供高职毕业生升学选择的高校非常有限,根据访谈调查,高职毕业生对转入的高等院校只有有限范围的自主选择权,甚至没有选择权,他们无法通过自己的努力考取心仪的高校,接受一流大学的高水平教育。另一方面,升学制度将高职毕业生的升学当成解决低质量传统大学招生难问题的手段,而不是以学生为本服务于高职毕业生多元化发展,也不是以教育为本服务于高等职业教育与普通高等教育平等互通发展。

关于高职升学制度问题之院校去向问题的访谈对话

(与某国家示范性高职院校的教务处处长兼发展规划处副处长A的访谈对话)

笔者问:贵校毕业生升学意愿是倾向于转入以学术教育为主的"研究型大学"还是继续在职业技术教育序列中升至"应用技术型大学"?

---

[1] 姜大源.现代职业教育体系构建的理性追问[J].教育研究,2011(11):70-75.

A 处长：目前大部分学生的升学意愿还是倾向于转入学术教育序列。2015 年教育部印发了《关于引导部分地方普通本科院校向应用型转变的指导意见》后，毕业生升学才有类型之分，不然在此之前，都是向学术研究型大学升学。

笔者问：我们知道在现行的升学制度中，学生是不能够升入、转入任意高校的，那么贵校的毕业生向学术型教育升学一般进入什么样的学校？

A 处长：目前由于应用技术本科院校刚起步，毕业生升学都是转向"学术教育"序列的普通高等教育院校。这些院校一般不是很拔尖的学校，多数集中在某重点本科的独立学院、二本高校。这些高校有非常突出的特点：招生有困难、办学质量较低。

问题二：升入、转入学术教育序列的专业去向问题。职业教育专科升学问题实质是《普通高等学校本科专业目录》与《高职高专专业目录》的对接问题，专业报考与考核内容按专业小类对接，这导致了学生升学转学考试难度大，甚至找不到对接专业。"专业对口"和"公平考试"的问题成为专业去向的主要问题。

关于高职升学制度问题之专业去向问题的访谈对话

（作者与某国家示范性高职院校的教务处处长 D 的访谈对话）

笔者问：学生在专升本过程中，专业对口升学常出现什么问题？

D 处长：这是一个非常复杂而严重的问题。我们学校中不是每个专业都有对口衔接的传统大学教育的专业。专业对口衔接问题有两种情况，第一是国家为了稳定，允许学生升学但是升至对应专业是极其不对口的，我认为这些专业就不应该在高职院校设置。例如我校的房地产经营与管理专业，这个专业升入学术本科可以报考土建类、经营管理类、经济类。看似对他升学很有利，但事实是这三个专业的考试科目与他专科专业学习的课程完全无关。而且用人单位反馈，这类专业技术含量太低，三年的理论学习简直就是浪费时间，培训几个月就能上岗。第二是我得到专升本的对口专业，但是学业学习是脱节的。举个例子，我校的"土木建筑类"专业，下设"水利类、铁道类、房屋建筑类、路桥类"，假如升入学术本科，那么对应的就是"土木工程类"，但本科院校一般在专业小类分化时没有专科学校细致，因此在专业升学对接时就出现了"一对多"的尴尬境地。那么专业对口衔接问题给学生造成最大的弊端在于"升学考试的不公平性"。第一个不公平：升入学术教育的升学考试重理论轻技术，与专科职业教育培养方案相悖；第二个不公平：同一个专业类中,专业小类对口衔接较好的学生在备考时可能有些考试科目就是学业课程,那么就相对有利,但对于专业小类没有在对应的本科院校的专业小类中的学生来说,考试就相对吃力;第三个不公平:对于那些允许升学但升学专业又不太相关的学生,升学考试完全与专科专业培养脱离,导致了备考的不公平。

问题三:升入、转入学术教育序列的机会问题。现行专升本制度下,高职学生升入传统大学的机会受到很大限制,不仅将有升学资格的对象限定在高职应届生范围内,而且计划招生数极少。国家严格控制高职毕业生升入传统大学接受学术教育的学生数量,同时又没有全面开放应用技术大学或应用技术本科与高职之间的通路,导致高职学生的升学机会极为不平等。此种"断头"困境下,高职在校生竞争传统大学的入学机会就显得激烈而残酷。从调研中得知,部分高职生为了通过升学考试而取得升入传统大学的就学资格,荒废了学业,虽最终获取了传统大学的教育资格却由于专业课程挂科严重而无法按期毕业。

关于高职升学制度问题之机会问题的访谈对话

(笔者与某国家示范性高职院校的教务处处长兼发展规划处副处长 A;
某高职院校汽车系主任 B;某高等师范专科院校的教育系主任 C 的访谈对话)

笔者问:请问您是如何看待高职生升学只有应届生才有资格?

A 处长:这是一个升学机会极其不公平的表现,这种制度安排只能让社会大众更看不起高职毕业生,造成公共领域先入为主地认为高职教育的教育质量低。

C 系主任:高职生升学竞争其实是蛮激烈的,犹如一次小高考,我们学校每年都有 100 多个学生因不能达到毕业要求而毕不了业,但却通过了升学考试。

笔者问:某些专业的高职毕业生(比如法律、工程等)从事本专业工作 2~3 年后,能够参加专业硕士入学考试,贵校毕业生参与这种升学机会的人数多吗?

A 处长:没有听说过。

B 系主任:没有。

C 系主任:有,但是极少,在我教育系中,大约每年 2~3 个。

(三)社会层面:对接与固化一线岗位的职业标准

行业需求与学校通过学历或学位文凭的形式为彼此提供人才规格的供需信号。职业院校为行业培养满足职业标准的劳动者,行业需求是职业院校制定培养方案与标准的主要依据。学位犹如商品的合格证书,通过文凭符号标志持有者在某个学习阶段或某个职业、专业领域达到标准水平,是学校教育产出的"合格产品",同时它也蕴含着一定的社会期待,例如企业希望学位持有者能够比没有学位的普通劳动者创造更高的经济收益。然而,20世纪60年代文凭社会的到来,过度膨胀的文凭使得文凭持有者的人力资本收益急剧下降,企业的用人成本急剧上升。由此有学者提出文凭无用的观点,认为工作岗位所需要的技能在正规的文凭教育中无法得到训练,反而阻碍了职业收入和社会地位的阶层化流动,文凭制度应该废除。这个观点显然是经不起推敲的,文凭的经济价值和认证能力的下降并不代表文凭制度的合法性出现危机,我们不能否定文凭是一股限制市场过分自由、合理干预资源分配公平、规范人才类型与规格的管理力量。虽然文凭对行业和职业是必要的,但是不同的文凭形式对行业发挥的功能是不同的且有限的。就高职的学历文凭而言,它无法体现职业标准,更失去了从知识实践和实践知识的角度稳固职业标准和从人力资源管理的角度筛选优秀劳动力入行、入职的功能。

第一,高职学历证书所证明的人才规格无法对接所对应的工作层次的职业标准。高职产出的人才是"应用型人才",位于应用型人才序列的初级阶段。高职人才培养目标在不同的经济发展阶段有着不同的定位。21世纪以前,对高职人才的定位是在职业教育培养"技术人员"的基础上加上"高级"修饰,以区别高职的高等性;2000年《教育部关于加强高职高专教育人才培养工作的意见》定位为"高等技术应用性专门人才";2004年《教育部关于以就业为导向　深化高等职业教育改革的若干意见》定位为"高级技能人才";2011年《教育部关于推进高等职业教育改革创新　引领职业教育科学发展的若干意见》定位为"高端技能型专门人才";2012年《国家教育事业发展第十二个五年规划》定位为"技术技能人才"。十几年来,人才定位表述的政策变化说明了我国经济发展速度之快,应用技术领域对产业、行业和职业的一线人才的能力和素质要求越来越高。人才内涵与定位已有如此大幅度的变化,但是高职的质量标准、认证与评价手段却始终没有作出调整,高职学历教育的知识、技术、职业规范与工作岗位要求不匹配的问题也还未得到解决。为了增加高职毕业生的就业资本和再认证其职业能力水平,2006年,各高职高专院校开始实施"学历证书与职业资格证书的双证书制度",却得不到行业的承认与支持,原因在于,对于应届毕业生来说,能够考取的"行业承认"的职业等级资格证书极少。一位国家示范性高职院校的系主任在访谈中谈到关于"技术技能人才的技术水平认证方式与认证标准"的问题,他讲道:"我们每年都要完成一定数量的职业资格证书考取任务,这是响应国家政策,为学校质量评估而用。但是作为教师,我们深刻地知道这些证书对学生就业或者升学压根儿就没用,完全不能作为聘用参考项目。因为这些证书绝大多数都是劳动与社会保障部设置的证书,与行业部门(如交通路、信息产业部)没有关系,行业部门颁发的证书一般都是要求有工作经验或工作岗位之后才能考取"。同时,职业标准的多头管理导致职业学校教育与行业管理机构在制订各自标准时没有深入沟通,从而造成了高职学历标准滞后或偏离职业标准。因此,行业需要高职改革学历文凭制度,实施学位证书制度。通过学位标准、学位点和学位衔接机制的建设,使职业内部知识抽象化、标准化、结构化以维持职业系统稳定的核心竞争力。另外通过学位教育的培养模式,实现产教进一步的融合,从而将职业标准与教育标准统一于学位标准之中。

第二,高职学历证书管理技术人才队伍的作用弱化。文凭是人才队伍甄别、筛选、晋升和淘汰的管理手段之一。高职长期以学历文凭的形式管理技术人才队伍,在 20 世纪末 21 世纪初,确实起到了壮大高级技术人才队伍、提高中等技术人才质量的作用。但如今,技术人才队伍出现断层、结构不合理。据国家劳动统计数据显示,2010 年,"全国技能劳动者总量达 1.1 亿,其中技师、高级技师 550 万,高级工 2 200万,高级工以上比例占 25% 以上,其中技师、高级技师占技能劳动者的比例为 5% 以上"[1]。2014 年底,我国技能劳动者共有 1.57 亿人,比四年前增长了42.7% ,其中高技能人才有 4 136.5 万人,占技能劳动者总数的 26.3% ,比四年前高技能人才降低了 5 个百分点以上。2016 年,市场对具有技术等级和专业技术职称劳动者的需求均大于供给。从供求状况对比看,各技术等级和专业技术职称的岗位空缺与求职人数的比率均大于 1。其中,高级工程师、高级技师、技师岗位空缺与求职人数的比率较大,分别为 2.27、2.02、1.95[2]。从年龄结构上看(表 2-2),高技能人才多分布于中年,高级技师已濒临退休年纪,46~60 岁的占 41.79% ,其接班人出现断层断代;技师与高级工多处于 36~45 岁,大约为 45% ,22 岁以下的技师与高级工极少,仅约占 1% 。按照《国家职业资格等级制度》,每升一级技术技能等级由"学

---

[1] 华迎放,韩永江.劳动保障:高技能人才队伍建设良性发展的保证[J].中国劳动,2006(11):6-11.
[2] 就业司.2016 年第四季度部分城市公共就业服务机构市场供求状况分析[EB/OL].2017-01-11.

历、工作年限和考试成绩"决定,例如要获得国家职业资格三级的"高级工",同等条件下,学士学位文凭持有者需有一年以上工作经验方有评定资格,专科学历证书持有者需有二年以上工作经验方有评定资格。由此可见,学历证书的技术人员由于没有获得学位的资格而需要更长的工作时间来弥补,导致了高级技师年龄偏大,集中在"46~60岁",技师和高级技师层次的技术人员数量远远少于初、中、高级技工(表2-2)。综上,专科学历证书限制了技术人才快速成长,无法发挥对技术人才结构进行管理的作用。

表2-2　各年龄段高技能工人数量分布

技术技能等级 \ 年龄段	22岁以下	23~35岁	36~45岁	46~60岁
高级工	1.08%	28.04%	45.85%	25.03%
技师	1.02%	21.04%	45.78%	32.16%
高级技师	0.11%	19.28%	38.82%	41.79%

数据来源:冯桂林.我国高技能人才需求问题调查与思考[J].江汉论坛,2005(8):126-130.

高职人才质量和人力资本收益的评价、认定问题必须以"高技能人才的产出——劳动力市场的接收——高技能人员自身的职业发展"为线索,构建一以贯之的制度,连接从人才产出、社会使用到个体终身发展的良性循环回路。也就是说,凭借高职学位制度使技术技能工人实现从教育到就业再到职业发展的、畅通的良性发展路径。同时,作为新的证书制度桥梁,将比高职学历证书更加紧密地联通学校教育与职业世界、国家管控与市场需求。

二、高职学位构建的制度供给

(一)学位制度供给的变化

以巴黎大学学士与博士(或硕士)两级学位架构为原型,经过漫长历史时期的扩散与进化,在传入中国之前,世界学位制度大致分为两种模式:一种模式是以德国大学为代表,强调科学研究的"硕士与博士"两级结构;另一种模式是以美国大学为代表,强调多元社会服务的"学士、硕士和博士"三级结构。我国学位制度的探索、创建与发展就是在这两种制度模式中徘徊,不同时期的政府对学位制度的供给,在"建立—实践—修订—实践"这一从普遍到特殊的变化过程中寻找适合本国国情的学位体系。

1.前学位制度时期:与选官制度的结合

域外学位制度在清末由传教士和留日学生引入,加之洋务派与维新派兴办新式学堂,从体制内部的助推制度设计进程,封建王朝在科举选官制度与学位制度之间取得一个平衡点,创建了我国前学位制度——"奖励出身制",试图将中国传统的入仕文化与近代高等教育体制结合起来。1902 年,《壬寅学制》确立了我国"三类三级"的教育结构体系,纵向分列"预科、本科、通儒院研究生"三级,横向分类为"普通、实业、师范"三类。1904 年,清政府颁布《奏定各学堂奖励章程》和《奖励游学毕业生章程》,明文规定了国内毕业生和留学归国学生的学位奖励标准。1912 年,国民政府上台,建新学制,完善我国高等教育体制,先后颁布《大学令》和《大学规程》等,构建学位的两级结构并首次明晰了国立大学校的学位授予权,把学位制度建设的工作重心放在学士学位设计上。从学位层级结构上看,与旧学制不同,取消硕士学位,取学士学位和博士学位两级,细分学位的学科类别,在笼统的学士学位称谓前加上学科称谓,称为某科学士。自此,我国现代学位走上了按层次、学科二维标准定位的道路。遗憾的是,大学院的学位规程未见出台。从学位权力结构上看,规定了国立大学校才有学位授予权,专门学校效法日本,不授予学位,没有学位授予权。

2.学位制度的法律完善期

学位制度确立的酝酿阶段,国民政府建立新学制《壬戌学制》,完善了大学院、大学校和专门学校的设立条件和修业年限,并着力建设研究生教育制度,这一学制为建设我国完整的学位制度奠定了组织结构基础。1929 年,国民政府又先后颁布了《大学组织法》和《大学规程》,规定学位授予权不再局限于国立大学,大学和独立学院都有授予学位的权力。1930 年后,民国政府对教育体制进行大改革,实施回收大学教育权、不断加大对高等教育的控制、修订大学必修课程、建立大学统一入学考试制、设立学术评议会、实行毕业考核制度、制订大学教师评聘资格等一系列改革举措。1935 年,民国政府立法院通过并颁布了《学位授予法》和《学位分级细则》,这是我国第一部完整的学位法,同年6月,教育部公布了《硕士学位考试细则》,这标志着我国学位制度走上了现代化、法制化的道路。它涉及学位的层级结构、学科结构、学位授予的主体和程序等制度本体内容。从学位层级结构上看,确立了学士、硕士和博士三级学位,并设有"硕士候选人和博士候选人";从学位权力结构上看,大学和独立学院拥有学士和硕士学位授予权,而博士学位授予权来自国家,各院系、研究所拥有毕业考核权,教育部仅有审查权;从学位学科类型结构上看,分文、理、法、教育、农、工、商、医八大学科,较《大学令》,多了教育学科。1939年,国民政府教育部修订了《硕士学位考试细则》,完善了硕士毕业考试和论文考核的评审主体与程序。1940年,国民政府教育部学术评议委员会召开第一届第二次会议,通过《博士学位评定会组织法》《博士学位考试细则》《名誉博士学位授予细则》《名誉博士学位授予条例实施细则》,在制度上完善了博士学位授予,直至1983年才授出第一个博士学位。

3.学位层次与专业目录的调整供给期

社会主义新中国一方面接收与修复民国时期的大学,另一方面改造了某些高等院校和改革高等教育制度。1954年,中共中央在对中国科学院的批示中指出:"建立学位制度是中国高等教育的必然选择,责成科学院和高等教育部提出逐步建立学位制度的办法"[1]。如此,新中国在探索建设社会主义国家的道路上进行了两次学位制度重建,但都以失败告终。

这两次的学位制度重建都是以苏联硕士和博士两级学位制度为模板,由于意识形态的分歧,不再效仿英、美、日等资本主义国家的学位制度,主要解决的是国家对科学与技术工作者的激励问题、发展问题、国际化问题和规范科学研究标准问题。两次学位制度建设的特点是:①不设学士层级学位,第一次重建划分为硕士和博士两级,博士学位申请者必须有硕士学位文凭;第二次重建划分为博士和副博士两级。②学位学科划分较细,1954年《学位条例》规定:"硕士和博士学位按下列学科门类授予:哲学、数学、物理学、化学、天文学、地质学、地理学、生物学、工学、建筑学、农学、林学、医学、药学、兽医学、历史学、经济学、法学、语言学、教育学、心理学、文学、艺术学。"③实行绝对中央集权的"学位制度",高校没有学位授予权。"国务

---

[1]　吴本厦.新中国研究生教育和学位制度的发展历程[J].中国高等教育,1999(20):21-23.

院下设一个学位与学衔委员会,负责审查、批准科学研究机关和高等学校关于学位和学衔(教授和副教授)的决议、报告;办理学位和学衔(教授以及副教授)证书;并在学位、学衔的工作上对科学研究机关和高等学校进行监督检查"[1]。

4.多元学位类型供给与专业目录再调整

1978年恢复高考,我国高等教育迎来了高速而全面发展的春天,对于学位制度而言亦是如此。1979年,蒋南翔主持了此次学位制度改革;1980年,国务院常务会和全国人民代表大会常务委员会通过了《中华人民共和国学位条例》。同年5月,国务院批准了《中华人民共和国学位条例暂行实施办法》,并在两年内先后颁布了《关于审定学位授予单位的原则和办法》和《高等学校和科研机构授予博士和硕士学位的学科、专业目录(试行)》。这一系列的法律与政策对学士、硕士、博士和荣誉博士学位的授予标准、学位课程考核和论文水平等的要求做出了细致的规定,将学科门类划分为10大门类,下设63个一级学科、638个二级学科。1985年增设"军事学和管理学",1997年又再次修改了《授予博士、硕士学位和培养研究生的学科专业目录》。此外,学位权力结构更加合理。国家下放学位授予权力至地方和高校,增加了院校办学自主权,灵活了学校教育供给与地方社会经济需求的互动,形成国家、地方和高校三级学位管理体制。

另外,高等教育因为不能培养出与社会相匹配的人才规格而备受问责。20世纪90年代盛行的新职业主义推动着世界高等教育体制向着"职业教育与学术教育"双轨制的方向改革。同时在有关职业教育重建的政策上,体现了职业预备和终身学习的价值。此类变革指向承认和保证中低层技术与管理人员,或称为在这些生产领域上的产业劳动者们获得经济稳定和社会声望。而之于学位,响应了这一改革趋势,给予这些与生产劳动有关的高等教育毕业生和与再生产领域有关的高等教育毕业生同样的知识荣誉和社会声望。为此,1991年,我国学位制度建设致力于增设一类具有职业背景的学位,1996年,国务院学位委员会印发了《专业学位设置审批暂行办法》,初步确立了专业学位制度。经过这几年的发展,学位的学科与专业目录不断合理化和时效化。一方面加紧建设专业学位的学科与专业目录,截至目前,共有45个专业学位,其中包括39个专业硕士学位5个专业博士学位和

[1] 张陈.我国当代学位制度的传统与变革[M].重庆:重庆大学出版社,2014:92-93.

1个专业学士学位;另一方面,不断调整与合理化已有的"学科与专业体系",促进新兴学科和多学科的发展。

(二)学位制度供给的变化特征与问题

学位结构不仅是学位制度的主体要素之一,而且决定了学位体系的基本架构。纵观我国学位结构的演变可以看出,学位层次划分更加符合人才发展规律,学位类型向与生产劳动相关领域延伸,学位权力结构的集权性向多元民主化转移。我国学位结构的制度供给波动性较大,制度目的有明显的官本位特征,制度功能的指导性不强,究其根源,在于政府对制度的顶层设计未考虑相关社会群体的利益平衡。

1.学位层次与高等教育层次并非一一对应

我国学位制度创建以来,学位等级分层及其每个层次称谓的变化较大,这种变化说明了我国历代政府的学位建设者、教育工作者和学者对"学位"的理解不同,其中关键问题是:学位是否应该被纳入高等教育所有阶段? 换句话说,学位评价的内容是"学术水平"还是"受教育水平"? 学术水平与受教育水平是否能够等同起来? 清末民初,以"奖励出身制"来衔接中国"功名制度"和西方"学位制度",说明彼时国家对"学位"的理解并非知识性、学术性,而是官僚体制的"敲门砖"和等级符号。民国学位制度初步确立时,学习欧美国家的学位制度,构建起三级学位层次结构。虽然政府引进了制度框架与文本,却没有深入研究彼时欧美国家学位的真正内涵。又由于当时特殊的国情,国家致力于抓紧培养实用性专门人才,以振兴中华民族。因此,学位虽设置了科学研究的研究型硕士与博士层级,但没有进行这两个学位层级的人才培养。新中国成立后,学位从副博士与博士两级转向学士、硕士与博士三级层次架构,才真正领悟了现代学位之意义——以科学研究成果为唯一判断标准,学位与研究生教育密不可分甚至成为一个概念,并将这种内涵与大学教育结合起来,覆盖大学教育的所有层级。究其原因,我国科学技术落后于国际水平,国家与社会需要大量的专门性研发型人才;再者,现代大学三大职能之一的科学研究与其他两大职能既相互独立又走向融合,科学研究不仅表现为对真理的探索,更要求能够为社会经济发展服务,提升社会劳动生产率和核心技术国际竞争力。学位、科学研究与大学三者找到了共同契合点后自然而然地相互渗透(表2-3)。

表 2-3　1981—2014 年各层级学位授予数及其增长率统计

时 间 ＼ 学 位	学士学位（万人）	与去年同比增长(%)	硕士学位（万人）	与去年同比增长(%)	博士学位（自 1982 年起,万人）	与去年同比增长(%)
1981—1990	184.56	—	17.87	—	0.7	—
1991—1999	317.70	—	36.36	—	5.76	—
2000—2009	1 827	—	225.04	—	28.25	—
2010	256.29	6	43.52	3	4.7	2
2011	283.89	11	48.66	12	4.9	2
2012	312.74	10	53.62	10	5.0	4
2013	329.67	5	56.13	5	5.0	3
2014	352.66	7	58.73	5	5.2	1

数据来源:中华人民共和国教育部发展规划司.中国教育统计年鉴[M].北京:人民教育出版社,2000-2014.

教育部教育年鉴编纂委员会.第二次中国教育年鉴[M].北京:商务印书馆,1948.

从表 2-3 的统计数据可见,1981—2009 年来,以十年为单位,各级学位授予数量皆呈增长趋势,其中硕博士学位授予数的增长速度比学士学位快,2000—2009 年本硕博学位数量最大,与 1981—1999 年相比增长率更高。1991—1999 年,博士学位数量增加最多,2000—2009 年,硕士学位数量增加最多。在 2010—2014 年五年中,三个层次的学位授予数量平稳增长,其中 2011 年和 2012 年增长速度比其他年份快。37 年来,我国学位逐步发展形成本硕博三等级大学学位,学位的内涵与学衔的内涵趋于同化,在标志个体科学研究水平与能力的符号的基础上,增加了个体"社会化"和"职业化"的内涵。这势必给学位层次结构带来新的格局。随着知识数量与受众群体的扩张,知识分级分层更为精细,社会经济领域对不同等级与水平的知识积累、传承、应用与创造的需求更为多元,从政府、高校组织、企业等职业单位和受教育个体等各学位制度主体和学位使用主体来说,都需要以需求为导向的、更多层次水平的学位结构。站在高等教育体系的完整化和人才类型的全面化的高度,专科教育只有学衔没有学位,不符合其隶属于高等教育的知识传播、运用与生产和人才效用的地位,也不符合当下广义学位之"学理知识积累与科学成果运用实作"的内涵与发展规律。

2.学位结构向着更深更广阔的生产劳动相关领域延伸

学位结构的变化往往与社会分工和社会转型有很大的关联。最为简单粗略的社会分工是体力劳动和脑力劳动的划分,但是随着工业社会的发展,分工从不同领域之间的分化深入扩展到同领域内的再细化。就脑力劳动而言,作为精英阶层的脑力劳动者,在中国古代社会中仅局限于政治领域,在中世纪欧洲仅局限于神、法、医领域。而如今这些精英领域的分工不再是简单的脑力劳动与体力劳动的划分,而是依照知识类型与应用,将"纯粹"的学科和"笼统"的职业化分为多个小学科与职业岗位。社会分工对高校组织培养多层次多类型人才的引导性作用是学位类型结构设置的核心依据。总结世界高等教育发展趋势,潘懋元把高等教育分为三大类型,各类高等教育所培养的人才类型不同,授予的学位亦不同(表2-4)。

表2-4 当代高等教育分工及其产出的人才类型与授予的学位类型

国别	学术教育	专业教育	技术教育
美国	科研型人才,学术型学位	应用型人才,专业型学位	技术型人才,副学士学位
英国	科研型人才,学术型学位	应用型人才,应用型学位	技术型人才,基础学位和国家职业资格等级证书
德国	科研型人才,学术型学位	应用型人才,应用型学位	技术型人才,职业教育学位等级证书
法国	科研型人才,学术型学位	应用型人才,应用型学位	技术型人才,职业学士学位、职业硕士学位、职业博士学位
日本	科研型人才,学术型学位	应用型人才,应用型学位	技术型人才,专门士学位与准学士学位

数据部分来源于:潘懋元.关于高等学校分类、定位、特色发展的探讨[J].教育研究,2009(2):33-38.

由上表可见,高等教育范畴及其授出的学位,从知识与文化的再生产领域向着与具体生产劳动相关领域的方向发展。社会分工催生了高校组织分类、学位类型多元化,原本边缘化为社会底层的职业技术教育、技术技能型人才走向了社会的中心,技术技能型职业及其从业者开始被社会所认可,拥有一定的社会声望和职业特权。面对这一世界经济与教育的发展趋势,我国学位类型中,培养应用型专业技术人员的专业学位体系在规模和结构上与学术型学位体系相比,落后许多,二者发展很不平衡(表2-5)。

表 2-5　2010—2014 年学术型学位与专业型学位的授予数量变化　（单位:人）

年　份	学术型	增长率(%)	专业型	增长率(%)
2010	356 849	—	26 751	—
2011	378 755	0.06	51 239	0.92
2012	396 976	0.05	93 174	0.82
2013	381 854	−0.04	131 772	0.41
2014	362 950	−0.05	172 913	0.31

数据来源:中华人民共和国教育部发展规划司.中国教育统计年鉴[M].北京:人民教育出版社,2010-2014.

　　按照"类型划分"统计学位授予数量变化,从表 2-5 的统计数据可见,2010—2014 年,学术型学位授予数量逐年减少,至 2013 年开始出现负增长,而专业型学位授予数量呈增长形态,2013 年始增长幅度减小,截至 2014 年,专业型学位授予数量与学术型学位授予数量相差 190 037 人。另外,技术型学位还未出现,高职专科学位还未问世,属于技术教育性质的高职与专业教育未能衔接……这些问题表明我国应用型人才与技术技能型人才的培养与认证还未成体系,他们的职业声望、知识荣誉和社会地位相对较低。

　　3.学位管理模式向多元化、民主化转移

　　学位管理模式是学位授权审核中的权力关系。学位管理模式中有高校学位委员会、学术委员会(学科)、中央政府、地方政府四大主体,中央政府和地方政府作为政府代表行使政府权力,高校学位委员会作为组织代表行使行政权力,由于高校学位委员会与中央和地方政府行使的权力性质相同,故而本研究将三者归为行政权力,院系的学术委员会作为学术代表行使知识权力。根据各主体行使的权力性质,分为知识权力主体和行政权力主体。历史制度主义和组织制度主义认为,制度分析理论特别关注政治在制度组织与变迁过程中的作用,任何制度创立与变迁都是社会制度大环境的产物。研究学位管理机制的变迁特征,必须放在历史的视角下进行,且其架构中知识权力主体与行政权力的主体关系实质是以政府为代表的国家作为社会制度的最大供给者,在处理高校组织与政府关系的政策结果。知识权力主体和行政权力主体的关系变化经历了三个阶段:一是清末民国时期的"知识权力高于行政权力,知识权力制度化阶段";二是新中国成立后"行政权力绝对权威阶段";三是"权力分散,协同发展阶段"。第一,知识权力制度化阶段的学位管理。国家的政治、社会和国际环境正处于内忧外患之中,政局动荡不安,内有封建王朝复辟,外有西方列强入侵,战事连连的背后是财政实力单薄,政府财政在还本付息和支付军费两大重头开支之后,再也没有钱来投资教育。因此,政府无精力也无财力来监管学位授予事务和学位培养质量,全权交予知识群落的大学学术组织自行安排。另外,"向西方学习"成为当时中国政治、经济、社会等制度建设的主要来源,学位的制度设计先学日德再学英美,学术自由与自治的思想成为当时学位权力结构设计的核心价值取向。第二,行政权力绝对权威阶段的学位管理。新中国成立后三十年,我国经历了文化高度封闭、政治高度集权、经济高度计划,此时形成了以行政管理权力为主导的学位权力结构。国务院及其学位委员会作为顶层管理与执行机构,同时又在省级设立学位委员会和学位管理的教育行政机构,中央学位管理和执行机构与省级学位管理和执行机构共同掌控着学位授予权力的授予资格认定、学位达标申请审核、学位质量评估等,知识权力主体在这一管理体制中自主权甚是微弱。第三,协同发展阶段的学位管理。进入 21 世纪后,人们开始认识到这种高度集权化的学位管理不利于知识、人才与高校组织的灵活发展,知识权力的地位有所提升,行政权力分散放权,知识权力与行政权力向着协同方向发展。但目前我国高校组织仍未有绝对的学位授予自主权。

（三）职业教育学位制度供给缺位的反思

我国学位制度的供给主体是国家,供给方式以强制性供给为主,诱致性供给为辅,国家对制度设计、制度变迁和制度消亡起到了主观理性的顶层决策作用。现存学位结构的特征与问题是学位"进化"中制度供给的结果,也是制度供给的后果。对于国家或政府供给制度的动力,不同的制度变迁理论有着不同的观点。科斯认为,制度"成本—收益"原则是制度供给与否的最核心因素。拉坦提出:"当社会科学知识和有关的商业、计划、法律和社会服务专业的知识进步时,制度变迁的供给曲线就会右移。"[1]诺思把制度当成人的行为规范和利益激励,从"制度—认知"的框架中分析制度变迁问题,对制度变迁过程中的主体进行职能与地位的界定。

---

[1]　弗农·W.拉坦.诱致性制度变迁理论[A].罗纳德·H.科斯.财产权利与制度变迁——产权学派与新制度学派译文集[C].刘守英,等,译.上海:上海三联书店,2014:231.

组织分析的新制度主义则强调制度环境,制度的供给是基于基本的政治、经济和文化等社会制度大环境而设计的。我国学位的制度供给是国家在特定制度环境中,对高等教育人才培养行为的规范化和合法化。因此,我国在决策是否供给职业教育学位制度时,不仅要对制度主体要素的规制性界定,更要全面补充安排与此制度相关的互补性制度。

首先,基于文化反思而设计高职学位的内涵、功能与结构。文化因素作为制度变迁的非正式制度要素推动着新制度的引入与本土化。高职院校人才培养定位于生产一线的技术与管理人员,换句话说,其培养的是"产业工人",或称"半体力半脑力劳动者",而不是传统意义上的精英团体。在西方,脑力劳动者往往高贵于体力劳动者,技艺劳动力往往被排除在官学或正规教育外;在中国,体力劳动者有时也没有得到公平对待。然而,随着知识经济社会的到来,知识的积累、运用和生产在社会各个领域中起到了关键性的作用,终身学习理念成为各级各类教育和关于每个人"美好生活"实践的指导思想。一线技术与管理人员占我国劳动力大军一半以上,"产业工人"是我国实现"制造业2050"计划,推动我国工业社会稳步发展的中坚力量,这一社会群体的知识结构、认知水平和职业态度不仅关乎我国经济发展进程,更会影响我国"工匠精神"的文化传承、发展与创新。因此,构建面向一线技术与管理人员等"产业工人"阶层的学位制度,顺应当前终身学习的社会文化,也是从制度上推动"产业工人"、技艺劳动者社会地位提升、知识水平提升和阶层文化形成的重要途径。

其次,基于现有经济需求而设计高职学位的标准。经济因素是高职学位制度实践的利益载体,高职与区域经济联系最为紧密,它对经济发展的支撑作用在于有效人才的供给,以及在教育培养过程中实现企业、学校与经济的协同进步。市场经济体制给高等教育及其组织的发展创造了竞争的环境,高等教育市场化不仅表现市场机制在高校组织运作中的应用,也表现高校组织外部新主体的介入。市场经济改变了计划经济体制下的人才供需信号发出模式和人才筛选机制。计划经济时期对学位文凭没有多少概念,仅高层次科研人员才要求高学位,对生产一线的技术与管理人员的文凭要求较低且只要有学衔即可。而市场经济时期,知识、技能和态度对于各个职业层次的劳动者来说都极为重要,学位成为就业与升职竞争的砝码。高职学位标准的内容包括此层级学位的总体标准和各个科类学位的标准,在这样的两级标准中定位相对应经济领域中的实时职业要求。

最后,基于现有政治基础而设计高职学位的管理机制。政府强制而刚性的政治制度基调与权威是高职学位制度建设的主导,我国高校组织与政府的关系不同于西方国家,西方国家的高等教育组织起源于教师或学生的自治团体,而我国高等教育组织是在政府的财政拨款和政策支持下而诞生。因此,我国高校组织的生存与发展十分依赖于政府,而政府对高校组织的管控也是绝对权威的。依赖性与控制性并存的政校关系导致了学校的外部权力弱,高职院校教师的知识权力小于行政权力。因此,在高职学位制度的权力结构制度供给中,最关键的问题就是平衡知识权力与行政权力的关系。处理好知识权力与行政力的关系关键任务在于规制好政府的职权范围,界定好市场、政府和学校在学位授予中的参与或决策地位。

三、高职学位制度构建的影响因素分析

一种新制度的生成与执行应该审时度势,分析现有的政治、经济、文化、社会等环境是如何影响制度的生成、改革、发展或消亡,进而趋利避害,寻找最适宜制度生成与发展的时机。在分析了高职学位制度的现实需求和我国学位制度供给的历史演变的基础上,考察影响高职学位制度生成的因素。本研究认为政策、职业环境、市场是影响高职学位制度生成的关键因素。

(一)高职学位制度构建的政策环境

政策环境对新制度的生成起到了决定性的作用,有利的政策环境是高职学位制度实施的政治保障,为制度实施初期提供强大的国家支持性力量。高职学位制度在制订时应该跟随政策的意志,才能保证高职学位制度在实施过程中能够得到自上而来的稳定性支持。高职学位制度的制定与实施是顺应当前我国高等教育政策的国家意志,具体表现在:一方面,高职学位制度的实施是日渐完善的高等教育普职(即普通教育、职业教育)分流政策的大势所趋;另一方面,指导高职办学与管理走向自主性和独特性发展的国家政策是高职学位制度制订的有利条件和基本原则。

1.高等教育普职分流政策的支持

20世纪八九十年代,我国已经形成比较完善的中等教育普职分流格局。20世

纪 90 年代后,为了适应市场经济发展需求,我国开始致力于高等教育阶段的普职分流的高等教育体系建设,即《中华人民共和国职业教育法》所指示的"以初中后为重点的不同阶段的教育分流"。值得注意的是,笔者此处所说的"高等教育阶段的普职分流"是指"面向职业的高等教育和面向高深知识研究的高等教育"的分流。"高等教育阶段的普职分流"有利于矫正高等教育大众化所带来的不合理人才结构,即优化中高级技术技能人才、高级应用技术人才和学术研究人才的类型结构和层次结构。学者陈厚丰实证后表明:"我国对技术工人和高级技能型人才需求量最大,应用型人才次之,研究型人才最少"[1]。为了优化人才结构、缓解人才供求不平衡矛盾,国家在制定高等教育政策时侧重于扶持各层次应用技术人才建设:第一,大力扶持高职发展以培养一大批初级层次应用型人才,高职在应用型人力资源配置中的地位正在不断提高。1993—1996 年通过"三改一补"的政策重新调整高职制度,并在此后的十年内通过《面向 21 世纪教育振兴行动计划》《关于深化教育改革全面推进素质教育的决定》《关于大力推进职业教育改革与发展的决定》《大力发展职业教育的决定》等多个重要政策文件,使得"扩大高职规模"成为高等教育分流的工作重点,高职的招生数、在校生数、毕业生数以及高职院校数量快速增长。2014 年《关于加快发展现代职业教育的决定》提出高职规模的目标:到 2020 年专科层次职业教育在校生达到 1 480 万人,本科层次职业教育的在校生达到一定规模。第二,1996 年颁布了《专业学位设置审批暂行办法》,实施"培养特殊职业高层次专门人才"的专业学位教育,该学位类型设有学士、硕士、博士三个层次,与"特定职业"相关专业的专科职业教育衔接,形成培育面向社会职业系统的各层次应用型人才的高等教育系统。

2.高职内涵式发展政策的支持

众所周知,我国外生内发型高等教育是在不断地模仿和本土化的进程中形成与发展的。新中国成立前期学习日本、德国、美国,彼时虽然已生成了非大学教育的高等专科教育,但是国家和教育界把高等教育建设重心放在学术研究型的大学教育上,相对忽视了对面向职业和实业的高等学校办学与管理的关注、投资和研究探索。新中国成立之后至 20 世纪 80 年代,我国高等教育管理与建设学习苏联,高

---

[1] 陈厚丰.高等教育分类的理论逻辑与制度框架研究[M].广州:广东高等教育出版社,2011:327.

等教育偏离教育发展规律。改革开放后,国家和奋战在高等教育一线的教育工作者反思苏联模式的弊端,开始走上适合中国特色高等教育发展的本土化道路。20世纪末21世纪初,高职经过近二十年的规模式发展之后,由于教育质量达不到岗位胜任要求,国家关于高职政策转向"内涵式"发展。国家通过以下几个政策来推动:①下放管理权力。21世纪初,国家通过《面向21世纪教育振兴行动计划》《关于大力推进职业教育改革与发展的决定》等几个政策文件,将高职院校的招生录取指标设定权力、选拔测试规则制定权和学历证书发放等权力下放至省级教育行政部门和高职院校。②建设试点院校。2006年,教育部和财政部颁布《关于实施国家示范性高等职业院校建设计划　加快高等职业教育改革与发展的意见》,先支持一部分试点高职院校提高教育质量,通过示范引领效应推动高职整体的质量上升。③服务地方产业。2011年,《关于支持高等职业学校提升专业服务产业发展能力的通知》中提出,要提升专业建设水平、条件装备水准和产业服务能力,大力培养高端技能型专门人才,建设中国特色、世界水准的高职。④强化升学功能和增加转学功能。2014年,《现代职业教育体系建设规划(2014—2020年)》提出,学习者可通过考试在普通学校和职业院校之间转学、升学,适度提高本科高等学校招收职业院校毕业生的比例。

综上,在高职已实现一定规模化、内涵式发展和面向特定职业的专业学位教育已实行10余年的政策条件和政策成果的背景下,在高职中设置学位制度,以规范高职人才培养规格,在课程、教学、专业等设置上与更高层次教育衔接,实现职业教育从初中教育、高中教育、专科教育、本科教育直至研究生教育的一贯式接续教育链条,同时也顺应我国高等教育领域普职分流的教育政策。

(二)高职学位制度构建的职业环境

高职学位制度作为连接职业教育与职业世界的纽带,职业环境是高职学位制度实施的重要因素。职业环境是职业系统内外部环境,泰勒认为,职业层级制和职业专门化是职业环境的关键考察因素[1]。安德鲁·阿伯特认为,职业环境是职业系统的环境,它包括职业系统的内部环境和职业系统外部的社会环境与文化环

---

[1]　李·泰勒.职业社会学[M].张逢沛,译.上海:复兴书局,1972:99.

境[1]。笔者认为,职业环境是由职业系统内部的等级关系和职业系统外部的社会形态构成。职业系统内部的等级关系是职业内个体的身份等级关系,职业系统的外部社会形态是职业与政府之间的关系,即职业组织与国家的关系。职业环境对高职学位制度兴起的影响通过两个方面起作用:第一,职业系统内部的等级关系变化对从业者的知识、技术和能力态度的影响;第二,职业群体组织形态与功能的变化将影响到职业教育文凭制度的变化。

1.职业系统内部等级划分的影响

19世纪以来,"科层制"在全球范围内被世界各国的社会组织所接纳,中国也不例外,并且与中国特色社会主义制度更为契合。当前,我国职业系统内部的等级制度仍然以"科层制"为主,岗位的任务、权力、能力要求、职业发展道路是由个体所处的职业层级和职业身份所决定的,奉行"下级服从上级"的组织、管理与分配原则。职权与职位紧密相连,与专业水平关系微弱。然而,随着知识与技能的专门化、专业化的发展,职业系统内部的等级关系慢慢开始褪色,出现了以"专业权威"为核心准则的职业等级关系。这种不同的职业等级关系表现出:工作任务的分配开始按"效率"而非"职业身份与地位",职业胜任评价以岗位技术与能力的专业化程度为尺度,职称晋级开始实行"评聘分离、非升即走"的淘汰制,职业生涯发展模式是"终身学习、自主自立"而非"终身职位"。那么,工作世界的分配制度、评价制度、晋级制度等将带给职业人更大的自主选择权,但同时也带来了更大的职业挑战。这必将影响到人们对学位文凭的投资热情,因为在不同职业等级划分标准的组织中学位文凭具有不同的功用。"科层制"激励人们依靠各种资源,不仅是教育资源,还有代际资本、社会人际关系等资源来获得"职业身份",学位文凭证书只能作为评估个体可能社会资本和可能文化资本的标志。而以"专业水平"建构起来的职业系统内部等级结构鼓励人们提高知识、技术和能力水平。此刻,学位文凭不仅是评估个体社会资本和文化资本的象征,更是执业资格和执业水平的权威证明。构建高职学位制度必将顺应与促进职业系统内部等级制度转向"专业权威"的职业身份、地位和晋级的重新定义,使整个职业系统内部各层级、各类别的交往与运行更加稳定和顺畅。

---

[1] 安德鲁·阿伯特.职业系统[M].李荣山,译.北京:商务印书馆,2016:174.

2.职业群体组织形态与功能的影响

职业群体组织的主要组织形态是行业协会。卡普洛认为,行业协会是职业专门化、专业化的标志,行业协会的最终目的是圈占某个职业群领域而发挥三大职能:①制定入会规则和资格,选拔符合条件者,惩治无证上岗者。②寻求法律保护、政治庇护和被社会广为认可的伦理规范,以维护协会在本行业中的垄断权威地位。③控制职称头衔,执行协会内部成员的等级分层[1]。由于现代职业人的培养主要通过学校教育,行业协会职能的发挥主要通过学校教育的媒介来实现。因此,职业院校在确立办学、管理和育人的目标、标准、运行机制等时受到了行业协会的影响。

行业协会通过教育信号筛选以控制高职毕业生的从业资格层次。文凭是教育筛选的权威符号,行业、企业在招聘高职毕业生时常用的筛选信号是:文凭筛选和院校筛选。文凭筛选是受法律认可的职业控制,院校筛选是文凭筛选发展到一定阶段而生成的职业控制潜规则。在国外,行业协会与职业文凭教育是紧密相连的,两者既有职责分工又有共同合作的事项,例如,英国律师行业协会自19世纪始就建立了行会与法律教育的联合培养体制[2]。因此,国外的职业教育文凭可以通过资历框架转换成职业资格证书,这一转换与衔接机制能够说明产业经济和行业发展对学校职业培养标准、方案和机制等的合作与认同。我国现代行业协会产生的基础是社会主义制度下的行业协会,与国外行会最大的区别是我国行业协会是政府权力占绝对主导地位的组织形式,直接目标是服务社会公有制的经济发展,而不是为了本行业、职业群的规范化、垄断化发展。改革开放后,我国行业协会有了较大的发展。然而,市场经济的到来,经济发展模式的转型必然引发行业协会组织建构的转型。不仅是实践领域,近几年学术界也开始讨论行业协会组织建构及其与政府的权力关系问题。有学者提出应该建立"半官办社团"性质的行业协会[3],如此既维护国家对社会组织的统筹、引导地位,又予以行业协会更大的组织自治权和职业管辖权。但是,目前,我国行业协会组织建构的实践探索或是理论研究都是围绕着行业协会与政府权力关系这一焦点进行的。两者关系模式的不同将给高职学位制度的设计、实施及其实施效果带来不同的结果。

---

[1]　安德鲁·阿伯特.职业系统[M].李荣山,译.北京:商务印书馆,2016:26.

[2]　韩慧.英国近代法律教育研究[M].济南:山东人民出版社,2014:97.

[3]　黄粹.我国半官办社团的制度变迁路径分析——以行业协会为例[J].求索,2009(9):53-55.

（三）高职学位制度构建的市场环境

高职学位能否对劳动力市场起作用是高职学位制度实施是否可行的决定性要素，分析劳动力市场结构形态及其未来需求趋势可知，当前是制定并实施高职学位制度的最好时机。以《中华人民共和国职业分类大典》中职业分类结果为母本，根据高职"技术技能人才"的培养目标，将 66 个职业按照脑力与体力劳动性质、产业与行业模块、知识与能力要求的标准，总结归纳出十大职业类型，如表 2-6 所示。

表 2-6 　2000—2010 年主要职业类别及其就业人数情况

编　号	主要职业组别	2000 年统计		2010 年统计		增减比例
		人数（人）	百分比（%）	人数（人）	百分比（%）	百分比（%）
1	国家机关、党群组织、企业、事业单位的负责人	1 115 723	1.7	1 268 641	1.8	13.7
2	专业技术人员	3 775 284	5.6	4 829 249	6.7	27.9
3	科学研究者	27 658	0.4	48 835	0.1	76.6
4	办事人员和有关人员	2 071 048	3.1	3 093 184	4.3	49.4
5	第一产业生产人员	42 965 795	64.2	34 362 848	48.0	−2.0
6	第一产业养护人员	141 946	0.2	202 591	0.3	42.7
7	服务业基础服务人员	6 136 967	9.2	11 572 490	16.2	88.6
8	工业生产制作与加工人员	4 020 839	6.0	5 889 827	8.3	46.5
9	机器操作、维修和同类工人	6 564 123	9.8	11 508 632	16.1	75.3
10	不易分类的其他职业（含宗教类）	55 506	0.1	82 417	0.1	48.5
	总计	66 874 889	100	71 547 989	100	7.0

数据参考：第五次人口普查的统计报告［EB/OL］.2001-05-15.http：//www.stats.gov.cn/tjsj/pcsj/rkpc/5rp/index.htm；第六次人口普查的统计报告［EB/OL］.2011-04-28.http：//www.stats.gov.cn/tjsj/pcsj/rkpc/6rp/indexch.htm。

由以上统计数据可知,从职业类型结构中各类别的增长速度来看,"科学研究者""服务业基础服务人员"和"机器操作、维修和同类工人"增幅最大,2010年它们占劳动力总额约为32.4%,比2000年增加了13个百分点。从三大产业结构来看,与农林牧渔业相关的生产与养护职业仍然是劳动力占比最大的职业类型,但十年内呈现出负增长;工业领域的一线技术技能人员(即第八类和第九类)在十年内就业人数增长了52%,其中机器操作、维修和同类工人增幅较大;服务产业从业总人数比任何其他产业的增长速度都快,占劳动力总量的16.2%,仅次于第一产业。从脑力劳动和体力劳动的结构来看,作为脑力劳动群体的中高层决策者、技术专家与科学研究者在就业总人口中的比例虽然较小,但正不断增加,这一类劳动力属于社会精英,下层职业形态与结构由他们引导、生产和决定,在上述职业分类结构中包括了"国家机关、党群组织、企业、事业单位、社会团体的负责人""专业技术人员"和"科学研究者"。体力劳动群体乃是从事社会运行所必需的产品和服务的基本操作、加工、维修、生产等职务从业者,他们占劳动力总量的近90%。根据2010年《中国劳动力统计年鉴》,除了"办事人员和有关人员"的主要学历构成是"大学专科"外,"第一产业生产人员、第一产业养护人员、服务业基础服务人员、工业生产制作与加工人员、机器操作、维修和同类工人"的受教育程度集中在中等教育阶段,这一从业人员受教育程度状况在2015年仍未改变。

综上分析得出,第一产业劳动力不断缩减,第二、三产业劳动力快速扩张。这与我国向城市化社会和工业社会转型有关。第一产业的劳动力转入第二、三产业,因此,国家需要把一大批入城农民或已无生产工具的第一产业劳动人口转变成工业、服务业的一线职业工作者。因此,再就业的职业教育是急需的,但是与以往不同的是,由于第二、第三产业需求的人才质量提升,产业工人的职业教育目标应从技术操作习得转换成持续性的能力养成,文凭功能应从学历证明走向终身教育通行证。另外,在职业层级最底层,那些从事社会运行必备产品和服务的基本操作、加工、维修、生产等职务的从业者,是支撑这个国家的社会稳定、经济发展和持续性人力资源的储备力量。当低层执行者与受过高层次教育的决策者和指挥者队伍同时扩大时,如果低层执行者的受教育水平过低,便无法配合和理解决策者和指挥者的意图。因此,支撑整个社会运行的职业底层从业者需要提高受教育程度,转变受教育方式,至少将他们的教育层次提高到专科和本科水平,并持续性改革高职的人才培养规格、教育层次、教育理念和认证等级,便于那些职业底层从业者能够在职业生涯中紧跟岗位与技术的前沿,实时更新自身的知识和技术,与决策者和指挥者同步,两者相互扶持、相互理解、共同进取。

第三章 高职的专业建设与学位点设置

高职学位点授权是建立在高职专业建设之上的再完善。由于高职各专业建设的质量良莠不齐,课程体系、师资队伍、校企合作规模、支持专业发展的软硬件设备等存在较大差异。故而,只有达到一定标准的高职专业建设才有资格获得高职学位点授权。高职学位点选择是在高职专业内涵与规训下的专业遴选,针对被遴选的高职专业进行以高职学位设置标准为常模参考值的高职专业评估。现行高职专业建设存在着专业开发和评估与产业、行业的联动共生性不足的问题,因此,在设置服务于区域产业和行业的高职学位点时,应该创新高职学位点设置的评估体系,一方面发挥制度规约的优势,助力于保持高职学位点设置与动态多变的产业和行业需求之间的稳定性,但同时也要适应市场经济的特点,满足产业和行业需求。

一、高职专业建设的审思

高职的专业设置与就业、产业是联动共生的,三者是一个复杂的系统工程。明确高职专业设置与产业、劳动力市场结构关系是分析我国高职专业目录及其设置机制变迁的逻辑主线,也是监测与反映当前此关系是否和谐的主要内容。

（一）产业、就业结构与专业设置的关系

进入 20 世纪,高等教育及其学位的科类设置依据不再仅仅限于学科门类、服务于知识探究,在高等教育大众化及其为社会服务职能的时代背景下,学位科类划分与产业、劳动力状况密不可分。学位科类、产业和劳动力三者既是牵一发而动全身的相互影响关系,又能构成三角稳定的平衡状态。一个国家的产业结构支配着劳动力的就业结构,而就业结构既显示着市场需求的劳动力结构,又反映着高等教育及其专业人才种类的供给状况。工业化社会,产业结构是影响学位科类结构的重要因素。

1.现代学位的科类结构与国家的经济与科技水平协同共进

高等教育及其学位的科类结构实质是知识分化与知识功能演进中一个国家经济与科技发展水平的具体体现。各科类的学位知识嫁接到人的身上,通过人脑与行为,转换成经济生产水平和科技成果。换句话说,现代学位的各科类教育具有经济功能和科技功能。19世纪,专业型学位的出现,自然与技术科学崛起,专业型学位的规模迅速赶超传统的学位类型,在美国兴起的实用主义思潮很快影响着全球高等教育的发展理念与方向。高等教育的工具理性主义以及文凭社会的到来,都说明了学位在全球化市场中的经济价值和科技贡献。21世纪,一种"地方眼光"取代了"民族国家"和"全球化"视野,高等教育服务"社区",助力地方经济和就业等民生稳定的功能被广泛接纳。因而,依据地方政治经济特征,培养地方特殊需求的职业实践型人才,力求将就业市场中的劳动力结构从体力劳动力转向知识密集型的体力和脑力结合的劳动者,这成为继应用型大学之后的社区学院或多科技学院或短期大学的职能。这些高等院校的毕业生被授予副学士学位或基础学位或准学士学位等,其科类设置以产业或行业为核心,学习相关的知识或科技运用、岗位基本技能和职业态度,在一定程度上这些高等院校成为受一国经济、产业和科技发展水平影响的人才品种和规格培养的主要平台。

2015年,我国GDP超过日本名列世界第二,2016年,教育投资经费提高到4%,可以看出,人力资本积累在国家经济决策中处于重要地位,同时也说明了人力资源种类和质量还有提高的空间,以服务我国三大产业转型至知识与技术密集型生产方式的变化。20世纪中叶以来,冷战结束,世界以"和平和发展"为主题,世界格局转向以科学技术为主要工具的综合国力的较量。中国科学研究和科学技术得到了快速发展。21世纪,我国科学研究人员与科学技术人员数量占从业人员数量的比例逐年上升,科技成果的贡献率也在不断地提高,高等教育及其学位的科类设置与经济和科技发展水平亦是协同共进的。

2.劳动力市场就业状况是学位科类结构调整的直接动力

产业结构信号是通过劳动力市场来传递高校毕业生的就业状况,以此作为各学位科类的类目设置和培养质量情况的反馈。高等教育和劳动力市场是两个各自独立又相互牵绊的系统,高等教育中各学位科类的结构是否合理、质量是否合格,终归要通过用人单位来考核,学位获得者的就业状况是学位科类结构调整的直接动力。"英国教育家阿什比勋爵指出,影响高等教育结构体系的因素不外乎三个方面:顾客的要求、人力的需要、资助人的影响"[1],劳动力市场的就业结构反映各产业、行业和职业的人力资源需求,劳动力市场中的各类型、各层次和各规格人才的就业空间与高等教育及其学位的供给之间有着现实的限制关系。

科技发达时代,职业世界的不断变化,同一岗位的技术操作标准不可能几十年不变,同一个人不可能一辈子在同一家公司从事同一个岗位工作,除非是个体经营户。传统的职业主义下教育模式,特别是职业教育模式已经不能适应新职业主义的诉求。从业的灵活性和职业的流动性加速了劳动力市场的竞争,通过职业教育与培训提高求职与升职的竞争力是职业型学位培养的主要目标。因此,现代社会,高等教育职业型学位的科类结构设置与调整,不仅要依据对以往各科类人力资源质量的监测与规模需求,而且要把工作重心转移到如何解决"授之以渔"的问题上来,要在广基础的学位门类大框架中,兼容更多职业岗位的专业类目,授职业人以获取那些能够终身受益的学习能力、职业态度、创新能力等,以应对变化中的职业流动。

3.产业结构转型是学位科类结构调整的直接信号

产业的人才需求是学位科类结构形成与调整的主要外部动力。某专业科类学位获得者在劳动力就业市场中凭借合法而有效的专业认证凭证,寻找对应的需求岗位,需求岗位是行业中的职业分化,而相似的职业群组成了各行业的、相似的行业群又形成了不同的产业。因此,产业的人才需求影响着对应学位科类的人才规模与规格。反之,有规划、有预测地设置学位科类结构能够促进产业结构升级转型。经过市场信号的传导,预测产业人才需求趋势,学位设置时可提前规划科类结构,使其与产业结构转向相一致,并调整人才培养周期以及时供应产业人力资源。故而,合理的学位科类结构应当充分反映产业结构当前和未来一定时间内的需求。但由于经济和科技发展的高速度和易变特征,产业结构信号经常出现偏差,高等院校专业设置及其相应的学位规划常常决策失误,如科类结构滞后于产业结构是最突出的问题。究其根源有三点:第一,产业结构变化的市场性与高校教育本身的稳

---

[1] 陈超.产业结构现代化与高教结构改革——发达国家的经验及对我们的启示[J].江苏高教,2001(4):19-22.

定性矛盾,是学位科类设置中信号失灵的根本原因。正如 Jone 所说:"劳动力市场和教育需求之间的联系是复杂的,在从一个市场转向另一个市场过程中信号不完善,容易滞后[1]。"第二,我国学位科类申报审批制度的行政化,科层式的行政权威管理机制明显,导致设计主体非专业人员、申报论证缺失时效性和审批过程缺失灵活性。第三,全球化时代,各国各区域以及各地区都在追寻与发展自身的独特性,依据本土的优势与特色,发展长处以增强竞争力。因此,就我国国家学位的性质来说,学位类型与层次结构应该由国家统一规划,学位科类结构应该根据本土的需求与特性,设计出不同的学位科类类目和各类目不同比重。

(二)高职专业设置的变化特点

我国高职的专业科类结构的发展分为三大阶段:第一阶段是清末民初开始设置面向实业的专业;第二阶段是 20 世纪 80 年代高等职业教育专业的大发展;第三阶段是 21 世纪以来,高职高专专业设置的系统化、规范化、制度化。

清末民初,实业教育是我国职业教育的前身,实业学堂为"振兴实业,实业救国",其中各专业小类设置主要集中在工业,严复提出"实业主于工冶制造之业而已……实业之利国,其大着如矿、路、舟车、冶、织、兵器,所共见者也"[2]。以高等工业学堂为例,其学科章程规定,设 13 个学科,各科课程结构分为普通课程和专业课程,专业课程一般设置 5~7 门。高等工业学堂授"学理和技术",为"振兴民族工业,实现器物精良和出口外销货品日增而培养独立经营工业事务、各局厂工师和各工业学堂的教学与管理人员"[3]。1912 年,《实业学校章程》设置实业学校与中学校和高等小学校等同的甲种实业学校和乙种实业学校,与实业学堂区分开来,实际上没有本质区别。甲种实业学校与现代高职接近,设有"农业、工业、商业、商船"等专业大类,认定"不以升学为目的,不予升学机会"[4]。1922 年,《大总统颁布施行之学校系统改革案》,将职业教育限定在中等教育层次,其专业大类规划分为:政

[1] 经济合作与发展组织.OECD 展望:高等教育至 2030(第一卷)[M].杨天平,王宪平,译.重庆:重庆大学出版社,2011:83.
[2] 陈元晖,等.中国近代教育史资料汇编:实业教育和师范教育[M].上海:上海教育出版社,2007:43-48.
[3] 陈元晖,等.中国近代教育史资料汇编:学制演变[M].上海:上海教育出版社,2007:468.
[4] 陈元晖,等.中国近代教育史资料汇编:实业教育和师范教育[M].上海:上海教育出版社,2007:255.

府统一划分——"农、工、商、师范和家事等科"[1]和地方根据实际需要酌情酌量而定。清末民初,实业教育的兴起与发展改变了中国科举制以来,入仕为荣和"一心只读圣贤书,两耳不闻窗外事"的治学入世的价值观,打破了传统"士、农、工、商"的阶级划分标准,提高了工业和商业的地位。1922年后,经济是资产阶级统治下社会发展的第一任务,实业学校专业科类有所扩展,重视工商业的发展,高级中学内设置职业科,培养直接服务于工商业经理事务的人力资源。实业教育,亦称职业教育,它的服务范围更全面更广泛,即服务于国民经济、社会稳定与进化、民众生计和教育事业。值得一提的是,此时职业院校的专业设置原则已重视地方特色,专业设置权力已下放至省级行政区。

20世纪80年代以来,由于社会经济对技术技能型人才的素质与技能层次的要求提高,国家从大力发展中等职业教育倾斜转向发展高职,迎来了职业教育大步迈向高等教育领域的春天。高职毕业生的"职业"指向是高职办学的第一目标,高职专业科类设置围绕着国家、地区的经济"效用最大化"进行。但是2004年以前,我国专科层次的高等院校没□□置统一的"专业目录",专业科类划分的地方针对性和自主能动性较强。□□□□□大学在研究全国48所职业大学的专业设置后表明,专业科类大致□□□□□□科类、工程机械类、管理类、服务类、财经类、涉外类、教育类和□□□□□□卫生类、政法类、外语类、其他"[2]。

21世纪以来,我国以□□□□规范高职专业科类设置问题,于2004年、2005年先后经历了两次调整。2004年,教育部颁布了《中国普通高等学校高职高等专科教育专业目录》(以下简称《目录》),自此高职高专的专业科类结构有了章程规范,促进在高速变化的职业规模、类型与结构需求中更贴近社会、市场和职业,同时更加合理地促进中等、高等专科和高等本科职业教育之间以及职业教育与普通教育之间的专业科类衔接。2004年《目录》由三大部分组成:第一部分按行业或职业群划分的专业大类;第二部分在各专业大类下按照学科理论与实务特色设二级专业类目;第三部分各高职院校根据自身的办学特色和优势,选择二级专业类目下的特殊专业方向。改革开放至2004年,我国产业结构发生了巨大的变化,城镇化与城市化进程催生了没有土地生产资料的农民工群体,第一产业劳动力及其需求减

---

[1]　陈元晖,等.中国近代教育史资料汇编:实业教育和师范教育[M].上海:上海教育出版社,2007:206.
[2]　陈英杰.中国高等教育发展史研究[M].郑州:中州古籍出版社,2007:72.

少,服务于城市管理的第三产业和服务于地区与国家经济发达的第二产业所需的劳动力增加,且第三产业增加速度快于第二产业(图 3-1)。从就业人员的分布结构上看,第一产业就业人口下降明显,第二、三产业就业人口逐渐上升,1994 年后,第三产业就业人口数超过了第二产业(图 3-2)。分析这 26 年来的产业结构和就业结构变化走势图,从专业科类从属三大产业的结构位置上看,《目录》加大了第二产业和第三产业的专业科类数量,第一产业仅设置"农林牧渔"一个相关专业大

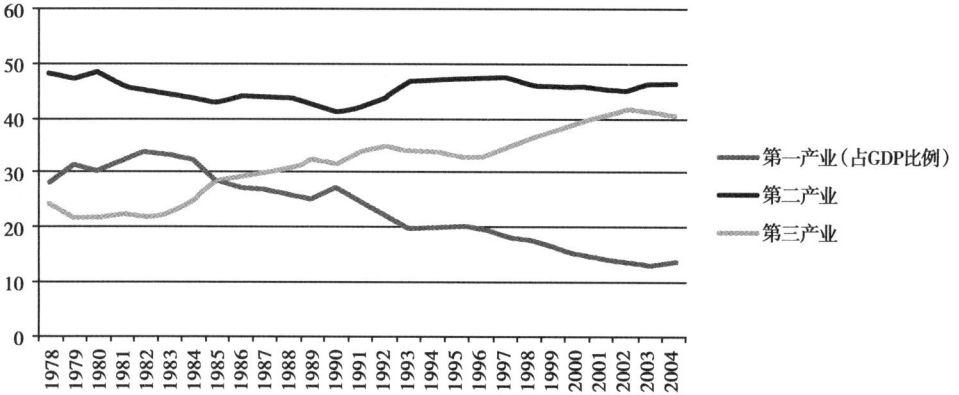

图 3-1　1978—2004 年各产业占 GDP 总值的比例走势图

数据来源:中华人民共和国国家统计局.中国统计年鉴[M].北京:中国统计出版社,2005:52.

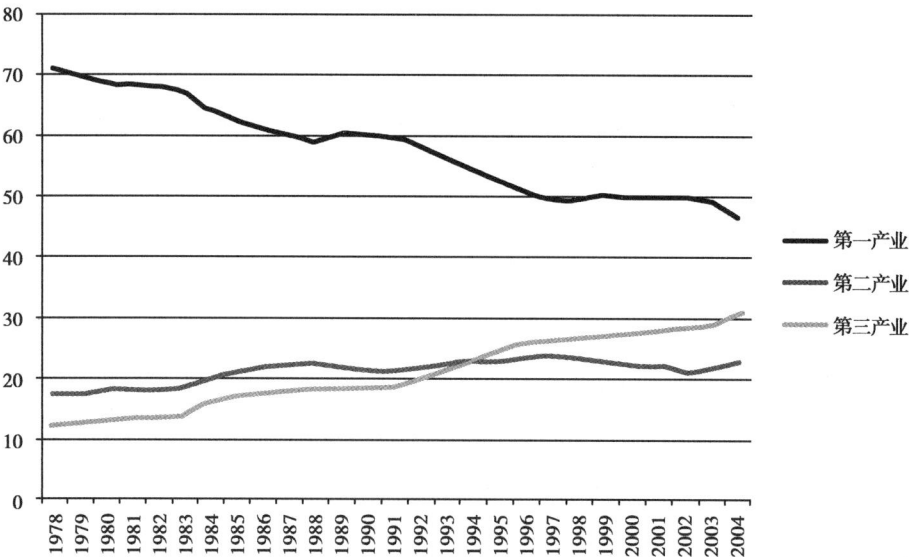

图 3-2　1978—2004 年各产业就业人员占总就业人数比重的走势图

数据来源:中华人民共和国国家统计局.中国统计年鉴[M].北京:中国统计出版社,2005:117-118.

类,第二产业相关专业大类占比 52.6%,第三产业相关专业大类占比 26.3%。此次《目录》设置的特点是:它奠定了高职专业与产业实践紧密相连的基调,并且根据特定时期和地区下产业的发展特征配置相应专业的种类规模。

2015 年,教育部印发《普通高等学校高等职业教育(专科)专业设置管理办法》和《普通高等学校高等职业教育(专科)专业目录(2015 年)》,进一步调整了二、三级专业类目与科学化专业设置管理规范。其修订过程参考了《国民经济行业分类(2011)》《三次产业划分规定(2012)》《中华人民共和国职业分类大典(2015 版)》《中等职业学校专业目录(2010 年修订)》和《普通高等学校本科专业目录(2012年)》,这是 2004 年《目录》没能达到的完整度和匹配度,它使我国专业设置与管理走向了更加符合中国特色社会主义国家高等教育国情和国际标准的道路。在 19种专业大类不变的情况下,根据产业结构和社会治理需求,对某些专业大类进行合并或拆分重组,如:原"公安"和"法律"合并重组为一个大类——公安与司法;将原"文化教育大类和艺术设计传媒"大类拆分为文化艺术、新闻传播、教育与体育三大类。而二级专业类目增加了 21 种,三级专业类目减少了 63.9%。从专业大类的产业归属上看,第一、二产业与 2004 年《目录》相同,占比没有变化,第三产业占比增到了 10.2%。从 2004—2015 年的产业结构和就业结构变化上看(图 3-3 和图 3-4),第一产业已退居二线,保持 10%的生产总值,2012 年后,第三产业的总产值大于第二产业成为 GDP 的主要贡献者;而就业结构上,第三产业的人才需求量快速增长,第一产业的人才需求量极速下降,第二产业稳步增长。

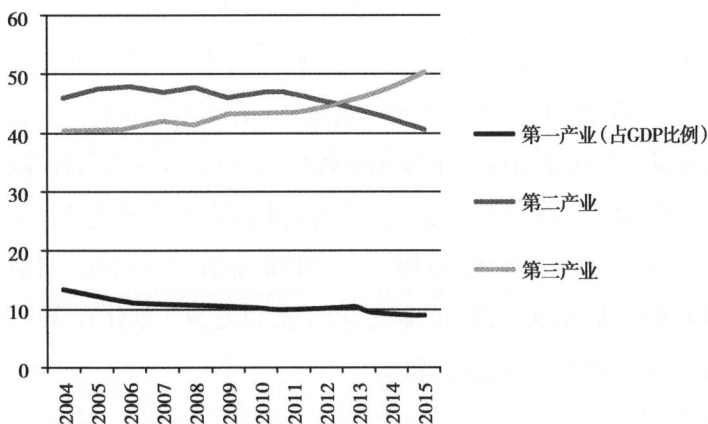

图 3-3　2004—2015 各产业占 GDP 总值比例

数据来源:中华人民共和国国家统计局.中国统计年鉴[M].北京:中国统计出版社,2016:60.

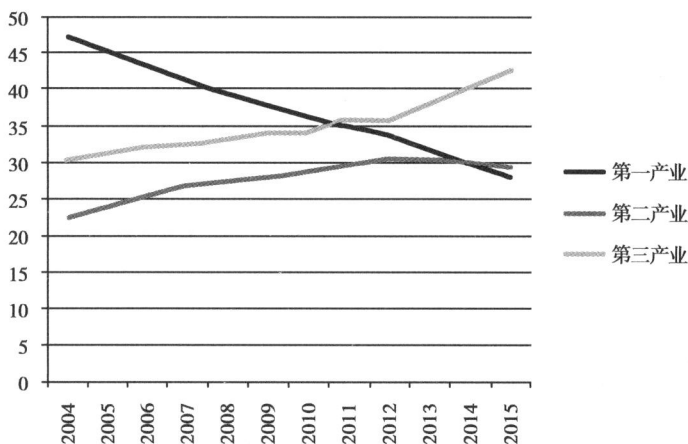

图 3-4　2004—2015 各产业就业人数占总就业人口的比例

数据来源:国家统计局人口和就业统计司.中国人口与就业统计年鉴[M].

北京:中国统计出版社,2016:20、23-25.

　　总体上看,我国高职专业科类设置越来越趋向于市场化、产业化和职业化,2015 年《目录》改进了 2004 年《目录》关于二、三级专业类目的编排——"二、三级专业类目中大都能在本科目录的二、三级专业名称中找到相同或相近的专业"[1],此次修订不仅参考了中等职业教育和本科教育专业发展规律,而且结合了我国现行的行业和职业分类框架,三级专业科类结构层次分明,宽窄兼存。另外,我国高职高专的专业科类设置的管理趋于民主、灵活与合法化。2004 年《普通高等学校高职高专教育专业设置管理原则意见》虽然规定了我国高职专业设置的管理主体是各省级教育行政部门,但专业审批、更新和撤销的原则、标准与程序等规定过于简单笼统。2015 年《普通高等学校高等职业教育(专科)专业设置管理办法》从专业目录的架构、专业设置的条件与程序以及监督工作等方面进行了修订。另外,新的专业科类设置更加注重高职与中等职业教育、应用型本科不同教育层次类型的专业衔接。但是,我国高职高专专业科类设置的制度化和合理化建设刚刚起步,还存在很多不足,特别是在专业设置过程中处理"职业性与学科性"问题,在专业评估过程中对专业更新、增加与撤销的制度化问题,以及为了更好对接中等与本科层次的教育而在专业接续上存在的问题。

---

[1]　中华人民共和国教育部高等教育司.普通高等学校高职高专教育指导性专业目录(建议方案)[M].北京:高等教育出版社,2004:4.

（三）高职专业设置的问题分析

高职高专专业设置的制度化是高职办学与管理的必然之举。2004年,高职高专首个专业设置管理办法出台,开始走向政策性、法规性的制度合法化,后于2015年经教育部修订更名为《普通高等学校高等职业教育(专科)专业设置管理办法》。专业科类设置的制度化建设从"专业科类的开发""框架架构形成"到"科类调整与撤销"形成完整的过程体系,即整个过程涉及"专业审批制度、专业目录形成、专业更新与撤销制度以及专业评估制度"。从构建现代职业教育体系的视角看,虽然高职高专的专业科类与行业、产业和职业结构联系更为密切,各层次职业教育之专业科类接续问题已受到重视,部分得到解决,但是还有一些根本性的制度逻辑没有得到澄清和认识,机制问题没有得到完善。

1.专业开发与审批制度问题

众所周知,高职院校新专业的开发必然是因应产业与行业的需求变化,但是由于教育与市场之间信息交流的不完全、不对称,导致高职院校对市场需求与变更的预测不准,容易造成其专业的更新与调整滞后。特别是针对新兴的职业岗位,企业苦于招不到受过正规教育的、具有对口专门技术技能的人员,而高职院校无法对劳动力市场需求作出回应。曾就"如何处理专业设置与市场需求的互动平衡"的相关问题访谈厦门市一所高职院校张副校长。

问:贵校在新专业开发过程中经常遇到什么困难?

张校长答道:这是个深层次的问题,不是一句两句能够说清楚的。就拿高新技术产业来说吧,机器人制造行业需要大批的技术技能人才,我们学校也很想开发相关专业,但是无法进行。最大的问题不是没有资金和政府支持,而是师资问题,而深层次问题是用人制度的问题。一方面,高层次的专业学位研究生教育无法及时提供这个行业领域的专业教师,即使马上培养也需要2~4年的时间,2~4年后这个行业又发生了翻天覆地的变化了,况且学校学习也只能学到皮毛。另一方面,这个行业的技术大师、行家都是企业职工,如果从企业挖人,企业是不肯轻易放人的。所以,造成了懂行的人不会教书,教书的人不懂行。

问:您能否进一步解释高校的用人制度对新专业开发的阻碍?

张校长答道:高校的用人制度是不可能让你随随便便就聘任一位企业的技术

工人的,即使这是一位有一定技术职称的工人。按照高职高专教师的招聘规格,教师至少要有本专业的硕士学位,有些特殊专业还要求有几年对口岗位的工作经验。显而易见,新兴行业的职工是无法达到学历学位这一基本招聘条件的。还有更多用人制度深层次的问题。

师资的缺位导致了新专业开发时,在设计教学大纲、组织建设课程体系、编写教材等一系列事务上无法达到专业设置的标准而不能通过专业审批。又由于人事制度和教育体制的钳制,对于高职院校来说,开发新专业是一件力不从心的事情。

另外,地区内教育规划与经济规划两者之间缺乏合作共商,各自决策较为封闭的问题也阻碍了"新专业的开发"。张校长还谈道:"地区在布局整个产业结构时,对于'如何让教育与经济相配合、相支撑'的问题,作出的不是综合性考虑,而都是单一的。即产业考虑产业、教育考虑教育。"这一现象实质是高职院校专业开发与审批制度的核心问题所在:产教无法对接,"市场、作为审批主体的省级(直辖市、自治区)政府和作为专业开发主体的高职院校"三大主体在专业开发与审批过程中的权力分配不合理。目前,我国高等院校的专业审批实行"中央统一管理、分级审批"的体制,根据2015年《普通高等学校高等职业教育(专科)专业设置管理办法》,各省级(直辖市、自治区)教育行政部门对专业设置的审批内容主要为对"新增或变更专业科类的办学条件与规模、课程组织与师资队伍等"进行审核,由高职院校提交论证申报书继而由省级(直辖市、自治区)教育行政部门审核,审核通过者批准进行该专业科类的办学。专业审批权下放至省级(直辖市、自治区)教育行政部门解决了专业审批的外部纵向管理体制的主要问题,有利于实现"从严审批、公正审核、公平竞争"。省级(直辖市、自治区)教育行政部门不再因为从上级主管部门获得的指标有限而限制了地区高职专业结构平衡发展和分配公平问题。然而,从横向管理三大审批主体上看,政府管辖权力过宽过大,市场审批主体明显缺失,高职院校主体在专业设置申请时往往为应付规定标准而不断地在"准备资料""制造资料"的迷途中,疏于区域内市场需求调查。第一,政府主导的专业开发与审批模式下,确实能够高效而准确地为关系国计民生、富国强兵的产业、行业和职业提供急需人才。这种模式在计划经济时期为我国社会经济飞速发展作出了巨大贡献,但在市场经济体制下却极大地限制了企业发展的积极性和优厚条件,专业"顶层设计"大于"市场自觉",在市场需求与专业人才供给的平衡上没有充分发挥政府的中间协调作用。第二,市场审批主体的缺失。市场是高职专业设置、调整与撤销的航向标,市场审批主体的缺失意味着高职办学失去了意义,高职专业设置失去有效性。同时,市场审批主体的缺失对构建完整的专业教学体系也产生了影响。没有结合市场实际的职业知识是不符合高职专业教学宗旨的,是对校企合作的教学大纲、实训实习场所的不重视。第三,高职院校主体在专业开发上的自主权有限,需要更多的政策与制度来解放与改革其师资聘任和专业审批的主体地位。在师资队伍建设上,应该增大"兼职教师"在教师队伍中的比例,培训"企业技术工人"的教学技术,放宽教师招聘条件,鼓励"企业技术工人"以"兼职教师"的身份进入高职院校传授技术技能,灵活教师聘任方式,改善教师待遇。在专业审批主体地位上,高职院校因其自评者和申报者身份而在专业审批中的决策权力和参与力度微弱。高职院校组织为了争取更大的生源、财政拨款、地区声望,可能会以较小的成本来扩大原有专业的规模、加强原有专业的质量监管等而取得更大的投入收益。

2.专业评估制度问题

高职专业评估制度不仅是教育质量的内部评估,更是专业价值的外部评价,它是地区高职与经济协同发展、协作共赢的机制。我国尚未形成一套专门化的、完整的高职专业评估制度。对于高职各专业的教育质量评估主要来自高职院校所在地的教育主管部门实施的三种方式:一是根据教育部颁布的《高职高专院校人才培养工作水平评估方案(试行)》进行人才培养工作评估;二是各省(直辖市、自治区)按照《教育部关于深化职业教育教学改革　全面提高人才培养质量的若干意见》指示制订适合本地区的"教学质量评估方案",间接性地实施专业评估;三是部分省(自治区、直辖市)自行探索专业评估模式。那么,高职没有一套全国性、专门性的专业评估制度是否可行? 有的学者认为,由于高职专业的服务对象的多变性和地域性,不应该用一个统一的评估标准与框架进行评估,应该根据各专业及其对应的行业和职业的特性和区域性,给予高职院校专业设置与调整的自主权。另外有部分学者认为,统一的专业评估制度能够规范专科层次高职的专业设置,保障最低教育质量标准,更准确地与同职业领域的本、硕、博专业教育衔接。本研究认为,虽然高职"人才培养工作评估"与"教学质量评估"对各专业设置的合理性和培养质量具有一定的评价与保障作用,但是二者不能与专业评估画等号,专业评估制度不仅是对高职院校内部人才培养工作效率与质量的评估,更是对高职院校内部教育种类设置、调整与外部职业世界的联结状况的考核。高职院校专业评估的"外部指向性""职业指向性"极强,其评价指标和各指标权重应该放在与其匹配的行业、职业和企业的适切性和吻合性评价上,以此为载体和前提,评估人才培养质量。我国高职专业的管理模式是由政府占据绝对主导权,行业、企业参与度不足[1]。强外部指向的高职专业设置在市场经济的社会背景下要求有更灵活和自由的竞争环境以跟上社会发展步伐。政府主导的计划经济时期高职为社会提供了紧缺人才,然而如今市场发挥着越来越重要的作用,行业、企业在教育质量评价中的话语权提升,过度依靠政府强制性权威以干预市场需求并非明智之举。高职专业设置急需一个全国性的或者区域性的、非政府的专业咨询与指导机构,连接产业、行业和企业,促进高职院校在决策专业设置与调整时能够获得更加对称和准确的市场信息,统筹规划专业布局,合理分配教育资源,以最小的成本和最高的效率服务地区经济。另外,我国评价高职专业的核心指标是"就业率",这表现出静态而单一的评价指标的局限性,不能动态反映学生在专业学习年限内的表现情况和职业能力实际水平。美国工程协会(ABET)的鉴定准则不仅将就业率纳入专业鉴定与评估的指标中,而且增加了"对学生业绩的评价占有较大比重,要求学校提供学生设计作业、国家考试通过率、学生学业进步情况、毕业生的专业成就、事业成就以及雇主对毕业生的评价等"要求[2]。因此,专业评估制度的完善应该形成协调行业协会、专业协会、地方教育主管部门、企业等多方主体参与高职专业设置的权力关系格局,同时间接性地促进我国教育咨询行业的形成与发展。

二、高职学位点设置的专业建设标准

高职学位点设置标准是高于高职专业建设指标的标准,在已达到高职专业设置标准的专业中,选拔那些达到学位点授权标准的高职专业设置高职学位点。樊平定认为,专业的确立决定于是否符合国家意志和政府决策层面,体现的是国家对主流知识传播、运用和生产的价值判断、类型层次划分和范围划定[3]。当一种专

---

[1] 王珑.高职教育专业评估指标体系构建与创新研究——基于高职人才培养规格新界定的视角[J].职教论坛,2013(33):9-12.

[2] 倪小敏.专业评估:社会维度的质量保障[J].江苏高教,2004(4):29-31+77.

[3] 樊平军.专业设置:一种官方知识的控制[J].中国高教研究,2010(7):40-44.

业获得学位符号建制时,就意味着它从社会边缘走向中心成为服务于人类进步的有力工具。

（一）高职学位点设置的专业类别遴选标准

1.高职专业的概念

1952 年我国从苏联将"专业"一词引入高等教育体系,当时对"专业"的认识是:"一行专门职业或专长,培养高级专门人才的目标"[1]。高等教育走入大众化时期之后,人才培养与市场联系更加紧密,高校在专业、课程设置上不得不重新审视与定位"专业"内涵。潘懋元认为高校中的专业是"课程计划,或称课程的组织形式"[2];在《现代汉语词典》中,专业是"按照科学分工和生产分工的学业门类"[3];国际公认的《国家教育标准分类》中,"专业"相当于"课程计划"。持"专业是课程计划"的观点者是站在纯粹教育教学的角度,对高等教育机构中教育教学的最小单位——专业做出的界定。持专业是学业门类的观点者是立足于人类社会的宏观视野,就高等教育服务社会的功能而言,专业是为科学和生产领域提供人才的教育活动。

不管专业是课程计划还是学业门类,两种观点都提到了专业是有关知识的组织形式。首先,专业是知识分类的体现。欧洲最早没有"专业"的概念,只有最高知识和附属知识的区别。直至 13 世纪,学院纷争,知识分类盛行,开始出现学科的雏形,大学中不同学院教学文本上的差异是知识分类最为显著的标志。19 世纪,知识进一步分化,自然科学和社会科学从哲学中分化出来,且人们发现自然科学和社会科学可以提高人类的物质生活,故而知识分化深入人心。知识细化后呈现出来的知识门类逐渐成为各类学者的学术志业,而学科制度则将各门类知识及学者制度化、规范化、合法化,使各知识类别泾渭分明。其次,专业是知识及其知识活动系统化、组织化。专业将松散的知识及其知识活动以某种架构系统化地组织起来形成被国家、社会大众和科学知识领域认可的制度。其包含知识结构、方法与工具、思维范式等内容。而专业之于高等院校的人才培养是按照一定的目标和理念,

[1]　周建松.高等职业教育专业建设理论与探索[M].杭州:浙江大学出版社,2010:1.
[2]　潘懋元,王伟廉.高等教育学[M].福州:福建教育出版社,1995:126.
[3]　中国社会科学院语言研究所词典编辑室.现代汉语词典[Z].北京:商务印书馆,1992:1518.

以院系为载体,以教研室为单位,有计划地组织知识传播、知识保存与知识生产活动。在学校教育常常以课程的形式被呈现出来。最后,专业是某一科学和生产领域的权力。专业权力实质是建立在科学领域成熟知识组织和生产领域成熟行业组织之上的排他性认知与实践的权威。就科学领域而言,专业权力是基于学科的特权,自19世纪科学学会的出现直至20世纪各学术群落成熟,"研究大学使学科内从事研究的成员得到他们的学术世界里认知排他性,他们控制了培训将来的学术执业者以及接纳他们入行的机制……以一定程度的权威标准,组成研究社群"[1]。

综上,高职的专业,是社会分工下的知识按照社会生产实践需求而分化的结果,它以知识分化后在其对应生产领域中的实践活动与实践规范为内容,并将这些内容以"专业"的形式组织起来。

2.高职专业内涵下的高职学位专业类别遴选

来自社会学家布朗德士经典的"专业"定义是:"专业是一个正式的职业",然而他认为只有那些需要高深科学知识和精英技能支撑的职业才是正式的职业,才是一种专业。众所周知,高职中的专业是具有鲜明职业指向的专业,那么这种教育层次指向的专业是否是一种正式的职业?笔者认为,高职学位点指向三类型高职专业:第一类,已经专业化了的职业,也就是布朗德士的"专业"概念。根据其他学者对布朗德士"专业"概念的进一步诠释,帕尔默认为专业工作与普通职业之间的区别在于:"一个人完成工作时心中对报酬的不同态度,一个工作要成为一种专业,必须拥有三个条件:'自由、效率和尊严,不包括金钱'"[2]。国外学者弗莱克斯纳[3]和国内学者赵康[4]都提出了达到"专业"水准的六大职业标准,其中他们都提到了四点:"服务的动机与意识、服务自治专业组织、学问性和实践性的专门知识、经正规教育与培训途径达到专业水平"。我国专业学位教育中的40种专业科类是布朗德士所定义的"专业",属于已经专业化了的职业,应该成为高职学位教

[1] 伊曼纽·华勒斯坦,等.学科·知识·权力[M].刘健芝,等,译.北京:生活·读书·新知三联书店,1999:20-21.
[2] Palmer,George Herbert.Trade and Profession. Boston:New York;Chicago:Honghton Mifflin Company,1914:27,14,9-11.
[3] 王昕红.美国工程教育专业认证研究[M].西安:西安交通大学出版社,2011:21.
[4] 赵康.专业、专业属性及判断成熟专业的六条标准——一个社会学角度的分析[J].社会学研究,2000(5):30-39.

育的专业科类,作为"正式职业"培养初级技术和知识层次人才。第二类,高职所培养的"一线劳动者"不都是半专业人员。社会上存在着许多未专业化的职业岗位,在这些职业岗位中,哪些能够进入高职学位的专业科类体系而哪些不能纳入这一体系呢? 笔者认为,应该逐步将那些应用技术特征明显的、有望实现职业化的行业作为高职学位专业科类开设的重点对象,如智能制造业。第三类,那些技术和知识含量低、易于学习、且特别重视实践过程中的应变能力的职业岗位,没有必要纳入高职学位专业之中,这类岗位的教育与培训采用"学徒制"将比学位教育更为高效,如市场营销等岗位。这是在高职教学一线的工作者中已达成共识的观点。根据访谈中的几位系主任反映:"现在高职院校中有一些专业其实是不必用这么长的学制来学习的,企业认为这些人员经过短期培训和实践就能用,这些岗位在服务业中居多,如房地产销售"。

值得注意的是,那些技术指向性较弱的工作岗位,如文秘、语言类专业,是否应该作为高职学位的专业科类,在访谈中形成了不同的意见,有的访谈者认为高职学位的专业科类不应该设置此类专业:"这些专业既然已经在高职高专专业目录中出现,那么说明这些专业是具有一定的市场需求和技术含量的,例如语言是人类的基本技能。但是这种专业的升学去向是偏向于传统大学的学科专业的,高职学位就应该专注于技术性、应用性的教育、专业设置和课程体系"。有的访谈者则认为"可以在高职学位的专业科类中设置此类专业,但是应该学习美国,将高职学位再分类,分为职业技术类的专科层次学位和学术型的专科层次学位"。笔者认为,这些专业类型是否进入高职学位教育关键还是以"高职学位"的本质内涵来考量,而不是由其技术含量和升学去向来决策。

(二)高职学位点设置的课程建设标准

高职学位点的课程建设实质是对岗位技能和活动规范所涉及的知识、教法、技术设备、教材、师资在正规教育和学位文凭中的系统化。高职学位的专业开发是基于特定时期与特定地域的职业需求和职业规范,职业需求是专业项目开发的决定性因素,而职业规范是各专业项目主体建设的核心内容,也是高职学位点培养的目的。职业规范是长期职业活动过程中形成的知识、技术、技巧及其活动规则,这些内容不像科学知识与科学研究方法那样已经被学科制度合法化和制度化。它是约定俗成的,具有时效性,同时也具有排他性的专业特征。高职学位点课程建设不仅导向具体工作过程那些零散的知识、技能和态度以某种合理的范式组织起来,还要站在个体职业可持续发展的高度,为其将来职业生涯进路做准备。

1.课程结构的标准

高职学位点设置下的高职课程结构建设与优化应着手两方面问题:一是增加公共基础课程的通识教育功能;二是削弱专业理论课程与实践课程的二元分化。高职院校的公共基础课程由通识课程、读写说基本课程和体育课程组成。中国大陆高职院校公共基础课程没有通识课程,把重心放在读写说基本课程上。通识教育课程是创新人才培养的基石,也具有教育公民文化素养的功能。人文领域、自然科学领域与社会科学领域的文化有很大的差异,但是三个领域是无界限地融合进入社会活动之中,不管所从事的职业隶属哪个领域,人的生活与发展都离不开另两个领域。因此,专业性、职业性与人文性是学位课程结构设计与开发的主要标准。高职学位点的课程结构中,通识课程占总课程数的30%~40%。

2.注重学生对真实职业世界的经验教学

我国职业教育创建之初,就奠定了"大职业教育主义"的理念基础,黄炎培主张职业教育应"手脑并用""做学合一""理论与实践并行""知识与技能并重"。因此,高职学位点的课程教学顺序应该是基于"务实"的技术人才培养的高职实践课程与理论课程穿插进行,甚至先于理论课程实施,即先形成具体印象再对具体事务进行抽象解释。而课程教学方式应该是先以学徒制的方式在岗位实践中不断试错、提出疑问、形成兴趣,再进行理论课程。另外,在教学活动的设计方面,应以观察、模仿、实作活动为主,实务专题讨论与互动的教学方法是促进经验与思维整合的"助产婆"式的教学活动。

(三)高职学位点设置的师资队伍建设标准

师资队伍建设决定高职专业教育教学质量水平,2016年,《教育部、财政部关于实施职业院校教师素质提高计划(2017—2020年)的意见》指出要进一步加强职业院校"双师型"教师队伍建设。高职学位点的师资标准包括教师队伍的年龄、职称、性别等结构标准,但更重要的是,教师个体专业素质及其所形成的整个群体的质量。在"双师型"教师队伍建设的政策导向下,讨论高职学位点师资队伍建设标准,就是探讨在教师聘用和岗位培训时,选拔和培养教师"专业教学能力"和"职业实践能力"的标准。

1.选拔与培养全职教师的标准

专任教师是支撑高职专业培养运行的主力军,专任教师的选拔和队伍建设关系到高职学位点培养质量和学位点存续的根本问题。首先,专任教师的专业教学能力。对于一个教授职业场域实践性极强的专业领域教师,他首先是一名教师,而后才是一名职业实践领域的专业人才。从高职的培养目标而言,聘用应用型教育序列毕业的高层次人才最为理想。然这类人才虽实践动手能力强、应用科学素养深厚,但教学教育技术相对薄弱。因此,高职学位点教师队伍的标准,首先,专任教师应该是接受过师范培训、具有一定师范理论知识和教学实战经历的人。因此,高职院校可以采用老教师帮带新教师,在教学岗位上进行定期的教学技术与技巧学习,以弥补专业领域应用型人才教学能力不足的缺陷。德国对高等专科学院专任教师的从业资格要求非常严格,选拔由高等职业技术师范学院毕业的学生,并且经过两次国家组织的职业技术教师资格考试和两年的教师实习学院教学见习,才能获得任教资格。其次,全职教师的专业知识、技术与能力的标准,应该从两个维度来规范:一是具有专业领域相关的雄厚的科学知识与技术以及行业或职业前沿的工作能力。这一能力的量化存在两个主要指标,即毕业院校和学位层次。专任教师80%~90%来自应用型教育序列的毕业生,学位层次一般在硕士层次以上,紧缺专业应该放宽学历学位要求,从工作经验或技术等级或职称体系上作为选拔教师的条件。二是不定期的对应职业岗位的学习与培训。在知识快速变迁和科技迅猛发展的时代下,各职业岗位的知识增长和更新、技术淘汰和更替、工作方式方法的日新月异等都要求学校职业教育教师要紧跟行业、企业和职业的前沿变化与需求。因此,高职学位点的教师必须有到企业学习本专业的前沿问题的义务和规划。

2.选拔与培养兼职教师的标准

从规模上,当前高职院校的兼职教师数量严重不足,但兼职教师在高职专业培养中又发挥着重要的作用。对于新兴行业和新建立的职业,由于受过学校严格训练的师资还需要一定的培养时间,这时来自岗位一线的兼职教师就起到了补充作用。当前,高职院校由于有关兼职教师的人事制度不完善,因此,高职学位点的师资队伍结构应该规定一定比例的兼职教师数。德国高职专业的师资由专职教师和企业的工程技术人员共同组织,兼职教师数要比专职教师多,例如:柏林应用科学技术大学,专职教师 300 人,兼职教师 600 人[1]。

(四)高职学位点设立的校企合作建设标准

校企合作是高职必须坚持的培养模式。现行的校企合作模式较多,例如校企合作集团化办学、校企共同开发课程、校企共建实训基地、校企合作人才"订单式"培养等。高职专业的校企合作是基于学校教育与产业、企业融合理念,就校企合作机制的建设问题,主要涉及合作交流模式、合作管理办法和共建项目。高职学位点的校企合作建设标准是从政府的层次对学校与企业的合作关系与合作运行制定一般化的管理标准。

1.合作交流模式

以高职院校的视角,第一,选择合作企业的标准是:①关于企业的生产与运营规模的选择,加强与中小企业的合作。当然区域性的龙头企业是不可不合作的对象,它们往往是学生学习先进与前沿的职业技术、学校和教师评估用人标准而改变培养标准的企业。②具有一定数量的专业技术岗位等级为中高级以上的技师和专家,或者有一定数量 20 年以上岗位工作经验的师傅。师傅与学生数的比例不超过 1∶20。③能够为高职院校内的全职教师提供企业实习锻炼。例如学习专业对口岗位新的生产组织方式、操作规范、工艺流程、技能要求。④允许高职院校将企业作为教学资源和教学研究对象的企业。第二,合作交流方式的选择,以契约的方式建立互利、共赢的权责关系,高职院校允许达到一定职业资格等级和专业技术岗位等级的企业员工攻读高职学位。另外,还可通过信息技术手段建立信息公开的校企合作工作与项目的共享平台,依托平台开展合作活动。

2.合作管理办法

宏观上,政府与校企是同盟关系。政府是校企同盟体的统筹管理者,其职责是保障校企合作事务顺利进行,在校企合作冲突时起调节员的作用。微观上,专业院系与企业的权责关系。在校企合作的契约中明确规定,所签订的院系与企业两者

---

[1]　吕景泉.高等职业教育专业建设实践研究[D].天津:天津大学,2014:28.

在教学、培养、资源等方面的权力界限。例如关于企业职工作为教师身份到校任职的人事聘任制度、企业职工作为学生身份到校攻读学位的招生选拔制度、校企对口人才培养的企业参与课程与教学设计工作的机制等。

3.共建项目

以项目为载体实现校企合作共建更多元、更灵活的模式。第一,实践教学基地的共建。实践基地分为企业中的岗位实训和校内的实训基地。高职学位点与企业应该是高效动态型的实践教学基地共建关系。高职学位点人才培养的实训基地建设标准是模拟建成具有实际岗位操作场景和职业文化氛围的、可以进行生产性训练场所。第二,校企共建项目的所有项目结构上,应该围绕着本行业在该区域的发展定位和目标而定。高职学位点中的校企共建项目,应该衔接应用型大学的校企共建项目。

三、高职学位点设置的评估体系

通过评估高职院校各院系教育教学质量,认定已经达到高职学位点建设水平的专业可以授予其毕业生高职学位。高职学位点评估的宗旨表现在:宏观层面,高职学位点评估是为了实现高职学位教育产出与其所对应的职业世界要求的适切性;中观层面,高职学位点评估是为了基础性应用型人才与高层次应用型人才的接续培养与学习的无缝衔接;微观层面,高职学位点评估是为了保障高职学位点教育质量水平。评估体系作为一种有效程序,不仅对高职院校的高职学位点进行定期审查和修订,其评价结果及其他相关信息也可作为反馈意见推进学位点持续改进与发展,还能对院系的专业建设是否达标进行评估,以作为高职学位点授权的依据。

(一)高职学位点设置的评估主体

高职学位点评估主体离不开政府、市场和高职院校。依据当下我国学位点评估的管理现状,政府在学位管理体制中占据主导地位,并习惯性地过度干涉市场规则和高职院校意愿,以国家意志的强制性力量影响学位点结构布局。高职学位点评估,应该增大行业、企业在学位点设置的评审与咨询的作用,以"同行"为评议主体。这里的"同行"是行业协会、专业协会和职业群落中的专家们,主要由"该专业科类相关的行业协会专家和少部分相应学科专业学会的学者"组成,他们以个体身份组成独立于政府和院校的评估专家库,对专业立项与认证、考核与评估、调整与撤销提供专业化的咨询意见与评估证据。

据此,建立学位点咨询与评估委员会是十分必要的。专业设置委员会是高职院校内专门执行专业科类申报、监测和评估工作的直接管理机构,它是连接政府主管部门、市场需求和学校教育实践的有限责任机构。从科类培养目标与科类对应的专业化发展目标来看,高职学位的科类设置不仅要根据产业、行业与就业现状对接,而且要与不同层级和类型的学位培养对接。学位点咨询与评估委员会由相关利益主体组成,主要来源于高职院校和市场,包括高职院校的教学与管理工作者、行业行会或企业和相关学科的科研人员。就学位点咨询与评估委员会外部关系而言,学位点咨询与评估委员会是非高职院校职能部门亦非政府部门的独立性公益组织。

以美国社区学院为例,职业型副学士学位(ASS)的专业科类及其课程的设置管理采用分权而治的模式,州一级政府的学术事务部门拥有鉴定与审核的权力,而具体的专业培养与课程设置等、各学位层次的专业衔接问题和人才质量培养问题由各专业的"专业顾问委员会"研究解决,"专业顾问委员会"由社区学院发起组织,但又独立于社区学院的管理,"专业顾问委员会"由当地专业相关行业的专家、工程师、技术人员、管理人员以及政府相关职能部门的行政人员组成,其职能包括为专业科类教学提供本行业的最新动态及其发展趋势、更新专业或课程的培养方案、探讨专业教学中出现的问题等。由美国社区学院"专业顾问委员会"的组织成员构成及其职能可知,市场在专业科类和课程设置过程中占据主导性地位,政府对新专业的准入仅发挥着甄别和审核专业可行性和市场适应性问题的作用。

(二)高职学位点设置的评估方式与内容

最常见的学位点评估方式是"清单式量化评估",即根据规范化、标准化的评估项目,将被评估的学位点与常模标准一一比对评价,例如:硬件设备、合作企业、实训基地、招生数、师资队伍等的量化考评。这种方式的弊端是机械化地遵照一定的标准体系,不能动态追踪、预测需求变化而调整学位点设置。近几年学术界关于专业学位点评估的研究趋势朝着构建学位点评估与授权的"动态调整"机制方向发展[1]，重视高职院校自我评估，通过自我评估的方式达到自我批评和自我进步的目的。因此，高职学位点评估应该重点采用动态评估机制和多方位多元化评估方式。

高职学位点评估内容涉及什么样的高职专业可以成为高职学位专业？高职专业与高职学位专业的最大区别在于各专业建设要素的水平不一，比如课程系列的完整性、师资队伍、校企合作数量与成效、硬件设施设备的齐全度、学校章程与制度等。高职学位专业必定属于高职专业，而高职专业不一定是高职学位专业。所有有关推动高职学位教育实施与保障高职学位教育质量的条件都是高职学位专业立项评估的内容。同时，劳动力市场和企业雇主对本专业毕业生的满意度等评价，也是高职学位点准入评估的核心内容之一。

（三）高职学位点设置的评估运行

高职学位点运行管理是高职学位专业立项与认证、运行与评估、调整与撤销的一个循环往复系统（图3-5）。在每个环节中，其相关主体的职能与地位不同，每个环节既保持独立又相互承接，形成系统的运行管理模式。第一，高职学位点准入是由省级（自治区、直辖市）政府主管部门决策、行业企业和高职院校评估的运行机制。第二，高职学位点运行是以高职院校为主体，围绕着本专业的学位教育目标，实施既定的学位课程体系，培养出服务区域的高质量的高职学位持有者。第三，高职学位点运行效果评估主要依靠政府的监管与激励机制、专业认证与评估机构考核的运行机制，主要针对"就业率、雇主对高职学位持有者的工作满意度、高职学位持有者的学习满意度和职业资格证照通过率"等指标进行评定。第四，专业调整与撤销主要依据市场的竞争机制与政府决策和惩罚机制运行。具体而言，市场竞争机制发挥着调整与优化现有高职学位点种类、数量和分布结构的作用，政府宏观决策高职学位点的立项、撤销、惩罚。

由高职学位点设置的运行图可知，高职学位点管理是一项非常复杂的系统工程，它涉及众多主体和烦琐的程序。其主要问题仍是处理高职学位点的运行与管理中政府与市场之间的关系。高职学位专业的运行与管理应该在遵守我国当前实

---

[1]　于晓敏,吴旸,樊文强,等.博士学位点区域发展差异与趋势研究——基于 2005 年至 2011 年追踪数据的实证分析[J].国家教育行政学院学报,2013(6):73-77.

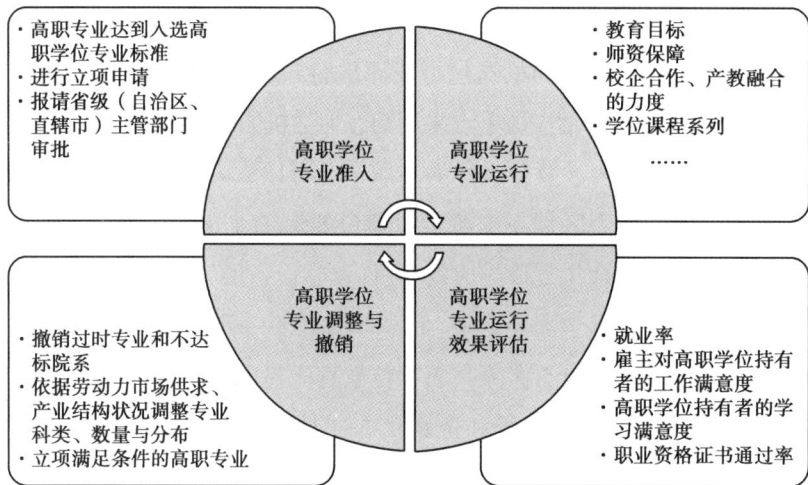

图 3-5　高职学位专业设置的运行系统图

施的学位管理体制的前提下进行,保持政府在专业运行与管理中的主导地位,同时为了保持高职学位及其教育的职业性,加强市场和高职院校的在政府、市场和高职院校三者博弈中的力量,采取国家规范与市场机制相结合的管理模式。省级(自治区、直辖市)政府统一制定高职学位设置标准与运行管理,而高职学位点的增、减、合、分以及学位培养方案应由市场运用其竞争机制进行决策,突出为区域经济服务的管理机制。由于地域的不同需求和客观条件,同一专业在不同区域的高职学位教育中,专业培养和课程计划必然不同。就拿汽车工程系科分析,重庆地区的车辆工程与福建地区的汽车工程,由于两个地区的地理特征和人文因素造成的对汽车品牌、型号、功能等的偏好,必然产生了不同的生产工艺、系数和服务内容与方法。当然,汽车行业及其在高校中的所对应的专业培养必定有一套略带通识性的技术技能和课程,例如:福建船政学院的汽车运用工程系与重庆工业职业技术学院的车辆工程系下的同一个"汽车检测与维修技术"专业,其课程计划中关于"汽车驾驶、汽车基本原理、汽车的性能与故障检测、诊断与分析"等是共同的行业与专业技巧技术。再分析烹饪专业,厨师所服务的人具有更大的多样化和独特性,川渝地区喜麻辣,重调料的搭配使用;山东人喜咸鲜,鲁菜具有鲜、嫩、香、脆的特色;东南地区喜欢少油少盐清淡可口,最大限度保留食材的本源。不同地区人们的口味和偏好则对厨师培养的课程学习和实践操作的着力点必然不同,不同地区烹饪专业所培养的厨师的烹饪技术特长亦有明显差别。

第四章 高职学位的授予标准设计

学位标准是学位申请—准入环节的衡量尺度,它评价学生经过学位教育后是否达到授予学位的标准,以此来识别与管理知识和人才。高职具有区域性,但它既需要灵活的、适应市场需求的人才培养标准,也需要有统一的人才标准以保障教育质量。因此,高职学位授予标准是国家层面标准,体现国家对这一层次和类型人才的最基本质量要求。本章以高职学位人才培养为主线,分为培养目标、培养过程和培养结果三个模块,以此为架构,遴选出高职学位标准的三大维度:目标维度、过程维度和结果维度,并针对每个标准维度进行项目开发,从而形成高职学位授予标准体系。

一、高职学位授予标准体系设计中涉及的几个基本问题

设计高职学位授予标准体系,首先得对"高职学位授予标准"这个概念有深入而全面的认识。其次,在核心概念界定完成后,基于整个体系设计的宏观考量明确体系设计的原则,作为标准设计时的思想指导。最后,从当前高职的教育标准出发,指出高职学位授予标准体系的设计过程中可能存在的困难。

(一)高职学位授予标准的内涵

汉语对"标准"一词有两种解释:第一,衡量事物的依据或准则;第二,指榜样、规范。英文对"Standard"一词的解释更加丰富些,它既可当名词,解释为水准、规格规范,也可当形容词,解释为公认水平的、法定水准的、达标线的。从哲学的角度思考,"标准"是客体属性和主体价值的互动结果,即是某种事物的本质属性和实践主体理念之间的协调结果,体现了主体对客体的科学认识、功能判断和价值取向的参考值。

标准体系设计要坚持科学性原则、可行性原则和具体性原则。第一,科学性原则,旨在强调指标选定和标准构建的内容和方法应科学合理,特别是指标标准与系统目标的一致性。目标是标准及其指标建构的重要依据,这就要求在确立标准前认真分析研究对象的本质、特征和功能,通过多元比较,提炼出区别于其他事物的内涵,使设计的标准能准确反映目标要求和研究对象的特殊性。其次,标准体系中各要素的相容性亦是各要素的协调一致性、独立性,要做到标准体系中各要素不重复,且同一层级的指标之间只能是并列关系。第二,可行性原则,强调标准体系的针对性、可操作性和现实性。"依据实际、从实际出发"是这一原则的核心思想,针对现实情况,制定可操作的标准,明确标准的适用范围和适用条件。第三,具体性原则,标准的界定和描述必须具体、形象、简洁、明了,过于庞杂和笼统的标准及其指标不利于操作,影响信息获取的便利程度和准确度,也会失去评估的有效性和效率。在建构指标体系时,首先要抓住反映事物本质的关键性指标,剔除一些相关性不大、较次要的指标,实现标准及其指标结构的优化。

在高等教育语境中,"标准"是规范教育实践活动和人才培养水平的指标。学位标准是学位授予主体基于对学位客体属性的认识、价值和功能判定而订立的学位教育实践活动的一般水准,具体表现为学位管理主体对学位的类型与层次、培养规范和人才质量水平的界定。例如哲学博士学位标准,国家或大学基于学位的学术性本质,以科学研究为价值取向,赋予哲学博士学位的理论型教育类别和博士教育层次范畴的研究型人才的培养目标,并针对其培养过程和培养结果设计"常模"参照,以评定哲学博士学位申请者是否达标。那么,就高职学位标准而言,本研究制定的学位标准体系适用于全国范围内高职学位授予审核工作。因此,高职学位标准应该站在国家层面,基于对高职学位属性、价值和功能的认识,制定职业基层岗位普遍所需的技术技能人才规格,关键是学位持有者的执业综合能力基准,以及高职院校执行高职学位培养活动的一般标准,使其"产品(毕业生)"质量符合社会普遍期待和行业、企业一般需求。

(二)高职学位授予标准体系的设计原则

1.学位标准体系设计的一般原则

学位标准体系设计的一般原则通常包括评价性原则、育人原则和管理原则。

第一，评价性原则。学位的评价性原则基于学位的评价功能，其评价的内容不仅包括个体的知识或学术水平，还包括个体社会化的评价。现代大学学位既是学校教育结果的一种质量与水平认证，又是面向社会实践的知识权力符号。马克思主义认为，实践推动着个体的自我发展以及普遍的社会化过程，对于学位攻读者来说，知识习得与知识运用是自我本质力量的社会化过程，学位则是这种过程的评价标准与评价工具。第二，育人原则。学位具有育人作用，它所包括的内容不单是对知识或学术的评价，更是在特定社会中对个体文化、道德和素养的塑造。基于学科知识与文化的学位教育是在社会规范、风俗和习惯的框架下，对学位获得人进行知识训练与道德、素养培育。第三，管理原则。从管理学角度，学位是授权主体对授予机构和知识的一种管理手段。通过学位标准，来规范高职院校知识事务的从业标准，同时也规范学校教育质量与职业世界的联结准则，特别是那些与社会实践联系极为密切的专业学位或职业学位，通过国家强制力的学位手段，调控市场的自发性、自主性、不稳定性的特征和力量，以达到学位发展的强制性与自由性之间的平衡。

2.高职学位培养的目标与理念

高职学位授予标准原则不仅要以学位标准体系设计的一般原则为根本，还要定位高职学位培养的目标与理念，因为这是高职学位标准体系设计的方向标。高职学位培养的目标与理念定位关键是理清"工具理性"和"科学理性"的关系。技术给人类社会和个体带来了巨大物质财富，并促使人们开始反思；纯粹的科学真理并不能直接服务社会，而是要通过人类对其进行主观整合、运用与实践，转换成技术或机器等直接贡献于生产经济财富的工具，才能体现学术成果的价值。高职就是培养"成果运用与实践"的人，高职学位就是给予科学知识和技术成果应用者的社会承认和荣誉称号。"实用"和"工具理性"是高职教学与办学的主旨，这是对几个世纪以来崇尚客观理性的批判和对现实价值的肯定。但这并不是否定了"客观理性"的意义，相反两者是相辅相成的，在矛盾统一中共同成长。"工具理性"促使高等教育走向办学的市场化和类型的多元化，专业型高等教育、职业型社区学院、多元学位类型、更多职业化的专业设置等，都是在"工具理性"的理念指导下开始关注区域、社区和个体等更小众需求。因此，高职学位标准的制定应以实际效用为指导思想，这种实际效用是基于社会经济和个体发展的效用。从社会经济的实际效用上讲，高职学位标准应与社会对职业型人才的要求相匹配，并且在岗位实践上给予创新支持,即在高职学位教育培养过程中,基于职业岗位的任务和问题,创新性地将学术理论成果转化成职业实践。从个体发展的实际效用上看,不管是个体的职业发展还是专业发展,高职学位标准的实际效用体现在个体发展中的终身学习和职称晋级相支撑方面。

3.高职学位授予标准体系设计的特别原则

高职学位和培养目标授予对象的差异使标准体系具有不同于学术型学位标准体系的特殊性。除标准体系构建和学位标准的一般原则外,高职学位标准体系构建还应遵循一定的特殊原则。首先,高职学位标准体系应该反映高职学位教育下相关主体共同的办学愿景。办学愿景最终由利益相关者决定,高职学位教育机构的办学愿景是由多元利益主体意愿协调统一而成。高职院校作为人才培养的具体实施主体,需要反映教育性目标与职业性目标并行的价值理念;行业或企业作为市场力量的另一办学主体,需要反映实践场域的导向与效率;地方政府是高职的宏观规划者,应站在区域协调发展和国家富强的高度规划高职院校的办学目标与标准。其次,高职学位标准体系应该反映面向准专业化的职业实务人员培养的特殊性,高职学位人才培养的特点是高职学位标准体系设计的重要依据,表现为学位攻读者的培养方案不同于以科研能力形成为目标进行计划设计。学术型学位以学术为内涵,在培养目标、过程设计上以学科知识掌握和科研思维与能力的形成为基础,教学多发生在课堂上,以思辨、辩论为主要方法。高职学位是以综合执业能力为目标进行培养方案设计,但是并不意味着完全超越或摒弃科学理论知识。知识运用的范围扩大和方式转变,科学技术对职业岗位人员的知识、技能、创新与道德素质的要求更加深入,这些都是高职学位标准设计的重点内容。

(三)高职学位授予标准体系设计的困境

高职学位标准体系设计是一个复杂的难题,从设计主体上说,不同主体由于其视角和代表的利益群体的差异,在标准体系设计时必然产生冲突。从高职学位标准内容上说,学位、职业、科学、学科、实践和高职等共同交织在高职学位标准体系之中,并成为标准本体的构成要素,如何在高职学位框架中组合、架构这几个要素将是较为复杂的难题。基于上文对高职学位授予标准和标准体系设计原则的认识,高职学位授予标准体系设计将面临以下几个问题:

1.高职学位的培养目标问题

标准体系设计时必然要考虑到国家、地方性市场需求和高职院校这三个不同利益主体,三方对高职学位标准的功能和目标分别有着不同层面要求。第一,国家宏观层面。高职学位标准的国家层面目标属于宏观视角下对高职及其学位功能的顶层设计,它往往从一国的产业结构、经济发展水平、社会稳定和综合国力等因素出发,解决贫困问题、就业问题和调节劳动力市场结构等问题。第二,地方中观层面。地方性行业企业对高职学位标准作用的期待是中观视角下的目标定位,该目标是基于高职院校对本地区生产力和生产关系的服务能力而设置,因此,地方性需求可能造成同一学位科类的标准细则和指标结构与其他地区标准或国家标准不同。第三,高职院校微观层面。高职院校是高职学位标准的贯彻者,也是学位培养工作的专业机构,对实现目标所需的具体细则和目标失败的影响因素能够作出比任何一方更专业的判断与总结。高职院校在高职学位标准实施过程中不仅要关照宏观和中观层面的目标,而且要从教育实践出发,关照学生需求和习得过程问题,换句话说,高职院校在高职学位标准的目标设置上,将更加注重学位培养的过程目标。那么,如何制定一个让各方都满意的高职学位国家层面的培养目标,将是高职学位标准体系遇到的首个问题。

关于课程和教育标准问题的访谈

(A是福建省某国家示范性高职院校的教务处主任,B是厦门市某高职院校教务处主任)

笔者问:您是如何看待高职没有一个国家层面统一的人才培养标准?

A答道:教育标准,这确实是一个非常重要的问题。全国这么多高职院校教育质量如此参差不齐的原因就在于"标准问题"。但是我认为,国家标准应该只是一个框架性的指导标准。有两个关键问题:一是不应该对各维度、项目、指标进行权重划分。二是标准指标划分不能过细,细致了就有更多更大的约束性。

B答道:通过学位来制订高职国家层面具体的培养标准,这是个很好办法。那么这个标准的定位要有科学性、规范性和开放性。怎么说呢?就是一个让各方满意又不过多干预市场诉求的培养目标、培养标准,否则就失去了高职的本性。还有一点,就是国家标准与区域标准之间的问题。比如汽车制造,重庆的汽车制造和福建的汽车制造,由于地理差异和消费人群的喜好不同,制造的品牌、功能、型号必然有不同的生产工艺和系数。每个地市办的高职教育,都要面向本区域的生产和服务领域。所以它的区域标准是特色。

2.学理标准、专业标准和职业标准的融合问题

学理标准、专业标准和职业标准贯穿于高职学位各级维度及其项目标准开发(如:课程、实习、毕业设计和就职模拟等),学理性、专业性和职业性三者的组合与融合问题是高职办学和高职学位属性的根本体现。从职业化的发展进程上看,职业性是职业化的初级阶段或称准专业水平阶段,专业性是职业化的最高阶段,而这一过程离不开学理知识和专业知识的支撑。从知识的深度上看,专业知识是系统化、合法化了的职业知识,学理知识是抽象了的原理性知识。高职学位培养的是已实现职业化了的从业者,他们应该以习得实践性知识为主,同时必须被传授基本原理知识和宽广职业范畴的专业知识,三者的知识含量和深广度问题将最大程度表现在学位课程的设计上。高职学位获得者的学习产出是在掌握了职业初级阶段所要求的工作实践能力基础上,为自己进入专业化职业阶段做准备,在高职学位的升学功能和就业功能上,如何让毕业生根据自身实际而做出正确选择,排解中国人对学术和高学位的传统崇拜,是实现高职学位填补技术技能型人才空缺的目的,也是有效认证和评估高职质量的难点。

关于学校课程如何开发的访谈问题

(被访者是某高职院校道路工程系主任)

笔者问:贵校如何设计课程架构,对于学科课程、实作课程和专业核心课程是如何配置的?

被访者道:我认为高职课程使用"三段式"课程架构或者(理论课程与实践课程的)二元课程架构是非常不切实际的,降低教学的效果。"三段式"课程对于学术教育是比较合理的,但是对于培养实务型、岗位复合型人才来说效率极低。课改一直在提"理论和实践一体化",但是实际上课程设计还是坚持基础课程、核心课程和实践课程"三段式"。

3.学位准入的标准考评机制问题

高职学位准入考评是高职学位标准实施的核心环节,它是对学位培养结果的评定。我国高职质量评价标准经历了以人才培养目标为核心、以院校办学基本数据为核心、以人才的行业适应性为核心三个阶段,评价方法从质性评价转向量化评价。高职学位标准考评不同于高职质量考评,前者是对整个人才培养过程和结果

是否符合学位标准进行考评,既可以针对个体也可以针对高职院校;后者是从高职院校办学的宏观角度出发,对整个教育与办学的考评。在高职院校设立学位标准考评机制,将会遇到以下困难:第一,高职院校组织内的学位评定机构缺位,现存的学术评定委员会主要对学校及其教师的科研事务进行管理。第二,校企合作考评办法尚不完善。校企合作是高职的培养特殊形式,校企合作考评学位标准能够使人才产出更切合行业和企业要求,学位标准体系中如何体现校企合作的标准考评是需要解决的问题。第三,高职学位的准入评定应该是对学生知识、技能和职业素养进行的形成性认证与诊断性评估。如何建构基于培养结果的高职学位准入考评机制,以促使高职学位证书在更广范围和更快时间内得到最大程度的认可是需要解决的问题。

在访谈中谈到的"关于高职毕业生学历证书获得条件"的记录

(被访者是福建省某职业技术学院的教务处主任)

笔者问道:贵校学生要获取学历文凭需要哪些条件?

被访谈者答道:专业课程考核合格、岗位实习合格、实际操作过关、英语和政治、相关的职业资格证书,偏文科的专业,如秘书、英语专业,要求有毕业论文。

笔者问道:实施学位制度后,您认为在毕业条件上需要做什么调整?

被访谈者答道:文凭获取的条件项无须做很大调整,关键是内容、标准和考评主体。

二、英美国家高职学位授予标准的实践借鉴

面向职业领域的学位标准评定可以追溯到中世纪大学教师职业的学位评定标准体系,而启蒙运动后,洪堡大学模式下的学位制度取消了学位的职业特性,造成了一个多世纪应用型学位的断层,直至第二次世界大战后专业教育的兴起,学术与职业的关系越发密切,面向职业背景的专业型学位重新定位了学位的职业特性与职业实践标准。20世纪六七十年代后,一些国家才真正将高职纳入学位系统,建立并依照学位标准来评价与认证高职及其毕业生。由此可见,中世纪大学教师的入行标准是高职学位标准的历史根源,而现代社会中的专业学位标准是同类学位下高职学位标准设置的有效参考依据。如今,国外实施高职学位制度的典型国家

是英、美两国。本研究将从学位标准的指标体系和学位标准准入考核模式两个方面阐述国外高职学位标准体系的特征。

（一）以职业人为目标的学位标准设置

什么是职业人？从字面上理解就是"从事某种职业的人"，从这种认知出发至少能够知晓"职业人"必然具有某种特殊的职业技能，为社会分工与生产发挥作用，并获取回报。然而这种解释只解读了"职业人"的具体而基本的内容，"职业人"不同于"工作者"，工作者是单纯地以赚取回报执行工作为行动指南，而"职业人"是把工作看作其一生的使命，古人云"术业有专攻"是也。职业是人类社会发展的产物，它随着生产工具的进步和生产关系的改变而发展变化，因此，对于"职业人"的内涵必须将其放在特定的社会职业背景下去考察。在以"师徒制"传承职业技艺的古代社会，"职业人"追求的是将工作意义和生命意义融入工作之中，在工作中适应生活、体味生活、享受生活。工业革命后，职业的概念范畴扩大，职业活动方式与标准也发生了变化，在大机器生产下基础技术工人的职业标准是"标准化订单式生产"，职业学校教育授予学生的是机械操作，其工作任务的完成无须"使命"来支撑。市场经济深入运行的今天，职业向着多元化趋势发展，职业不仅是一种谋生的工具，而且是社会分层、社会身份与社会荣誉的评价要素，"职业人"是职业群体形象的表率，其概念已经发生了巨大的变化。国内学者夏卫星认为，"现代职业人就是置于现代职业空间，从事职业活动的人，是对具体的一个一个从事不同职业的人的抽象，是职业人一般或一般职业人"[1]。陈鹏认为，现代职业教育应该培养"真善美统一的完满职业人，即具有基本的学术能力、岗位技术能力和高级职业能力"[2]。笔者认为，"职业人"是职业岗位工作者的一种理想类型，是所有从业群体、职业教育院校和雇主的最高境界追求。美国学者勒维克认为，职业教育的目的在于帮助从业者在从业过程中通过工作意义的自觉和工作经验的自省，发现自我、发展自我、成就自我，将工作体验与生命体验、工作计划与生命计划融合在一起。

对于"职业人"概念的不同理解将会影响职业院校的培养方案和教育形式，实行学位制的英、美高职既是终结性学位又是过渡性学位，主要培养的是初级阶段的

［1］ 夏卫星,谢建斌,张长元.论现代职业人[J].中国职业技术教育,2009(21):10-12.
［2］ 陈鹏,庞学光.培养完满的职业人——关于现代职业教育的理论构思[J].教育研究,2013(1):101-107.

"职业人"或称"准职业化人员"。以此为学位培养目标是此类学位标准设置的主要依据,它关系到人才的资本含量和类型以及制定标准与衡量其达标与否的尺度。对于个体来说,"职业人"理想是每一个在现代工业社会谋生与发展的职业人的终极目标,他们渴望通过职业培训、资格证或文凭考试等得到国家和行业的认可,从而取得职业权威,过上体面而幸福的生活。对于职业群体来说,由某一职业或职业群组成的行业,都希望被广为接受的、高等化了的教育培训来认证与评价"职业人"标准,维护本职业团体的内部自治,以"公共服务"为本位的利他主义精神,实现本职业系统的专门化、职业化、专业化。那么,美国副学士学位和英国基础学位的培养目标是如何体现职业人理想的?两者如何依据教育目的和培养目标来设置学位标准?"能力本位"是美国副学士学位和英国基础学位教育的共同目标,以职业能力为中心,分解工作任务所需要的知识、技能和职业道德素养,注重培养学生的职业道德和迁移能力,使之能在劳动力市场变化、产业结构调整或个人职业变更时,具有较强的就业竞争力。20世纪30年代后,美国社区学院重新定位了以职业教育为主、转学为辅,服务社区的机构职能,解决全国的失业问题、技术人才短缺问题,"关心社区生活质量、提高社区文化水平、发展社区经济"等成为社区学院的办学目的。2004年兴起的基础学位作为取代国家高级文凭的一种新型学位形式,其生源大部分来自职业教育与培训产出的具有高水平技术能力人才,或具有一定职业资格等级的人。在培养过程中,实施基础学位教育院校和英国国家职业学历与学术考试机构(Edexcel)合作,在教学模式与标准上严格遵循Edexcel职业认证水准。在学位课程设置上突出与国家职业资格框架和高一级学位连贯学习的衔接制度,例如"取得基础学位后,可继续全职学习15个月或在职学习相等学时,得到大学的'荣誉学位'"[1]。这些制度的安排与学位准入条件都是有助于个体实现职业理想的重要因素。

（二）从业标准和科学理论标准相融合

中世纪,作为大学教师从业资格证的学位已蕴含了知识和教学技能两大标准指标,硕士或博士学位的获得要经过两个阶段,先达到候选人标准才有资格进行就

---

[1]　勒维克.技职教育哲学——多元概念的探讨[M].李声吼,译.台北:五南图书出版公司,2003:77-78.

职考试。"考试"是检验是否达到学位标准的主要途径,考核三大部分的内容:一是修业年限内的所有练习、阅读和辩论的成绩;二是在教长和硕士评审团面前就某个问题或论点展开论述和答辩,考核其辩论能力,这种能力的考核既是教学技能的呈现,也是知识探究的逻辑思维水平的体现;三是在博士群体和同行教师中展示一次教学活动,即选择一个主题与学生展开辩论。三大考试完成后才算真正意义上获得了硕士或博士学位。而当代知识转型和职业种类的增多,造成了学位与多种行业、职业以及岗位挂钩,原本学位仅指向学术职业,而如今成为大多数现代职业的专业化、专家、大师的标签。现代学位中的科学知识与职业内涵已难以分割,一方面是因为现代应用科学、技术实践和其他类别的知识都是从这些基础学科(如数学、物理、化学、哲学等)中分化和发展出来的,另一方面是因为理论是实践的基础。科学理论标准与从业标准共存于应用型学位标准指标中已成为国际共识,然而争论点不在于科学理论标准是否应该存在于以职业为导向的学位培养标准之中,而是科学理论标准在整个指标体系中所占比重,及其在职业技能形成过程中发挥多大的作用。因为,在职业实践者看来,科学教育及其知识传授对个体职业实践或职业社会化形成起到了极为微弱的作用,只有那些由符合行业规范和来自岗位经验所组成的职业知识,才是高职学位的主要标准。

"以从业标准为主,兼顾学术标准"已经成为国际上高职学位培养方案与标准的共识。从学位课程上考察,美国职业型副学士学位课程的特点是职业课程模块中注入更多科学知识的内容,基础专业课程模块中传授的是经过职业经验总结的实践知识,其学位标准的科学理论标准与从业标准融合呈现出两种模式:一是学术标准与职业标准的简单合并模式,二是两者相互渗透的标准整合模式。英国基础学位课程主要教授三个方面内容:"专门技能(Technical Skills)、学术知识(Academic Knowledge)、可转移的技能(Transferable Skills)"[1]。作为初级层次的应用型学位,既要保证学位产品服务于对应职业层次的人才规格要求,又要从职业人的生涯发展出发,在职业岗位对知识行动力要求提升的现实中,为从业者的专业化发展铺路。

---

[1] 许明.从基础学位制度的建立看英国职业教育的发展[J].教育评论,2000(6):57-60.

（三）多元的学位准入考评模式

学位的考核是对基于学位标准的学位教育结果的质量保障,高职学位准入的考核目的是保证高职学位持有者的执业能力具有公信力。换句话说,高职学位拥有者能够让同行从业者、政府和社会公众相信其知识、能力和职业素养水平是能够基本完成职业岗位任务和具有职业交往中的基本能力。对于面向职业岗位的学位来说,其标准和考核的核心便是与职业世界的关联度。对于行业或职业本身来说,只有得到国家或行业认证协会授予的"资格证书"或"学位文凭",通过这些证书或文凭限制职业的入门要求、达到从业标准,才能创造特定职业群体的文化资本,同时实现对市场的垄断和把控职业竞争的激烈程度。中世纪的大学学位就是高职学位的雏形,学位标准的制定、学位授予考核都是由教师行会自治组织进行。而如今现代社会的、以职业为导向的学位准入考核模式呈现出了多元化特征,因为学位授予权力不再是行会组织或者行业协会的特权,学位考核也不再是单纯的从业资格考核。国家或政府力量开始支配和干预着学校学位设置与人才培养标准,在官僚统治型国家中,行业和高校的权力较小,国家或政府的权力极大,学位准入考核模式在国家、行业和高校三者权力的博弈中呈现出不同模式。一种学位的准入考核模式的选择取决于学位制定与需求者对学位的功能期待和学校、政府和行业三者的权力关系。

现代社会职业型学位的准入考核模式发生了很大的变革,行业组织在学位标准制定和考核过程中发挥着极小的作用,加之国家或政府的介入,使得现代学位考核模式变得多元而复杂。美国的职业型副学士学位的评定考核没有统一的标准,就学位培养标准来看,"职业能力"是职业型副学士学位的主要考核标准。职业能力选定来源于学生、行业和企业的现实需求,联邦政府对副学士学位培养和考核过程没有直接的管辖权,只是提供法律援助和宏观规划方案,州政府对社区学院有直接管辖权,但是不会干预社区学院的学位标准与考核。需求导向的美国副学士学位评定标准与准入考核使得行业和企业与社区学院的联系非常紧密,而这种紧密关系通常是由社会组织所联系的,例如:美国卡耐基高等教育政策委员会为高校或政府提供教育决策咨询,第三方独立组织在学位标准制定、更新和管理等决策中起到了沟通州政府、行业或企业和学校的作用。英国的官僚政治色彩比美国浓厚,并且对大学自治和绝对的学术权威保护得较好,非大学机构没有学位授予权,基础学位由全国学位授予委员会授予或者由多科技术大学授予。除了学校、政府和行业三者之间的权力结构发生变化之外,不管是英国的基础学位还是美国的副学士学位,从申请人来源、学位课程标准、学习与教学方式等方面都发生了重大变革。对学位申请人的审核上,英、美两国都放宽了入学条件,允许在职攻读学位,学位课程既是为快速就业提供便利的高等教育课程又是鼓励终身学习的成长性课程,因此,课程模块往往融职业性、学术性和专业性三者为一体。

三、高职学位授予标准的开发

高职学位授予标准体系的开发实质是高职学位培养标准的开发。现行高职尚未出现来自顶层规划的培养标准,多数高职院校凭借各系的师资队伍,经过教研讨论而制定出一套教学大纲和培养标准。高职学位授予标准就是站在国家或各省(自治区、直辖市)的高度为高职学位培养制定一个指导性、权威性的标准框架体系,以供各高职院校或各专业科类的教育教学做标准参考。

(一)高职学位授予标准体系的维度结构

学位标准是学位培养活动中的航向标,明晰学位标准的维度框架是分析与搭建完善的学位授予标准体系的必要条件。高职学位标准是一个复杂的体系,从学位的授予过程上看,可分为学位申请标准和学位准入标准;从学位的培养工作角度,可分为培养目标、培养过程和培养质量考核;从高职学位的层级上看,可分为专科层次学位和本科学士学位;从标准类型层面上讲,可分为顶层国家统一标准、中观学校特色标准和微观专业标准。因此,高职学位标准体系是一个多维多层面的立体架构。国内对专科层次的高职学位标准已有实践探索,例如湖北职业技术学院实施"工士"学位,制定了《湖北职业技术学院"工士学位"授予工作细则》,对达到"三证四合格"标准的毕业生授予工士学位,即"三证是在校期间获得执业资格证或技能资格证(中级)、英语等级证(三级)和计算机等级证;四个合格是思想道德素质合格、学业成绩平均在 70 分以上、毕业设计或调查报告合格、跟岗实习合格"[1]。但对于这是否是一个真正意义上的学位,有部分人提出了异议,他们认为"工士学位"的授予标准不含有学理性、科学性和合法性。其一是因为这个标准内容并没有体现高职学位的特殊性和普遍性内涵,其二这个标准并没有经过权威论证而被国家、社会或学界所广泛接受。再如台湾地区规定:"五年制专科层次教育修习不少于 220 学分,必修科目合格,且有实习年限者,经考核成绩合格者,授予副学士学位。两年制专科层次教育修习不少于 80 学分,必修科目合格,且有实习年限者,经考核成绩合格者,授予副学士学位"[2]。

以标准本体为架构支撑,以高职学位本质为内容,以"输入—过程—输出"为线索,从目标维度、过程维度和结果维度来搭建其三维结构。第一,高职学位授予标准的目标维度是以高职学位的性质为基准,从国家宏观和地方中观层面上整体规划各专业科类高职学位应是什么样的教育,其教育"产品(学位持有者)"应达到什么样的品质和水平。第二,高职学位标准的过程维度是对目标维度的实现过程,执行着国家、地方经济、行业和企业、学生个体对高职学位持有者水平的期待。第三,高职学位标准的结果维度是高职学位教育质量是否达到学位准入条件标准的考核项目。

(二)高职学位标准的目标维度设计

高职学位标准的目标维度是高职学位教育输入阶段对人才培养目标的蓝图规划。本书将给出国家、区域和高职院校三大主体在制订高职学位目标时的指导性标准描述,分属于每个层面的目标宏观规划。

1.国家层面的目标标准

高职学位目标维度标准是顶层设计的统一目标,立足于国内通行、与国际接轨的高职学位培养目标定位。具体而言,此目标的确立应当依据当前国家经济和科学技术需求状况,同时也要满足一定时期内此类人才规格的预测,还要站在国际化的视角,为人才和技术的国际交流与学习铺路。以英国为例,英国是传统高等教育老牌国家,"重理论科研,轻实践技艺"的思想根深蒂固,这一观念与我国高等教育观念极为相似。因此,国家在制定高职学位顶层标准时借鉴英国基础学位标准的

---

[1]　李梦卿.从工士学位审视我国高等职业教育学位授予标准[J].职业技术教育,2014(22):11-16.
[2]　吴清山,席荣维.综合教育小法规[M].台湾:心理出版社,2004:150-158.

经验和教训有实际意义。英国基础学位的出现是英国高等教育及其机构对社会经济发展的人才的知识实践和实践知识需求所作出的制度调整。因此,在2000年的《基础学位计划》中明确了基础学位的国家目标:"帮助教育机构有效提供高质量毕业生给急缺中级技术水平人才的劳动力市场,中级技术水平人才是指高度熟练的技术人员(Highly Skilled Technicians)和副专业人员(Associate Professionals)"[1]。

国家层面的高职学位目标不同于以科学研究能力为人才标准化目标,基础理论、专门知识和基本技能同样可以是面向职业领域的学位标准的关键指标,这些要素指标不都指向科研岗位。高职学位国家层面的目标标准维度实质是该学位培养目标的国家定位,那么,这就关系到培养什么样的人、为什么岗位服务、岗位所需的知识、技能和素养是什么等问题。显然,非科研岗位是高职学位的初步职业范围定位。在这一职业范围内,如果按工作难易度和知识所需量来划分职业类型与层级的话,那么每个职业领域在其不同发展时期内涵将是变动的。如英国基础学位所定位的中级技术水平人员在不同历史时期亦有其不同的内涵水平。英格兰高等教育资助委员会在《基础学位计划2000》中指出:"我们没有也不可能有一种专业技能方面的普适性理论来区分职业环境中的新手、熟练工人和专家三个等级"[2]。从而,可以确定的是高职学位对应的是专业化、专业化职业系统中的"准专业化岗位",或称之为"半专业化岗位"。这些职业岗位的特点是:岗位任务执行必须达到"熟练"标准、通晓每个技术技能环节的原理、能够辅助专业化人员完成其基础性工作,以及具有良好的职业道德和职业伦理。另外,国家层面的目标定位不仅要注重职业岗位的需求特征,更应从推动高等教育和学位体系改革与完善的战略高度出发,在制定学位目标标准时,增加普通高等教育与高职的对接、应用型人才与研究型人才的互通的学位标准衔接目标,以同时发挥高职学位的就业、转学和升学功能。

2.区域层面高职学位目标标准

区域性是高职的特性之一,区域高职学位标准应针对其所能辐射的区域经济战略布局来规范高职学位特殊的教育目标。制订区域学位标准时应以区域为主

[1] Higher Education Funding Council for England.Foundation Degree Prospectus(2000)[EB/OL].http://www.hefce.ac.uk/pubs/hefce/2000/00_27.pdf.

[2] 克里斯托弗·温奇.职业教育的技能积累[M].杨明光,陈云山,杨永兵,等,译.北京:北京师范大学出版集团,2016:138.

体,充分吸纳相关高职教学实践专家、行业管理部门、行业协会专家和行业企业代表的意见。以我国台湾地区的高等技职教育为例,台湾地区政府对科技大学和技术学院实施的技职型学位教育目标定位为:旨在训练学生具备未来学习职业技能、生涯发展、适应社会变迁、工作转换的能力。从学位课程目标审视不同层次学位的目标标准,副学士学位课程目标定位为:培育高度熟练专业技术人才,以担任产业之中坚干部;学士学位课程目标定位为:培育专门及高级技术人才,兼备专业理论与实务技能;研究生层次的课程目标定位为:培养高阶专精人才,能胜任工作职场高层次经营、管理与高科技运用等[1]。

由此可见,我国台湾地区的学位授予条例中对学位授予标准的规定较为简单,学位授予标准只对所修学分、毕业论文和实习作了相关规定。究其原因,一方面是为了给予各科技大学或技术学院以更大的学位培养标准自主权;另一方面,台湾地区的学位制度是"一体两用"模式,即学术型学位和职业型学位共用一份学位体系规范,因而标准文本仅简单规范了标准维度。我国大部分省市由于各方面原因,其高职学位制度并不完善。各省制定的高职学位目标标准应该以国家层面的高职学位目标标准为前提条件,在此范围内,针对本地区产业结构特征和行业需求,制定不同地区高职院校的各学位科类的差异性标准。地区学位标准的差异性要求高职学位教育必须与地方企业、行业协会紧密联系,开创适合本土发展的校企合作模式,将地方行业文化纳入学位培养中来。

3.院校层面高职学位目标标准

各高职院校是高职学位教育的执行主体,高职学位培养单位根据自身的设备条件、师资力量和经济实力,在国家学位标准和地区学位标准的指导下,对本院系实施的具体学位培养和院校发展定位作出详尽的目标设计。也就是说,高校通过人才培养将国家和地区的高职学位目标标准落实到实践中来,以更为具体的目标描述指导高职学位的课程教学等培养方案的实施。因此,高校层面的高职学位目标标准是在国家和地区层面的学位标准框架下,以自身发展条件和发展方向为指导,制订特色的人才培养目标定位。

---

[1] 侯世光,黄进和.台湾教育年报(技职教育篇)[M].台湾:"国家教育研究院"出版社,2014:474-517.

在访谈中谈到的"关于学校人才培养定位问题"的记录

(被访者是福州市某职业技术学院的教务处主任)

笔者问道:在福州市内高职院校中,贵校和本市内另一所高职院校都设有建筑工程系,当然同系内设计的专业群及其结构是不同的,但我发现你们都设有工程造价(或称估价专业),那么你们是否造成了人才重复培养了呢?

被访者答道:两个专业可能在培养主题上都是造价、估价,有类似。但是我们两家的人才定位的侧重点和面向的职业领域、职业岗位是完全不同的。本校的工程造价专业主要针对的是道路交通,例如桥梁工程、铁路工程等这些方面的工程造价,而对方院校侧重房地产工程建筑的估价。所以,在具体的人才培养模式、方案和目标设置上肯定有很大的差异。

以美国社区学院为例,美国社区学院有多样化的文凭及其获取标准,副学士学位是在社区学院学位教育目标下,各院校在不同专业方向上具有自主订立差异目标的权力。20世纪三四十年代,美国社区学院转型,将其定位于"使学生走向与他们既有能力与过去成绩相称的'中层'工作岗位,以'半专业化'职业中就业这种职业轨迹为导向"[1]。以护理专业为例,归纳西南社区学院(Southwestern Community College)、圣马特奥社区学院(College of San Mateo)、南内华达州社区学院(College of Southern Nevada)三所社区学院护理专业职业型副学士学位的培养目标的共性:"提供无障碍、高质量的护理专业实践教育,以满足各种年龄人士在各种医疗环境中的多样化和不断变化的医疗保健需求",具体细化为:①实践理念。护理实践的核心价值观和行为准则,标准的依据来自美国护理联盟规定的核心价值观和美国护士协会(ANA)规定的《护士守则》,如文化敏感的关怀与伦理、同情、尊重、诚信、以患者为中心等理念。②非岗位实作的通识能力。团队合作能力与口头和书面沟通能力是共同关注的核心能力,这种合作主要是与患者、与专业医务人员的合作。③职业技能。具有"注册护士"的职业技能,以及独立反思、判断和评估护理工作中的不足与经验等技能。④社会规范。遵循相关法律和道德原则(如尊严死亡、病情保密原则)是护理实作过程的必要素养。

综上,院校层面的高职学位培养目标定位必须以专业科类为单位,以其所对应

[1] 沃尔特·W.鲍威尔,保罗·J.迪马吉奥.组织分析的新制度主义[M].姚伟,译.上海:上海人民出版社,2008:362.

的职业岗位为依托,规定工作实作过程中所需的知识、能力和职业态度。考察美国社区学院同类学位的培养目标标准,可归纳出学位培养目标标准的"情景化""实作性""时代性"特征的主要制定原则,具体划分为四个模块:工作理念、通识能力、岗位技能、技术伦理和社会文化与规范。

(三)高职学位标准的过程维度设计

高职学位标准的过程维度就是高职学位的培养过程标准,高职学位培养应该主要通过课程和实训的手段,着重培养执业综合能力。自学位诞生以来,"学位本身就是学习课程概念中的重要组成部分"[1]。随着产业转型升级,课程的内容、结构、教学方法和考核等标准问题都因为财富、科技和商业的发展而产生变革。众所周知,课程标准是评估学生学习以及某个特定阶段教育质量的一般标准。亚太经济合作组织认为,"课程标准是对我们希望学生在校期间应掌握的特定知识、技能和态度的清晰阐述"[2]。而不同教育类型的教育目标和人才培养定位不同,课程的设置主体、标准体系也随之不同。例如,研究型大学的学术型学位课程标准的设置主体主要由以学科为标志的理论学者、专家构成,而应用型大学的专业型学位课程标准的设置主体的构成成员不仅有教育教学工作者,还要有专业协会、行业协会的产业实践型专家群体。我国高职作为一种独特的教育类型,目前尚未形成权威的课程标准。虽然国家已从政策高度表示了对构建高职课程标准的重视,《教育部关于全面提高高等职业教育教学质量的若干意见》(教高〔2006〕16号)明确指出:"建立突出职业能力培养的课程标准";2008年《普通高等学校高职高专教育指导性专业目录专业简介》以大纲的形式对各三级专业类目的"培养方案、职业核心能力、课程与主要实践环节和就业方向"等作出简要的规定,但是现行的高职课程的设置主体构成不明确,产业、行业技术专家缺位;各高职院校课程内容大同小异,"重视知识的系统性,忽视知识与具体工作任务的联系"[3],课程内容应以学科逻辑还是工作逻辑尚未达成共识[4];从课程的培养功能上,通识能力课程、专业能力课程和职业能力课程的学时与种类分配不合理等。这些问题急需从国家层面构建

[1]　查尔斯·霍默·哈斯金斯.大学的兴起[M].王建妮,译.上海:上海人民出版社,2007:21.
[2]　唐小俊,顾建军.关于高职教育课程标准建设的几点思考[J].江苏高教,2009(4):132-134.
[3]　徐国庆.实践导向职业教育课程研究[D].上海:华东师范大学,2004:6.
[4]　徐国庆.职业知识的工作逻辑与职业教育课程内容的组织[J].职业技术教育,2003(16):37-40.

一个统一的学位课程标准,以国家学位的制度形式,优化现行高职课程设置,开发层次分明、内涵齐全的学位课程标准体系。

高职学位课程标准是指依据高职的培养目标和高职学位职业性本质,建立培养"职业人"的课程标准、课程教学方法标准以及考核评价标准。而高职学位课程标准体系的构建,归根结底主要回答关于"应该教授什么知识、如何整合知识、运用什么教学方法、培养什么职业能力、如何使课程学习服务于岗位实践以实现学以致用"等问题。博比特(F.Bobbitt)认为,课程应依据社会需要来确定目标以为"完美生活"作准备。20世纪20年代,杜威的"做中学"理论延伸到职业教育及其课程,无疑对职业教育课程标准制订作出了重大的贡献,他主张社会上有什么职业,学校就设置什么课程、确定什么内容[1]。直至90年代,全球化时代造成商品在全球各地生产与销售,这就要求一个职业人的技术与职业理念具有国际水平与标准,整个教育体系,包括高职的课程开发和课程内容开始了标准化改革。至此,高职学位体系构建最重要的是设计一套普遍适用的国家课程标准,以此作为鉴定和培养可靠劳动者的知识、技能和态度的凭证,并成为国家目标和职业权威。其学位课程标准分为:课程结构标准、课程内容标准、课程实施标准和课程考核评价标准。

1.课程内容标准

课程内容标准实质是培养对象的知识选择、能力定位和态度养成,每个课程内容都蕴含着知识、能力和态度,而所有课程内容也整合了知识、能力和态度,也就是说,知识、能力和态度嵌入到每个课程及其内容之中,并贯穿于整个课程结构体系。高职学位课程内容标准是实践知识和技术知识的选择、执业能力的养成、技术伦理与职业道德的培育。

首先,高职学位课程内容标准的知识选择。高职学位课程的知识选择主要是对职业人通识能力形成的知识选择和对职业人职业能力形成的知识选择。其一,通识能力形成的知识选择是从国家层面上执行公民教育和"学会学习"两大理念的课程内容。我国台湾地区的技术学院和科技大学在副学士学位培养中,通识课程占比13%~16%[2]。美国南内华达州社区学院副学士学位的通识课程包括:"英语、人类学、数学、自然科学、社会科学、艺术、宪法、人际关系、信息通讯"。我

---

[1]　杜威.杜威教育论著[M].赵祥麟,王承绪,译.上海:华东师范大学出版社,1981:6.

[2]　崔延强,何谐.台湾地区高职教育学位课程设置研究[J].高教探索,2017(6):91-94+99.

国现行的高职通识课程主要集中在"英语、思想政治、数学、语文、体育"科目上,有明确的教学大纲,对教材、教法的指令性、计划性强。这样的通识课程结构很难实现培养具有应对实践情境、灵活变通能力的职业人。高职学位课程应该扩展通识课程,加强认识与理解技术伦理、社会科学、艺术和现代科学技术以及工作世界的历史与文化。其二,助力于职业人标识和知识权威表达的课程知识——实践知识、技术知识。教育社会学家 Michael F.D.Young 认为,课程知识的选择实质是权力对知识的控制,决定"有价值的知识"的范畴[1]。实用知识或技术知识是高职学位的核心知识,主要分布于高职学位课程的专业课程和相关选修课程模块。徐国庆认为:"技术知识是生产某种物品或者提供某种服务所需的知识,它不仅包括用于理解技术过程的技术理论知识,而且包括直接用于控制技术过程的技术实践知识"[2]。实用知识纳入高职学位课程,将其看作公认的、有价值的知识,给予其声望、财产与合法地位[3]。根据巴兹尔·伯恩斯坦(Basil Bernstein)提出的"理想型"课程知识组织理论,学术课程偏向于集合型课程,它对知识的组织趋向于"抽象的、高度书面的、个人的和与非学校教育知识无关联的"[4]。而高职学位课程更适合"整合型课程"的知识组织类型,即对技术知识的组织取向于具体的、非高度书面的和与学校教育知识无关的,经过课程组织后的知识内容之间边界模糊、相互影响、相互作用[5]。因为,职业工人或技术工人的有效行动是必须将学科知识和实践知识在工作组织中和道德判断的背景下应用于实践的行为。换句话说,职业人的工作胜任过程既是任务完成的结果,也是任务操作与执行的过程;既是实用知识本身的体现,亦是实用知识意义的彰显。而在这一目标下,整合型课程带来的是实用知识与学科知识的整合,提高了课程学习与岗位实践的匹配度。

其次,高职学位课程内容标准的执业能力定位。高职学位课程的能力培养指向职业场域中工作过程所需要的技能(以下简称技能),它包括具体的技术和技巧,以及运用这些技术与技巧的人秉持的社会认知、职业道德、职业理念而连贯完

---

[1]　麦克·F.D.扬.知识与控制——教育社会学新探[M].谢维和,朱旭东,译.上海:华东师范大学出版社,2002:61-91.

[2]　徐国庆.从工作组织到课程组织:职业教育课程设计的组织观[J].教育科学,2008(12):37-41.

[3]　崔延强,何谐.台湾地区高职教育学位课程设置研究[J].高教探索,2017(6):91-94+99.

[4]　麦克·F.D.扬.知识与控制——教育社会学新探[M].谢维和,朱旭东,译.上海:华东师范大学出版社,2002:38.

[5]　崔延强,何谐.台湾地区高职教育学位课程设置研究[J].高教探索,2017(6):91-94+99.

成工作任务所表现出来的能力。很多学者将它称为"职业能力",姜大源研究德国双元制职业教育理念,指出德国的"职业能力"是历史演进中的职业能力,又是复杂关系中的职业能力,不仅是行业的从业资格而且是个体发展的技术、方法、知识、价值观的自我建构。"向着一种独立的、符合专业要求的判断力发展,向着一种负责任的、符合以职业进行组织的劳动标准和规范的行为发展,那么可以把这种发展理解为有明确目标的、自觉的,在挑选过程中起决定性作用的活动,选择学习媒介、评价辅助作用的活动,批判地进行思考的活动"[1]。克里斯托弗·温奇认为,与职业活动有关的专业技能"涉及对一种职业、行业或是行为的掌控"[2]。职业技能实质是一种对职业、岗位或行为的掌握与控制能力,属于专业技能的初级阶段,即初级专业技能水平。那么,"技能"是初级阶段的技能还是更高水平的技能,与高职层次及其学位文凭阶梯有关,同时也与技能职称等级有关。高职学位培养的是"能够判断与操作实现 A 目标的最佳途径"这一技术能力水平的劳动力,也就是杰弗里·A.康托所说的从事"中等技能"的工作——"那些就业准入门槛高于高中学历但低于四年制大学学历的工作"[3]。比它更高一层次技术能力水平的劳动力是甲能够判断与操作实现 A 目标的方案 B、方案 C、方案 D……,并且比乙更了解实现 A 目标的方法的这种劳动力。

因此,职业技能的标准就是高职学位课程能力标准设计的基础。基于埃文斯(Evans,2002)的"劳动者技能金字塔的三层结构"理论(图 4-1):第一层,基础技能,即在职场的所有劳动者都应该具有的基本技能;第二层,专业技能,劳动者所在产业或职业群的普遍技能;第三层,特定岗位的具体技能。从技能结构的特殊内涵上看,高职学位课程之职业技能内容标准分为三层(表 4-1):第一层,基本技能,这一部分技能包括作为生产关系当中的社会人所应该具备的语言、行为、道德判断的能力,还包括该职业岗位或职业群中的技术常识;第二层,专业技能,这一部分的技能标准主要是产业标准,制定、发布和咨询主体是国家组织的产业发展信息部门或者行业协会;第三层,具体岗位的优先技能,即工作岗位的任务行动力,这种技能须

[1] 徐国庆.职业能力的本质及其学习的模式[J].职教通讯,2007(1):24-28+36.
[2] 克里斯托弗·温奇.职业教育的技能积累[M].杨明光,陈云山,杨永兵,等,译.北京:北京师范大学出版集团,2016:1.
[3] 杰弗里·A.康托.美国 21 世纪学徒制——培养一流劳动力的奥秘[M].北京市职业能力建设指导中心,译.北京:中国劳动社会保障出版社,2016:159.

在实践应用中被评定,根据雇主需要而制定的特设理念、技术操作和个体经验系统。

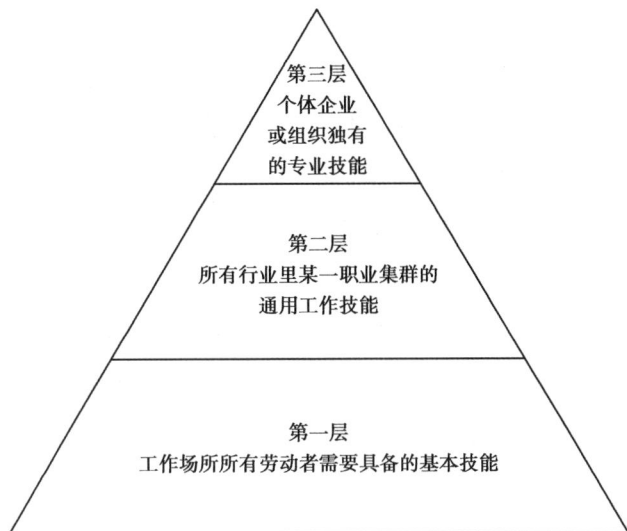

图 4-1 埃文斯的劳动者技能金字塔结构

资料来源:杰弗里·A.康托.美国 21 世纪学徒制——培养一流劳动力的奥秘[M].

北京市职业能力建设指导中心,译.中国劳动社会保障出版社,2016:161.

表 4-1 高职学位课程的职业技能内容标准

层 级	描 述
第一层:基本技能	1.基本技能:读、写、算、说、计算机; 2.基本技术常识:人际交往技巧、团队合作、理解机构的管理与工作系统等。
第二层:专业技能(已专业化的行业场域内的通用技能)	1.国家职业资格要求的技能内容标准; 2.行业相关法律; 3.达到产业标准资源库之准专业人员水平的标准。
第三层:岗位或职业组织特设的专业技能	1.了解并高效地使用行业术语; 2.了解并遵循:职业组织实践和组织协议、岗位操作与产品的特殊标准等。

最后,高职学位课程的职业态度标准。课程对职业态度的培养包括职业道德和技术伦理两大部分的内容,它是微观层面对狭义的技术伦理的一种制度规约形式。在我国高职课程教学中,职业道德和技术伦理教育往往被忽视,很少有高职院

校将这类功用的课程作为必修课程,提高到毕业必备条件的高度。早在 20 世纪 70 年代,职业教育发达国家已非常重视技术伦理课程设计,特别是工程伦理,工程伦理课程不仅是学位教育的必备课程,而且被纳入专业教育质量认证与评估标准体系。而后,世界各国纷纷制定职业道德与技术伦理规范,将其作为攻克职业型和专业型学位、进阶学徒和职业资格等级的必要条件。不同层面的实践主体之间由于目的不同而可能产生道德或伦理冲突,同一层面的实践主体由于客观事物的内在利益与主观目的不同也可能产生道德或伦理冲突。而这些冲突之于技术制作活动层面,就是学会处理职业技能实践过程中的"经济人理性"与"道德人理性"之间的矛盾,学会选择技术的工具性还是选择技术的意义性。高职学位课程之职业态度教学的着力点在于将学生置于职业情景中的道德与伦理困境,引发学生思考,进而引导学生塑造向上的职场和技术的道德观、伦理观。专科层次副学士高职学位持有者主要从事的是"中等技能"工作,工作任务中不需要太多的自主决策和具备发现问题的能力,主要职业目标是按产业或行业标准完美地完成岗位任务,能够为产品质量负责是这个水平技术人员的基本要求。本科层次高职学士学位持有者主要从事的是"中高等技能"工作,工作任务中不需要太多的自主决策,但需具备较强的批判性思维和解决问题的能力,主要职业目标是按产业或行业标准更加完美而高效地完成岗位任务。因此,基于伦理对现代技术的三大层面规约——信念层面、责任层面和制度层面,高职学位教育对职业态度形成的课程标准设计,应该重点从技术与个体的角度,培养学生"责任层面"的职业技术伦理。

2.课程教学方法标准

教学方法标准的设定以教学目标为依据,高职学位课程教学就是要使学生达到应然学位水准的优异职业技能水平和获得技能操作中所需的特质。那么,在高职学位课程知识组群中,学科理论知识与能力教学方法和技术实践知识与能力的教学方法是有很大差异的。学科理论知识与能力的教学方法主要是课堂讲授,而技术实践知识与能力的教学法原型来自学徒制的家庭式教法。职业教育的学徒制时期,学科知识是精英知识,学徒制教学不涉及学科理论知识,知识的系统化和能力的形成是通过采用"示范、观察、指导和实践"的教学方法,在一对一的情境中,师傅"示范"——学徒"观察、实践"——师傅"指导"——学徒"实践"这种有机循环的教学模式来实现的。然而技术高速发展与终身学习时代,学徒制的教学模式已经不能满足大批量培养技术人员以及技术人员快速掌握技术技能的要求,课程教学场所也冲出了传统的家庭和教室场域,来到了"虚拟世界"——互联网,教学方式逐渐演变成学习者与工作世界的互动、学习者与讲授者的互动、学习者与雇主的互动。国际上,企业大学的职业教育与培训已经广泛地运用计算机教学。例如,利用计算机编程呈现一个动画模拟工作场景,形成模拟游戏,将游戏玩家置于服务者的身份与情景之中,以培训职业技能;埃森哲公司投资开发和建造许多 CD-ROM 形式的工作任务在线习得[1];还有将技术经验储存在云端储存库(Eureka)。创立一个基于计算机的学习系统,可为学习者提供个性化的课程。

高职学位持有者更加注重工作任务的岗位胜任力,其岗位性质所需的学科理论知识深度无须太深。在教学方法选择与开发上,应该着重探索以技术实践知识与能力形成为主、学科理论指导技术实践的教学方法。这种教学方法不是标准化了的教学方法,而是以理念航标的存在方式指引专家选择有效的教学方式教授。舍恩提出了反思的实践者的专业技能形成理论,着重"职业实践后"对实践相关情况的总结与反思。贝雷特和斯加达马里亚提出"过程—经验描述"的专业技能或称职业技能形成理论,着重"职业实践中"对实践相关情况的总结与反思。这两种理论都为"目标—情境—对策"的岗位模拟实践教学方法提供了理论支持,而现代科技发达的计算机设备,为这种多情境体验、多任务管理的教学构想与需求提供了条件。

3.课程考核与评价标准

高职学位课程评价应该以学生学习为本,采用多元评价主体、途径与标准,围绕着"学习成效"展开。其一,鼓励多元主体参与,调整评价各主体的主次位置,加大专业学会、行业协会或第三方评价机构参与和决策课程评价的力量。例如我国台湾地区工程教育认证机构 IEET——由工程教育学会组成的非官方、非营利的社团法人的认证委员会,其认证结果是受官方、国际和大众认可的——通过 IEET 认证的技专院校 3 年内可以不用接受"教育部"教育质量评鉴。其二,削弱课程评价中省级政府及其主管部门的强制性力量,重新规划高职院校、学生和省级政府的评价职能。政府主管部门的评价职能定位在统一课程标准、质量督导上;学校自评的

---

[1]　阿兰·柯林斯,理查德·哈尔弗森.技术时代重新思考教育——数字革命与美国的学校教育[M].陈佳刚,程佳铭,译.上海:华东师范大学出版社,2016:77.

职责是主动提供齐全的佐证报告等材料和做好学生在学习过程中的评价工作;毕业生评价结果是一项有价值的、课程改进的参考因素。其三,职业教育课程评价有两种类型:一是形成性评价;二是终结性评价。形成性评价可以以单项任务学习为评价单元,对每个任务教学的学习结果进行反馈,引导学习者完成、改进和熟练任务,而终结性评价仅仅以结果的形式评价学生是否完成了任务。持续性课程评价在密切监督学习者任务完成结果的同时也对任务完成的过程了如指掌。考试是课程评价重要而常见的手段,标准化考试对学生的学习效果作出了一定程度的评价,但是它分离了形成性评价和终结性评价。技术至上的理念要求形成性评价与终结性评价一起对学习结果(亦是课程效果)进行考核与评价,在颠覆性技术支持下的课程教学尤其如此。当学生需要帮助时,颠覆性技术(如计算机)就会提供关于如何前进的提示和建议,如果计算机无法提供提示和建议,那么问题将自动转交给行业专家或学校教师;当学生任务失败时,计算机就会指出错误,把他们引向正确的答案。另外,作为终结性评价类型的评价手段也是高职学位课程评价不可或缺的一部分,它在整个课程评价体系中起到了补充评价的作用。例如,高职学位教育毕业生或学位获得者所考取的职业资格等级与证书是学位课程效果和学习结果的一个重要指标,因为证书课程是学位课程的重要模块之一。

(四)高职学位标准的结果维度设计

高职学位标准的培养结果维度是高职学位的质量标准,决定了高职学位层次水平和教育产品质量水平,具体表现在申请学位时的考核项目。从学位标准的制定主体上看,不同教育行政主体对高职学位的培养结果标准设计,就是将申请高职学位的各项目考核标准划分为普遍性标准、特殊性标准和操作性标准。中央政府作为高职体系蓝图的"总规划师",对学位培养结果的普遍性标准的制定所起到的角色作用是提出最低水平的人才规格描述,即各考核项目的最低标准。而地方政府对高职院校有直接的、自主的管理权,且高职学位获得者是面向地方、服务地方经济的职业人才,因此,地方政府在制定高职学位准入考核项目标准上具有很大的能动性,各考核项目在普遍性标准的基础之上再次自主规定。高校是考核申请学位各项项目的操作主体,它所作出的评估、鉴定与认证结果具有权威性。

那么,高职学位的培养结果标准维度上包含了哪些考核项目? 我国现行的学术型和专业型学位准入考核项目中,学业成绩、最低修业年限、实习时限和毕业论文这四个项目是学位考核"档案袋"中的必备内容。但由于高职学位是非科研理论型学位,与学术型学位、专业型学位的准入考核项目的最大区别是对"毕业论文"的要求,"科学与技术的创新运用"和"职业资格证书的获取"才是职业型学位培养结果应该纳入的合理选择。

首先,学业成绩的考核标准主要是对课程的达标水平的定位。美国、英国和中国台湾地区等在考核项目之学业成绩项目上,都将其"指标化"。例如,中国台湾地区的"学位授予条例"规定"五年制副学士学位不少于 220 学分、两年制副学士学位不少于 80 学分,必修科目合格;两年制学士学位不少于 72 学分、四年制学士学位不少于 128 学分,必修科目合格"[1]。美国社区学院与中国台湾地区相同,对某个层级的学位有最低学分要求,如南内华达州社区学院(College of Southern Nevada)规定应用科学副学士学位至少修满 60 个学分,其中必须修满 15 个学分的特殊课程(The Special Program),而且很多社区学院会把课程分为 A～E 五个等级,规定课程总成绩达到 C 水平(GPA＝2.0)是学位准入的条件之一。因此,在高职已实施学分制的前提下,国家层面设计的高职学位的学业成绩考核内容应该包括"学分指标、各模块课程的最低学分、总课程成绩的最低水平和学制"四个指标,并对这四个指标赋值以呈现高职学位培养结果的、国家统一的普遍性标准。

其次,高职学位的修业年限是高等教育学制规划的重要组成部分。实施专科层次学位的美、英等国家一般将大学教育前两年作为其修业年限,本科层次的职业型学位的修业年限与学术型学位同为四年制,这样做的好处在于将高职与普通高等教育置于一个公平与平等的环境。普通高等教育与高职是一体两面的等价对应关系,只有从学制上将两者的修学年限公平化、平等化,才能逐渐使人们摆脱高职低等于普通高等教育的传统观念。我国现行职业型、应用型本科教育实施的是四年制学士学位教育,已与国际接轨,但专科层次的职业教育学制比较复杂。2004年,《教育部等七部委关于进一步加强职业教育工作的若干意见》明确指出,两年制学制改革后,我国开始有了两年制的专科职业教育。现有的专科高职学制有:五年制专科高职、2～3 年制中专升大专对口生源的专科高职和 3 年制非对口生源的专科高职。之所以有这么多种高职专科学制,不是出于学生需求或职业能力养成

---

[1] 吴清山,席荣维.综合教育小法规[M].台湾:心理出版社,2004:93-158.

需要,而是这种制度生成逻辑更多的来源于中高职衔接问题和普通教育与职业教育衔接问题的桎梏。本研究认为,高职副学士学位的学制应依据职业能力(或称初级专门化能力)养成为核心标准而设置修业年限。学士学位的学制应按照公平、平等的原则,与学术型学士学位同为四年。

再次,岗位实习的考核标准。岗位实习是高职学位培养的重要环节,它是个体职业能力养成的最高效、最直接方式,岗位实习标准即是高职学位标准体系中职业标准的主体部分。21世纪以来,由教育人才产出与产业人才需求的"供需链"断裂而导致的"技能危机"成为高等教育领域的全球性问题。我国针对这个问题,提出了"产教融合"的措施与政策支持,2014年发布的《国务院关于加快发展现代职业教育的决定》、2015年印发的《高等职业教育创新发展行动计划(2015—2018)》都提出确立产教融合,重点突破校企合作机制,完善职业教育国家标准体系。岗位实习需要"产教融合"支撑,以知识实践与职业化培养为考核的重点内容,实习考核直指职业能力养成。岗位实习是一个职业知识运用、职业能力养成和职业问题解决的实作过程,职业知识运用和职业能力养成是所对应职业、行业标准的体现,因此,岗位实习标准应该包括具体职业标准或行业标准,如会计专业应以《会计职业从业标准》为依据。另外,岗位任务完成过程中必定会遇到难以解决的问题,或者突发事件。岗位实习的功能便是让高职学位攻读者在走上职业岗位后,能够很好地运用"目标—方法"的工作和思维模式,因此,实习者应对问题或突发事件的考核与评价也是岗位实习标准的重要内容。

最后,毕业设计。"工作本位理念"与"职业能力养成"是高职学位准入的基本要求和核心要素。作为应用型学位的低层次学位注重职业能力与工作实作,学位成就"成品"不以论文为标识,应该以模拟职业现场的职业能力呈现为学位作品。中世纪,学位公考就是教师职业能力之"教学技能"的就职模拟考试。准硕士(博士候选人)选择一个主题,在由教长主持、硕士评审团组成的考试委员会面前向学生群体开展辩论,实质上就是教学。将模拟职场工作过程或者模拟解决工作问题作为毕业设计,能够较为全面地考核学位攻读者的受教育质量和职业能力,也是高职学位职业属性的体现。就职模拟考试不仅以结果的形式呈现学习成效,而且能够在整个职业行为过程中,考察学生的职业认知、问题锁定、目标定位、生成解决方案、知识与技术运用、最终问题解决或任务完成等工作过程实作,以及工作实务之外的与职业相匹配的技能,如独立思维能力、灵活协作能力等。也就是说,就职模拟的表现蕴含着专业知识质量、职业技能质量、职业认知质量和实践创新潜能。在科技发达时代,人们可以随时随地获取知识,工人已不是生产流水线上简单操作的工人,就职模拟的考核标准不再是"操作合格",而是工作任务完成过程中的"职业能力"——在人的主观实践与岗位的客观属性关系中,职业人以"目标—方法"为线索,以技术伦理和职业规范为准则,整合知识、认知和技术的工作过程。

第五章 高职学位的管理机制建设

高职学位管理包括高职学位授权审核的外部管理和高职学位授予的内部管理。学位的外部管理上,国家权力与学校权力的博弈平衡是主要管理问题。学位授予权的争夺是大学发展史的缩影,它作为一种特权保护着大学组织及其成员的独立和自由。学位授予权是高等教育机构权力与地位的标志,只有享有学位授予权的高等教育组织或研究机构才拥有知识的最高权威,其人才产出才被广泛认可,精神文化才被普遍弘扬。学位内部管理上,行政权力、教师专业权力和行业权力三者的博弈平衡是主要管理问题。笔者认为,高职学位的外部授权审核上应该做到理论上与实践上真正的办学权与学位授予权的分离,重点是得到国家合法授权,并扩大行业协会和专业协会的权力范围。在内部授予运行管理上,重点建设行业权力在学位内部管理机制中的地位和职能,合理分配行政权力、专业权力和行业权力。不管是外部的授权审核管理还是内部的授予管理,高职学位管理制度都围绕着行政权力、专业权力和行业权力的冲突与协调来选择与设置高效、恰当、合理的管理模式。

一、高职文凭管理的制度现状与阻力

根据文凭授予的权力来源大致可将文凭授予分为两类:一是国家集中授予,国家制定统一的学位授予权力的准入标准,通过法律或行政上的审核程序,将学位授予权赋予合格的高等院校。国家集中授予包含两个主体两种模式:一种是国家主体,国家通过审核、认证某门学科或者某所院校后授予学位权力,使该学科或院校能够自主决策将学位授予达标的毕业生;一种是地方政府主体,地方政府许可下自主规定学位授予的学科或专业。二是通过第三方认证形式授予,学位授予单位通过专业认证机构的认可获得授权,如美国的大学。不同的权力来源形成了不同的文凭管理制度,每一种文凭管理制度都是建立在特定的政治、经济和文化之上。法国历来实行中央集权的政治制度,其学位管理受其影响由国家统一节制。美国的建国历程及其所形成的联邦制,使其能够全面贯彻自由、民主、开放的理念,政府不干涉大学运行管理,大学自获得办学资格后,就具有独立的学位授予权,学位授予资格受非政府组织节制,市场机制融入学位管理制度。

我国高职学位的管理必然不能效仿学术型学位管理制度,亦无政治、社会和文化条件完全模仿美国式学位管理。高职学位管理制度建设要在高等教育管理体制下,改革现行文凭管理制度,探寻高职院校获得学位授予权阻力并加以解决。

（一）高职学历文凭的授权管理与授予程序

我国高等院校颁发的学历文凭是国家文凭,学业标准和修业年限由国家设定或审批,高等院校报请国务院或上级主管部门审查文凭申请者资格后,执行授予或不授予文凭的决策。根据《中华人民共和国高等教育法》规定,高职院校可由国务院教育行政部门审批,也可由国务院授权给省（自治区、直辖市）人民政府审批。被批准设立的高等院校在招生、专业设置与调整、教学计划与活动、内部组织机构设置、人事管理等方面拥有自主权。同时,依据《普通高等教育学历证书管理暂行规定》:"学历证书实施国家、省（自治区、直辖市）或国务院有关部门和学校三级管理",高职院校的职责是"将每学年毕业和结业人数报所在省（自治区、直辖市）教育行政部门审查后,领取该年度所需的证书,填写并颁发给学生"。由此可知,高职院校自合法设立起就被赋予了一定的办学自主权。在文凭管理中,虽然其毕业证书和结业证书式样由国家统一制作,教育部也严格控制证书份额,看似学历授予权属于国家,与办学自主权分离,但实质上,高职院校具有自主实施专科学历教育并自主考评学生是否达到获取学历证书标准的权力,代表国家的行政权力,执行的是检查、监督的作用。高职院校的办学权与学历授予权在理论上分离,在实践上却是一并生成的。换句话说,高职院校在设立之时就有了办学自主权且拥有了间接的学历文凭授予权。当然,一种制度必然与当时的政治、经济、历史、文化发展相匹配。学历文凭制度是在 20 世纪 90 年代诞生,我国正处于计划经济向市场经济转型时期,专科学历文凭管理更多地体现为国家干预为主的集权模式,高职院校至1998 年才获得办学自主权,专科学历是国家性质的文凭,体现国家意志,满足国家政治与经济需求。国家在简政放权和集中监管之间摇摆不定,才导致高职院校办学权与文凭授予权看似分离实质是一体的。对于高职院校来说,国家在法律层面上承认了专科学历证书的合法性,保护而明晰了这种组织的管辖范围和权力内涵。专科学历证书评价了专门技术人员序列持证者的知识含量、体育与德育状况,在评价个体的同时也是对专门实施高等专科层次职业教育的高职院校之专业能力的肯定。

高职文凭经过近三十年的发展,其中经济转型期下所形成的文凭管理模式明显不合当下时宜。第一,从权力结构上看,市场力量异军突起,高职院校文凭管理中国家(或称政府)、高校和市场三者权力关系更加复杂而多变。在市场、知识成为当下经济繁荣时代的主题时,以职业为导向的高职必然要与市场紧密联系,产业、行业和企业的力量不仅在教育教学过程中发挥作用,而且渗透到学校管理事务中。今后,高职院校的文凭管理,必然要加强市场力量,改变计划手段,增大企业和行业协会在文凭授予标准制定、文凭授予资格审核等事务的参与与决策权力。这就要求国家削弱行政管理力量,在教育管理体制不变的条件下,简政放权、放管结合,寻求适应中国国情和适合高职身份重构、认同、社会地位提升的管理制度。第二,从权力关系看,厘清办学权与文凭授予权的关系。我国高职起步晚,与大学不同,产生于不同社会背景,发展时长也不及大学久。高职院校对于自身的办学自主权、文凭授予权的理解与争斗意识不强。高职院校处在长期受到国家统一规划与管理的惯性中,办学权力与文凭授予权力交叉审核管理,导致了同一专业在不同高职院校的教育质量相差悬殊。厘清办学权与文凭授予权的关系,必须清晰两种权力的内涵与异同。在学位文凭的释义下,办学权与文凭授予权的差异将更加明显。第三,文凭社会下,学历文凭贬值,学位文凭普及化,高职学历文凭在激烈的劳动力市场竞争中日渐式微,劳动力市场不仅需要文凭证明持有者受教育程度与学习经历,更需要评价持有者的学习效用。这需要更强有力的知识、技术与能力的评价体系与更强的信号标志。因此,高职学位应运而生,而现行的高职文凭管理制度必然在这种学位制度诉求声中得到改革。要使高职院校的文凭管理制度符合学位管理体制,展现高职学位的内涵、功能与价值,关键是国家赋予高职院校授予学位的权力,将办学权与文凭授予权分离,扩大高职院校的办学自主权,以使高职学位制度与现有的学历制度相区别。

（二）高职院校获得学位授予资格的阻碍因素

作为高职学位探索尝试的"工士学位"制度，虽具有解决就业与升学问题的现实意义，但与现行学位管理体制和《学位条例》相冲突，是违规之举，并未得到法律的承认。查阅我国高等教育、职业教育、学位管理的法律法规或政策或制度，高校的学位授予资格和学位专业科类的设置都必须经过中央或地方政府审批才能获得。《中华人民共和国高等教育法》规定，我国实行国家学位制度，高校自发授予的学位不受法律保护、不受官方承认。"不同国家学位体制的差异不在于政府管理有无的不同，而在于政府管理程度的差别"[1]，设置高职学位，必须规范高职学位的政府管理，使其以"国家学位"的身份存在。本研究从组织与制度的角度出发，分析在现行的高等教育管理体制和高职制度下，落实高职学位的"合法性身份"将会受到以下几个阻碍因素。

1.缺乏法律与历史依据

高等院校合法身份是高等院校执行教育权的基本保障，高等院校授予学位的资格是高等院校自治权的一个重要体现，而这种资格自古以来是由高校组织与统治当局之间的斗争而获取的。中世纪，不管是自发形成的大学还是教皇特批的大学，大学组织执教许可证或学位的授予权是由教会法确立，在基督教教会的管辖范围内，具有法律地位[2]。

根据《中华人民共和国学位条例》（下称为《条例》），国务院及其学位委员会授权的"高等学校或科学研究机构"是不包含"高职院校"的。《条例》只规定了本科、研究生三个教育层次的学位，这就意味着没有本科教育或研究生教育办学自主权的高职院校将没有资格向国务院及其学位委员会申请审核获取学位授予权。但是，《条例》第十二条对非学位授予单位的学位授予问题进行了规范，只不过仅限制在研究生教育层次的非学位授予单位的学位授予问题合法化。

学位授予权既是一种行政权力又是一种学术权力。根据《条例》第八条，我国学位授予权是由国务院这一最高行政机关委托授权高等院校或科研机构代理学位授予工作。因此，学位授予权是一种行政权力。另外，由于现代学位在19世纪德

[1]　林华.论我国学位管理体制的困境与革新[J].学位与研究生教育,2014(5):37-41.
[2]　瓦尔特·吕埃格.欧洲大学史(第一卷)[M].张斌贤,等,译.保定:河北大学出版社,2008:142.

国大学中孕育,知识、知识探究技术和能力的评价是学位的核心价值,这种以学科知识为媒介的学术评价是学术权力的象征,从这一点上讲,学位授予权是一种学术权力。对于高职来说,其知识对象及其知识系统建构的主干并不是学科,而是实践知识,它融合了学科理论和实践经验的全新评价内容和符号意义。在我国民主集中制的政治体制和党委领导下的校长负责制的前提下,高职院校虽然与大学一样都是具有独立法人资格的公共组织,但是与政府有着复杂的关系,高职院校的内部管理经常性地代行政府职责,行政权力压倒其他权力。因此,从高职院校现有的法律和政治身份来看,高职院校争取学位授予资格是有合理性的,但是如何界定学术权力的概念、如何表达知识权力、如何行使行政权力、如何确立行政权力的公信力都是它在获取学位授予资格道路上的难题。

从高等教育发展的历史文化考察,我国高等教育兴起于清末学堂,实业学堂是高职的前身,但不隶属于高等教育。1999 年,《国务院关于深化教育改革——全面推进素质教育的决定》明确了高职与高等教育的从属关系。但由于高职不从事高深知识教学与探究,不进行学科建制活动,因而自诞生之时起就与学位无缘,并在社会大众中烙下"与精英培养无关"的深深烙印。更何况在高等教育大众化的今天,高职毕业生比本科毕业生的就业机会、工资待遇和学识素养等更廉价。因此,我国高职面临原本就不太完善的学校管理制度,再加上社会大众对其身份的误读,造成了它在获取学位授予权的道路上极为艰难。

2.组织机构不完善

当前高职院校设有学术委员会,但没有设立学位评审委员会或学历评审委员会。高职院校内部没有学位工作相应的管理组织便无法实施该学位的教育与授予工作,也无法通往上层同类或其他类型的学位。换句话说,假如高职院校已获得学位授予权力,需要一个专门的专业机构作为联系高职院校与政府、市场的外部桥梁,整合内外部资源、执行学位授予的相关事宜。如今,大多数高职院校设有学术委员会,主要审定、审议、评定或决策高职理论与实践研究,如,专业建设、师资队伍、科学研究、对外交流合作的规划与管理;人才培养质量、教学科研工作量、专业技术职务评聘的标准与考核办法;学术委员会内部各专门(专业)委员会章程等。学术委员会与学位委员会两种组织机构有很大的不同,学术委员会主要处理与学术相关的事宜,对学术事务设计、实施、过程以及结果作出整体布局与管理,而学位评审委员会是对整个学位教育结果的质量考核。当前两者存在着两种关系格局，一是学位评定委员会包含于学术委员会之中；二是两者并行，是高职院校组织中的两个独立部门。在非学术型高等教育机构中，如高职院校，设立学术委员会有助于高等院校的学术管理，激发校内高级专业技术职务的教师科学研究的积极性，但是，高职院校突出任务是教学实践，学术为实践和职业服务，而不是为了学术探究本身。因而，将学位评审委员会与学术委员会并列是较为稳妥的。

那么，高职院校的学位评审委员会与大学或科研机构的学位评审委员会有何区别，如何处理在高职学位评审委员会建设过程中的趋同问题。根据趋同理论，同类组织建构的趋同来自两大动力，一是提高效率，二是合法化追求。21世纪初，高职院校就出现了"升格热"的浪潮，高职组织向大学组织靠拢，两者的人才培养模式、制度设计与组织设置趋同。从高职组织的角度出发，高职院校自发模仿已被国家、社会和个体高度认可的大学组织，一方面是从治理入手，优化组织管理技术，提高组织效率；另一方面是取得合法化身份，寻求社会对高职院校更坚固的身份认可，同时获取更多的教育经费和更优的教育资源。据有关数据统计："2012年，国内院校本科生均拨款大都达到或接近1.2万元，高职生均拨款却只有4 000到8 000元"[1]。因此，设置高职学位评审委员会，必须突出高职和高职院校特殊性，在模仿大学组织和借鉴域外经验中克服趋同带来的同质化危机。

3.政府与高职院校的权责分配问题

学位授予权力实质是高等院校从统治当局中获取的特权之一。早在1212—1213年，代表罗马天主教教皇权威的教长是学位或"执教许可证"的授权主体，"巴黎大学的教师有向巴黎圣母院的教长推荐取得执教许可证候选人的权力，该教长有义务在不需要候选人付费或单独宣誓的情况下就授予学位……博洛尼亚大学的学位授予权来自由副主教组成的考试委员会，再由教授团体授予合格毕业生学位"[2]。在我国国家学位的集中管理模式下产生的政府与高校组织之间的委托代理关系，是行政代理关系而非经济代理关系。21世纪后，我国学位授权审核权力改革迈出了关键一步，国务院学位委员会开始将学士学位授予与审核权力下放至

［1］ 张枫逸.首个"工士学位"意义远超一纸文凭［EB/OL］.［2014-06-23］.http://edu.sina.com.cn/gaokao/2014-06-23/1057424868.shtml,2016-12-21.
［2］ 瓦尔特·吕埃格.欧洲大学史（第一卷）［M］.张斌贤,等,译.保定:河北大学出版社,2008:142.

省(自治区、直辖市)政府,几个试点的省级学位委员会在国务院授权后开始代理学位授权。而在办学权改革上,该权力也呈现逐步下放的趋势。1986年,国务院印发的《关于中国教育改革和发展纲要的实施意见》提出,实施以省级政府为主的两级管理体制,加强省级政府对所在地区高校的协调、统筹和领导。1999年,《中共中央国务院关于深化教育改革　全面推进素质教育的决定》经国务院授权,把发展高职和大部分高等专科教育的权力以及责任交给省级人民政府,省级人民政府依法管理职业技术学院(或职业学院)和高等专科学校。

在国家政府授权于省(自治区、直辖市)政府举办、协调、控制和决策高职及其组织机构的管理体制下,地方政府与高职院校便形成了行政委托代理关系,地方政府因控制权委托其附属机构——高职院校,实施教育或授予某种文凭,这种教育权的存在依附于政权的委托代理关系。由于我国过度集中的统治权威文化与历史渊源,高职院校在获取文凭授予资格、建立与省(自治区、直辖市)政府之间的委托代理关系时,常常出现权责不明的问题,具体表现为两个方面:其一,教育产权关系不明晰。由于我国地方政府与高职院校之间已形成的高度集中的上下级关系,具有科层制的传统,各级各类教育及其组织普遍存在产权界限不明晰问题。国家统一包揽了高职院校所有办学和管理事务,作为具有独立法人身份的高职院校及其教师渴望拥有自主的育人、办学和管理的决定权。如此,高职院校的行政角色与独立法人角色形成激烈的对峙,一方面,高职院校不得不依照由信息不对称和政治意图而发出的政策指令来实施教育与管理;另一方面,高职的性质又决定了它必须实时与社会、市场形成密切的网络关系,把握社会经济发展动态,以输出社会适用的人才。近年来,高职院校的招生数和毕业生数占据高等教育半壁江山,但是其教育产品——人才的特征并不具有竞争性。在访谈中有系主任反馈:"据本专业人才出口的主要企业反馈,高职毕业生的毕业即就业能力弱,还是需要花费很大的人力、物力进行岗前培训"。就职后都必须通过特殊的岗位培训才能上岗。也就是说,高职院校具有资产性质的产出人才并不具有排他性。其二,教育资源的分配与使用权责问题。学位和学历文凭授予权是重要的教育资源,政府握着这一资源的分配权,高校拥有使用权。然后,高职执行的学历文凭资源与高职办学资源一并发生,因而,在现行的高职管理中,文凭资源的分配与使用权责问题没有明确的规范与制度。如若执行高职学位,基于高职学位的职业性和专业性特征,在学位资源授权分配中应该实施多元化的审批审核措施,高职院校在执行与设置高职学位教育及其授予标准时应该在不跨越国家最低标准的前提下更具灵活性,更为重要的是,在市场经济体制和我国各地区发展不平衡的事实下,高职学位授予权的退出与淘汰机制显得格外重要。

二、国外高职学位管理的比较与启示

21世纪以来,学位化职业教育文凭在经济与高等教育发达国家兴起,特别是专科层次的职业教育学位制度。不同国家的政治体制、高等教育历史与社会文化观念影响着职业教育学位文凭的管理制度,本研究选择了美国和英国两个国家两种学位管理模式与制度为借鉴的对象,理由在于:就美国而言,其发达的社区学院为美国社会的经济、人力和社会稳定作出了巨大贡献,副学士学位的管理亦较为完善,不仅与美国政治体制契合,而且体现了该学位的市场开放性、职业性和专业性特征。而英国高等教育体制和传统观念与我国极为相似。不管是官方的行政管理理念与模式,还是社会大众对高等教育的认知,大学机构实施的教育与学院实施的技术教育是两个不同地位的教育类型与层次。也就是说,在英国未得到"大学"称谓的高等教育机构天生不能享有学位授予资格,学术教育天然高雅于专业教育和技术教育,"学院"称谓的高等教育机构没有大学自治权。同样在中国,高职及其高职院校虽隶属于高等教育,但却低大学教育一等。因此,两国的学位管理制度具有研究与借鉴意义。

（一）以专业认证为主导的美国学位管理制度

美国的职业型和转学型副学士学位管理制度相当完善,并不断地向着更高一层学位等级发展。从1997年到2007年,授予的副学士学位人数增长了30%,即从57.1万人增加到74.5万人,预计到2020年将再增长30%[1],20世纪70年代后,社区学院就陆续授予学士学位文凭。考察美国副学士学位管理制度,汲取其快速而健康发展的管理模式,对建构我国本土化的高职学位管理制度有一定的借鉴与

[1] Green Caitlin,Radwin David.Characteristics of Associate's Degree Attainers and Time to Associate's Degree [R].National Center for Education Statistics,2012(271):1.

启示作用。

1.学位授权主体

在美国,具有"大学"(University)或"学院"(College)称谓的机构都拥有学位授予权[1],但是这样的学位授予权不能支撑美国高等院校生存与发展,无论是否是具备学位授予权的大学或学院,都会寻找第三方认证机构对其课程或专业或学校整个教育质量作进一步的再次评估。因为学校如果未取得适当的认证,那么将会使其学位文凭在高等教育领域和劳动力市场失去"认可度和竞争力"[2]。也就是说,虽然美国高等院校是否接受专业机构认证是自愿行为,但是其高等教育认证的传统方式与完备的市场竞争机制,促使高等院校不得不寻求专业认证机构来保障与证明其学位的效力。社区学院亦是如此,副学士学位或学士学位的初期授权一般是根据州法令,由州政府进行办学许可认证和学位授权,而学位教育资格的存续是由专业认证机构决定的。

美国认证机构分为三类,一是全国性的认证机构,二是地方性的认证组织,三是专业性的认证机构。全国性认证机构一般认证高等院校学位教育的最低标准,而地方性认证机构是社会认可度最高的评估组织,专业性认证机构主要从事非综合型专门高校的专业教育质量认证和特定专业的学位课程认证。而根据《高等教育法案》,不管是哪种类型的认证机构都必须获得国家级部长资格的官方授权才能具有合法认证效力。比如,只有通过具备部长资格认证机构的教育认证的高等学校才能参加联邦教育部的"联邦学生财政资助计划"[3]。

2.学位授予资格认证指标体系

以独立院校认证委员会[The Accrediting Council for Independent Colleges and Schools(ACICS)]为例,独立院校认证委员会是认证社区学院的全国性认证机构,主要对社区学院进行认证。从《独立院校认证委员会认证的政策、程序和标准》[4]中可知,认证标准分为普遍性标准和针对性标准,普遍性标准适用于所有机

［1］　易浩.美国学位授予权的法律基础[J].科教文汇(上旬刊),2010(12):32+62.

［2］　王昕红.美国工程教育专业认证研究[M].西安:西安交通大学出版社,2011:7.

［3］　骆四铭.学位管理:"认证"还是"授权"——中美学位管理比较分析[J].黑龙江高教研究,2009(5):1-5.

［4］　Accrediting Council for Independent Colleges and Schools. Accreditation Criteria Policies,, Procedures, and Standards[EB/OL].http://eric.ed.gov/? q = Standards + For + Occupational + Associate% E2% 80% 995 + Degree+Programs&id=ED504126,2017-05-01.

构,针对性标准本文只涉及针对"职业副学士学位项目(Standards For Occupational Associate's Degree Programs)"的标准。

(1)普遍性标准

普遍性标准共有17项指标,各项指标有具体的标准说明。本书将这17项指标按高等院校的教育教学、教育行政管理和办学组织三个方面进行归类,分别为:

①办学组织类别的指标有:组织使命:宗旨与目标,及其达标进展;组织设置;有效的章程与制度;指令。

②教育行政管理类别的指标有:学校管理与治理;学生服务;学院环境;财务关系与分配。

③教育教学类别的指标有:与学生的关系;入学招生;课程管理、规划、发展与评估;教育活动与设施;证书授予;图书馆资源与服务;出版物。

以第①类别的"组织使命:宗旨与目标"指标为例,其具体标准主要体现组织目标合理、清晰、公开和可行,必须说明和总结组织使命,以及实现这一使命的一系列目标,这一系列目标应主要用于职业相关教育,对于教学方案,交付方式和机构设施应该是合理的。这套使命及其目标应该在出版物中刊出,以易于理解的表达方式供学生、家长、公众和其他教育机构等阅读。通过妥善落实师资、财务资源、合作企业、行政、管理、教育等活动,以实现机构使命。

(2)职业副学士学位项目标准

这一认证内容是对副学士学位课程的认证,只有通过这一课程认证的社区学院才能授予该专业的副学士学位或者才能向其他高等院校申请相关专业的副学士学位。独立院校认证委员会所认证的职业副学士学位项目标准分为四个维度,分别是:

①国家权力许可机构:该机构必须是依据州法律而由州政府授权的教育机构,许可授予副学士学位。

②教育活动:分为教育目标、注册入学、教育要求、课程四个部分。教育目标:申请纳入职业学士学位课程的机构应证明其课程目标和架构与其组织使命和目标相匹配,并且职业副学士学位课程应强调技术性课程,课程在数量和质量上应该近似面向职业的学士学位课程标准;注册入学:主要考核入学第二年实践必须足以支持第一年学习之运用的必备条件,如实验室工作、岗位实习等;教育要求:主要是对

获取学位的课程数要求,包括课程时间、学分、学期,以及职业课程与通识课程的结构比例;课程:教学程序、文本、材料和技术应用于提供职业副学士学位的机构目的、课程所需的图书馆资源等。

③学院的教学和师资:主要认证全职和兼职教师资质、师资配置和教学负荷等。

④图书馆、指导性资源和技术:主要包括以课程教学和学生学习为目的的图书馆资源管理和教职工监督管理。

3.学位授予资格认证过程

美国认证机构的认证过程一般分为申请、评估、形成报告到决策等步骤,具体是:申请认证资格、自评、同行专家实地评议、给予认证结论、周期性再认证。整个认证评估过程涉及三大部门,一是初步评审专家小组,二是执行评估的同行专家考察组,三是作出认证结论的认证委员会。在还未作出认证决策之前,认证机构的考评与申请单位之间是平等的服务与被服务关系,而不是上下级关系,两者之间为了公平、公开、实事求是地完成认证工作而沟通密切,相互尊重。以下选取独立院校认证委员会为高等院校及其学位的认证程序。

①申请单位提出认证资格申请:申请单位按照认证机构初步审查内容提供书面材料以供认证机构初步审查其"初次认证资格"。独立院校认证委员会的理事会每年都会安排认证讲习班,初次或新的认证资格申请人必须参加研讨会以帮助他们了解"初次认证资格"的要求和协助他们完成整个认证过程。这一阶段持续时间在几个月到4年不等,申请单位获得"初次认证资格"后的有效使用时间是2年[1]。

②申请单位提出认证申请与资源访问:获得"初次认证资格"的申请单位在接收到认证机构的资格许可之后,申请单位向独立院校认证委员会提交认证申请,并汇报申请费用。经独立院校认证委员会工作人员确定申请材料的完整性和审核申请单位最近一年度经审计的财务报表后,进行资源考察,以确定该申请单位是否准备开始自我评估。

③申请单位自评:认证机构理事会发布单独的指导方针和资料,申请单位的行

---

[1] 王昕红.美国工程教育专业认证研究[M].西安:西安交通大学出版社,2011:94.

政部门、员工和教师充分参与。应该在 3~4 个月内按照指导方针和资料准备好自评材料,并在同行专家实地评议之前 3 个月内将自评材料寄给每一位同行评议专家以供其实地考察。自评材料的主要内容是前面所提及的普遍性认证标准和特殊性专门认证标准:专业设置、课程、学院、教育活动、教育资源等。这一认证阶段一般持续 12~18 个月[1]。

④同行专家实地评议:实地考察专家组一般由机构专职认证人员、地区(州)教育官员、外聘同等院校教育专家和行业专家组成,不同的认证机构专家组成员数不同。考察的专家小组将深入申请单位实地,咨询学校的董事会、教师、学生、社区领导、合作企业、行政人员等,以论证自评材料。考察结束后,专家小组形成认证报告,提出认证结果的推荐意见,并在提交予机构认证决策委员会之前 2~4 周内让申请者核对评估信息与数据[2]。

⑤给予认证结果。认证结果按照认证标准存在问题的严重程度分为六个档次:无条件通过认证;基本通过认证,但要补充材料;延期认证;警告;察看;终止认证资格。认证结果不妨碍申请单位继续办学,但是会影响其学生就业与升学、办学质量的可信度和竞争力。

⑥周期性再认证。通过认证的申请单位之认证结果有效期 5~8 年,有效期结束后,申请单位可再申请复评。

(二)以国家审核为主导的英国学位管理制度

英国学位的授权主体通常是政府,英国政府直接向高等教育机构及其代表机构授权,其权力来源于 1992《继续教育和高等教育法》第 76 条规定"枢密院(The Privy Council)依据本法可授权予高等教育机构或其代表机构学位授予资格,通过对申请者的评估考核而决定授予学位、文凭、证书或其他学术奖励"[3]。高等教育机构及其代表机构一旦获得了学位授予资格,便可独立自主地向不同专业的合格毕业生授予该层级学位。

[1] 王昕红.美国工程教育专业认证研究[M].西安:西安交通大学出版社,2011:95.
[2] 王昕红.美国工程教育专业认证研究[M].西安:西安交通大学出版社,2011:96.
[3] Further and Higher Edcation Act 1992[EB/OL].[1992-6-5].http://www.legislation.gov.uk/ukpga/1992/13/section/76.

1.学位授权审核的主体及职责

英国学位的授权审核过程涉及三个机构,各个机构因在学位授权审核过程中的作用不同而拥有各自的职责。首先,最高授权机构——枢密院的职责是最终审核与批准申请单位是否拥有学位授予权力。其次,连接申请评估与授予审批之间的是英国高等教育质量保证机构,对下审查学位授予权顾问委员会的评估报告,对上向枢密院提出是否授权的建议,并制定授予单位的资质基准。最后,学位授予权顾问委员会,由大学校长、拥有学位授予权的高教学院院长常设会议的主席、商业和企业的资深代表以及来自教育与技能部、苏格兰事业和终身教育部、威尔士国民大会、北爱尔兰就业和教育部的观察员等成员组成,主要职责是"按照既定的标准和要求并在考虑申请者各自特点的基础上,全面评估申请单位是否符合英国高等教育质量保证机构制定的标准和要求,并将结果报请英国高等教育质量保证机构。

2.申请单位的资质标准

直到 1999 年,英国政府才颁布继《继续教育与高等教育法》之后的第一个关于学位授予权的《机构指导意见》,规定了申请学位授予权单位所必须达到的资质,其受理的申请单位一般是高等教育学院的非大学组织。申请单位资质分为两个层面,第一层面是通用资质标准,第二个层面是针对申请不同种类学位所应该达到的不同资质标准,即英国政府设有习得型学位(Taught Degree)授予单位的资质、研究型学位(Research Degree)授予单位的资质和基础学位授予(Fadation Degree)单位的资质。本研究主要讲基础学位授予单位的资质标准。

2015 年,英国高等教育质量保证机构颁布的《基础学位授予权》[1]审批提出了四个方面的标准,分别是:治理和学术管理(Governance and Academic Management)、学术标准和质量保证(Academic Standards and Quality Assurance)、学问和教研人员的教学成效(Scholarship and the Pedagogical Effectiveness of Academic Staff)、支持基础学位项目交付的环境(Environment Supporting the Delivery of Foundation Degree Programmes),并在每个方面都提出了相应的要求:

第一,学校的治理和学术管理。这一资质标准要求机构提供 11 项审核材料,

---

[1]　The Quality Assurance Agency for Higher Education.Foundation Degree Awarding Powers(2015)［EB/OL］.［2017-05-28］.http://www.qaa.ac.uk/en/Publications/Documents/FDAP-Criteria-Mapping-Template-15.docx.

此标准设置是为了保障基础学位教育机构在宪法框架下,财务管理健全,财务政策与保障高等教育质量和标准之间存在明确的关系,学术责任有明确和适当的问责制,有适当的保障措施,以确保财务紧急情况和其他压力下不会危及计划规范中规定的学术标准或计划质量。

第二,学术标准和质量保证。这一标准上下设四大审核模块,主要围绕申请单位是否有一套完整的管理条例和运行机制问题设置,以保障学术研究与人才质量的高水准维护,特别是在学位课程设置、学生学习成果评估、学术民主管理上,考察申请单位的教育条件是否始终符合其规定的学习目标,以及是否达到其预期成果。

第三,学问和教研人员的教学成效。这一标准对教师教学和学生学习有 N 个要求:①教师的教学内容必须包括与他们所授专业与职业领域的专门知识的最新进展;②教师应该有较强的教学、促进学习和评估学习的能力,这对于能否给学生提供有价值的教育至关重要;③基础学位的课程教学应以认真谨慎、自觉的和高智水平的方式来反映学习主题的最新进展;④学业评估应以专业的、一致的方式进行,以维持学位的学术水平。

第四,支持基础学位项目交付的环境。这一标准涉及教与学的基础设施,通过监测教与学基础设施是否符合既定目标,使所有设施和活动能最大限度地提供学生体检有价值教育的机会,并使他们获得寻求良好教育机会的条件与资格。

3.学位授权审核程序

学位的授权审核程序是国家授予学位权力的过程,英国的学位授权审核过程分为三个阶段。第一阶段,学位授予权顾问委员会的初审阶段。初审阶段主要是对书面性的定量与定性材料审查审核,进而形成初步报告,一方面对于不完整的材料进行补充或对所提交材料中的特殊事件进行实地考证,另一方面决定是否进入第二阶段来自英国高等教育质量保证机构的复查。第二阶段,英国高等教育质量保证机构的复审阶段。复审阶段主要通过实地探访申请单位的内外部利益相关者,进而作出论证。例如"通过与教师、学生和申请单位相关的外部利益团体座谈,以及考察外部机构提供的调查报告等方法,来了解外界对该单位运行的评价"[1]。第三阶段,批准授予权力阶段,该阶段是在英国高等教育质量保证机构同意后,提

---

[1] 刘丽华.浅谈英国的学位授权审核制度[J].学位与研究生教育,2006(2):73-76.

交相关政府部门审批,最终由枢密院批准并公布对学位授予权申请的最终决定。当然,学位授予资格的申请单位有提起质疑和申诉的权利,他们可以在最终报告送审前,对报告中证据的准确性提出质疑,也可以向相关政府部门对最终审批结果提出申诉。

(三)两种管理模式的比较及其对我国的启示

由于国家体制和市场机制成熟度不同,美国和英国的职业型初级学位管理表现出不同模式,比较英国基础学位管理制度和美国职业副学士学位管理制度,评价两种管理模式的优劣势,分析我国学位授权审核的管理问题,进而从理论和实践上给予创新我国高职学位授权审核管理的启示。

1.比较与评价英美两国的学位管理模式

(1)国家是学位授权的最高决策者

不管在历史的某个时期或者是在哪个国度,代表统治当局的国家一直是学位权力的最高决策者,高等院校的学位授权主体是国家或者代表国家的相关政府部门。英、美两国基础阶段的职业学位授予权与办学权一并生成,都由政府授权。因政治体制的不同,联邦制的美国主要来源于州政府的授权,联邦政府很少直接向大学或学院授权学位授予权。议会制的英国主要来自枢密院,即英国政府下设的一个行政部门。无独有偶,我国学位授予权力的最高决策机构亦是国家。1980 年,我国开始实施学位授权审核,学位授予权力最初来源于国务院,但 1986 年后,这一权力被转交于国务院学位委员会。经过几十年的发展,国务院学位委员会开始将学位授予权下放至地方政府(省、自治区、直辖市)及其学位委员会。从国务院到地方学位委员会,我国学位授权决策主体一直都是代表国家的政府及其下设部门。

由此可见,不管是学校学位性质还是国家学位性质,现代民族国家,高等院校学位授予权力的最高决策主体必然是国家。只是在学位管理实践中,由于管理模式不同,出现了多种学位授权机构,如美国地区性认证机构,但这些授权机构的权力还是来源于代表国家的政府组织。因此,学位之于社会、国家或全球是非常重要的资源,对这种资源配置资格的决定权必须掌握在国家手中。

(2)学位授权审核的社会参与和动态复评

在美国,以专业认证机构为主体的社会力量是延续高等院校学位授予权、为高等院校学位授予权划分等级的管理机构。它不是简单地参与学位授权评审事件,而是充当代替政府管理学位权力实施绩效、保障学位质量的角色,但是它与政府之间并不是委托代理关系。因此,在美国学位管理中,即使是已获得学位授予权的大学或学院要想让自己存活下来,要想让实施的学位课程受到广泛认可,就得花费一定的费用恳请第三方专业认证机构对其进行评审。而我国由于政府直接管控力度过大,社会力量参与评估、标准制定、审核、决策建议等事项的空间极其狭窄。依据《中华人民共和国学位条例》第7、8、9、10条,我国学位授权审核将经过四个程序:高等院校申报、地方教育主管部门(一般是地方政府学位委员会)初审、国务院学位委员会评议组复审,最终送达国务院批准。在这个过程中,政府力量一家独大,既扮演着裁判员的角色又扮演着参赛者的角色,在授权审核的各个环节都起到主导、管控的作用,致使社会力量和学术力量被严重削弱。众所周知,"社会力量"是高职院校治理和职业学位管理不可或缺的重要角色,高职学位管理必须发挥社会力量,让社会力量参与规则制度化。

为了推动学位课程和学位培养计划的时效性,特别是在职业型学位管理之中,复评、复核、复审是学位权力高效而有质量行使的重要保障措施。美国就非常注重学位授权后的复评复核,英国略为逊色,而我国对学位授予单位的定期考评则未能实现监督、质量保障、退出淘汰的功能。在美国,政府或被授权的第三方认证机构并不直接计划学位教育的招生人数,也不直接决策学位授予权的撤回,而是建立5~8年的周期性复评机制,通过市场这双无形的手来检测学位专业设置的适切性、学位培养的有效性、评估学位授予单位的可信度。对于受市场经济影响更剧烈的职业型学位来说,动态灵活的学位监测与管理是必不可少的,学位授予单位之学位课程设计、专业设置和教育能力的周期性评价是存续学位授予权的基本依据。

(3)标准导向和改进激励:学位授予单位审核的目的

学位授权标准是学位授权审核运行的参照系,也是高等院校提出学位授权申请的"低保"标准尺度。英、美两国对基础阶段的职业学位授予单位的审核重心都放在"保障教育质量"的师资队伍、教学绩效、学校管理等支撑性软硬件条件上。美国社区学院的学位授予权审核更为精细,强调高校对不同学位项目授予的特殊性标准,在审核了学校标准的基础上,再次审核职业型副学士学位项目的特殊标准。并且为了使职业型副学士学位项目能够与应用学士学位、专业研究生学位衔接,开始增强社区学院的专业教育认证,如工程类专业、教师类专业和医生类专业。2000 年,我国国务院学位委员会颁发了《关于审定学位授予单位的原则和方法》,主要对学术型学位,特别是硕士和博士两级学位授予单位审核程序作出详细规范,其中包含指导性标准:"主要从学术力量、教学工作质量、科学研究基础等方面加以综合考察"。重点是对师资队伍的职称结构、课程结构、图书馆等硬件设备条件进行规范,但未见对这些资源如何运用、组织和管理的要求。这一学位授予段位评定原则、方法和标准较为单一,重视学术标准而忽略指向就业的其他标准需求,重视资源含量而忽视资源管理。与英、美国家相比,我国学位授予单位评审标准还需进行深度改革,完善各种学位类型的学位授予单位标准审核,全面审核学位申授予资格申请单位的各项可能性能力。另外,就高职学位授予单位的资格审核标准而言,急需一套有别于现行审核原则和方法、有别于《高等职业院校设置标准》的合法且合理的标准体系。

2.对我国构建高职学位管理模式的启示

我国学位授权审核制度实施历经了 30 年,为保障各级各类学位培养质量作出了巨大贡献。然而伴随知识经济与科学技术的发展,尤其是在当前职业学位缺位的背景下,原有学位管理制度已不能适应时代的要求。现行以学科为载体的学位授权审核制约了以职业为载体的职业学位授予权力的合法化进程;另外,政府在整个学位授权审核过程中的直接管控阻断了社会参与的可能性和积极性,也导致了教育资源的低效配置。因此,在我国学位管理体制下,通过改革学位授权审核制度从而使高职学位的授权审核有法可依、有章可循。

第一,政府与社会、高等院校的关系。学位授权审核中的政府、社会和高校之间的关系处理问题是学位管理的外部系统问题。高职学位管理的外部系统构建必须在解决现行学位管理的外部关系问题基础上,从高职内涵式发展出发,构建三者稳定的三角关系。现行学位管理的政府、社会和高校三者之间权责利的不平衡关系归结于政府直接干预力度过大、社会力量发挥空间较小,进而引发了高校受制于行政管理,只对权力来源和经费来源的政府负责的现象,造成学位培养单位向着内涵式发展的动力不足[1]。英美国家学位管理模式下的三方和谐共治的关系是建

---

[1]　罗建国.我国学位授权改革目标与策略探究[J].高等教育研究,2014(8):55-60.

立在"高等教育自治和学术自由"理念、政府和高校两者各自职权明晰的限度,以及"使各方利益关系人能在权力分配与运作上达到相互制衡"基础上[1]。

基于公平、公正的理念,学位授权的决策主体与学位授权的审核主体应该由不同主体执行决议或审核。就高职学位而言,明晰高职学位授予权与审核权间的关系,关键在于如何界定行业在制度权力架构中的权能限度。首先,该学位授权的审核主体将由行业权威专家、具有高级职称的教授或副教授等构成的高职学位委员会,高职学位委员会由各高职院校组织形成,受省、自治区和直辖市政府管理。其次,遵循国家性质学位的管理体制,学位授权的决策与公示主体应当是国家层面的权力机构,即国务院学位委员会,省级学位委员会负责审查高职学位委员会学位授权审核结果,并将审核结果报送国务院学位委员会。

第二,高职学位应该更加重视授权后的周期性再审再评机制,以实现职业学位科类设置与培养的时效性。高职学位授权后的周期性再审再评机制就是要综合某段时期内的市场信息,评估劳动力市场需求变化,在首次国家规划的审核与授权后,或淘汰一批过时的学位科类,或撤回低质量的学位课程教学和学位授予单位的授予权力,或重新决策那些需要整改的学位授予单位的学位授予权力。另外,周期性再审再评机制还应该关注该学位科类所指职业领域的国际化发展动态。在全球化时代,人才是全球流动的,产业、行业和职业是国际化甚至一体化发展的,因此,在学位授权再审核的过程中,不仅要关注本地区的发展需求,还要关注国际上该职业领域的发展水平,使我国高职学位的培养与国际接轨,使我国高职院校具有国际声望,进而促进人才交流。

第三,设置学位授权的学校层面和学位项目层面的标准。授权标准是保证学位质量的重要因素,学位授权标准与教育类型和教育机构的规模、水平有关。教育类型决定了学位授权标准指标的项目种类分布,而教育机构的规模和水平与一国的经济和科技发展相关,它决定着一类学位授权标准的深度。就高职学位来说,必定由职业教育类型的高等院校来进行培养和代理授位,而一国的经济和科技发展状况必将对高职院校的专业结构与布局、招生规模、院系与部门设置等产生重大影响。

[1] 韩映雄.世界主要发达国家学位授权制度分析[J].学位与研究生教育,2009(8):79-82.

三、我国高职学位的管理机制

（一）国家授权视野下高职学位的授权与审核主体

国家学位授权主体从各行业、产业的中央主管部门到集中管理的国务院学位委员会，而今逐渐下放给以区域为单位的各省级、自治区和直辖市政府。学位管理模式的区域化和民主化是高等教育治理的国际趋势。市场经济时期，中央政府将学位管理权力下放，让各地区和各学位教育执行院校根据其特殊需求和能力来分配、管理学位资源，以此激活同类学位培养的质量竞争、优化学位结构的有效机制。由此，高职学位管理也应该遵循"地方为大、民主管理"的理念，清晰界定高职学位授权审核过程中各主体的权、责、利，才能将整个高职学位授权审核协调运行起来。在整个运行过程中涉及两大主体：一是授权主体，它们是中央政府及其相关部门、省（自治区、直辖市）政府及其相关部门；二是审核主体，即审核与评估委员会，包括行业协会、专业协会、企业等。

1.国务院学位委员会的职责与权限

国务院学位委员会主要对整个学位体系作出顶层设计与宏观管理，主要调控和规划的职责与权限是：

①规划我国学位结构。一方面，是基于现代职业教育体系建设的职业型人才的接续教育，即高职专科学位教育、高职本科学位教育和专业学位研究生教育；另一方面，是基于职业教育与普通教育衔接转换的高等教育互通体系，即两者互通的法律依据、媒介、制度、组织建设、其他保障等。

②发布高职学位授权工作的政策指令。从国家经济发展战略布局上，对高职学位各专业科类和授权单位的规模与管理作出整体政策规划，从国家高等教育及其学位的发展战略上，进行高职学位授权审核的顶层制度与政策的设计。

③建设与高职学位持有者职业生涯发展相关的互补性制度。如，与高职学位持有者的职业（专业）技术等级认证相关的职业资格等级制度、职称评定制度；与高职学位持有者的社会保险相关的职业保险制度、社会福利制度；与高职学位持有者相关的在职培训与教育制度等。

④颁布鼓励民办高职院校获取高职学位授权的奖励性政策。如：为校企合作办学、合作培养提供奖励性政策，为企业免税、为企业提供发展平台。企业办大学已经是世界高等教育的发展趋势[1]，在世界其他国家，企业大学有多种办学模式。我国鼓励企业参与办高等教育，在学位授予权上，国家通过政策补贴，鼓励并开放企业大学与大学、职业技术学院等高校合作，授予相应教育层次的学位。另外，对于优质的高职院校，国家应通过财政奖励、自主权下放等措施，激励其越办越好。

2.省级（自治区、直辖市）政府的职责与权限

省级（自治区、直辖市）政府主导高职学位授权审核的教育与资源的统筹权，在本地区高职院校毕业生培养能力的基础上，主要致力于制定高职学位授权标准、授权与审核的规则以及授权审核后的具体监督制度。另外，在分析本地区学位结构状况基础上，基于本地区经济长短板的实际需求情况，本着"合理分工、科学定位、统筹规划、优化结构、保证质量、提高效益"的原则，对高职学位授予单位和学位专业的立项、规模、授权作出整体布局。主要职责与权限表现为：

①统筹规划本地区高职学位授予单位及其专业的立项和结构布局。第一，对本地区内的高职学位授予单位及其学位科类的种类结构、空间布局、实力分布作出整体规划。第二，制定本地区高职学位授权单位的标准和学位科类教育的最低准入标准。第三，高职学位授权单位的质量调查、评估和发展状况的信息和数据统计与档案管理。

②执行省级（自治区、直辖市）政府的学位授权审核初审职责。依据现行的学位授权审核的委托代理关系，省级（自治区、直辖市）政府受国务院学位委员会的委托，对新增硕士学位学科具有初步评审权。高职院校的办学权和管理权都由省级（自治区、直辖市）政府全权接管，因此，省级（自治区、直辖市）政府也应该具有高职学位授权审核的初步评审权力。

③审核专门审核机构呈现的评估报告和院校自评报告。主要致力于审核评估报告的真实性、可行性、有效性，即审核方法的合理性、审核结果的全面性和标准化、审核过程的规范性。

---

[1] 邓瑞芳.国外企业大学的发展经验对我国企业的启示[J].科学学与科学技术管理,2006(10):147-151.

④对本地区高职学位授予单位所进行的学位授予工作和高职学位质量进行检查与监督,并提出处理建议。

3.审核评估委员会

审核与评估委员会在高职学位授权审核工作中承担着对学位授予权申请单位作出全面审核的任务。审核与评估委员会本着"公平、公正、时效、平等"的原则,摒弃以行政审判性为主的审核理念,在学位授权的审核过程中,与高职院校之间是平等关系,而不是上下级关系。审核内容包括申请单位的书面评审材料和申请单位实地面貌。

①从企业、行业组织、专业协会和高等院校四大群体中,按照一定的比例组织专业评估人员,形成各职业大类和行业大类的专家库,同时,组建一个日常工作委员会,处理执行学位授权审核的管理工作。

②专业评估小组和日常工作委员会对最终呈现的评估报告、审核结果的公正性、公平性和真实性负全部责任。

③审核评估委员会最大权力体现在专业权威性,最终的审核报告具有权威性,是学位授权的主要依据,但是不能对是否授权学位作出决议。

④确定多方位的审核内容。不仅对院校实地进行审核,而且审核其相关专业的劳动力贡献率和合作企业的发展变化以及工学结合、校企合作的关系,最终落实到使审核体现时效性和市场性。

(二)高职学位授权审核的标准

国家授权某类高等院校实施一定水平的学位教育,认可某类高等院校授予达到此学位水平毕业生学位,这一授权与代理的资格审核必定要考虑授予对象(即高等院校)是否能够承担该种学位类型与层次水平的教育计划,以及国家对此学位持有者的预期。本书将从理论框架上对高职的内涵式发展重新进行定义,据此提出高职学位的授权应秉持"两个审核标准"。

1.高职学位授权审核标准设计的内在逻辑

高职的内涵决定了高职在国家战略、区域经济社会发展、教育理念三个层面的特殊性。目前,关于高职内涵的界定,通常从两个视角进行定位,一是从功能视角强调高职的社会功能,二是从能力视角强调高职的内涵是实用技术操作能力和职业生活基本能力形成的一种教育。1998 年,教育部颁布的《面向 21 世纪教育振兴计划》就强调,"高职必须面向地区经济建设和社会发展,适应就业市场的实际需要,培养生产、服务、管理第一线需要的实用人才";2014 年,《现代职业教育体系建设规划(2014—2020)》不仅强调要"培养高素质技术技能型人才以服务现代农业、服务业和工业转型升级",而且强调要"畅通一线劳动者继续学习深造的路径,建立在职人员学习—就业—再学习的通道,实现优秀人才在职业领域与教育领域的顺畅转换"。从高职的内涵研究与政策导向来看,"服务经济发展,培养技术技能人才"是高职的主要功能之一,同时"畅通基层劳动者的职业生涯发展进路"成为 21 世纪高职的重要功能。高职"服务经济和服务个体职业"这两种功能决定了高职不仅是职业需求的技术技能培训与教育,更是基于人的价值、潜能和生涯发展。

21 世纪以来,高职及其高职院校的发展战略从规模式发展转向内涵式发展,革除高职只重视数量发展而忽视质量发展的弊端,提高技术技能人员的社会地位和职业评价。也就是说,以往高职过分追求从数量结构上服务经济,积累人力资本,而如今内涵式发展要求重视高职结构布局的效率和质量,重视高职毕业生、一线劳动者的学习效用和职业生涯设计。因此,高职院校的高职学位授权审核标准,必须基于这两个功能,以高职内涵式发展为主旨,制定高职院校学位授权的"服务地方经济的审核标准"和"服务个体发展的审核标准"。

2.基于高职内涵式发展的学位授权审核标准

(1)基于服务地方经济的高职院校审核标准

高职服务地方经济就是为地区经济发展提供支撑力量,核心任务是为地区产业发展培养高级应用技能人员。围绕着这一核心任务,从宏观、中观和微观层面,分解出三大服务内容及其对应的高职学位授权审核的院校标准。

第一,宏观层面上,基于地方经济的产业结构、行业结构、人口结构特征,对地区职业型、技能型人力资源作出规划、管理和生产。高职院校在人才培养的同时也在对地区人力资源进行生产、规划与管理,亦是地区人力资源管理的一个调节手段。这项审核标准关系到:高职毕业生知识、技能和素质水平与地区人才结构的对称状况;高职院校的专业设置与产业需求服务状况;高职学位的培养实践与生产实践对接状况;与地方的社区活动、社区教育之间的互动情况。

第二,中观层面上,基于高职院校服务地方经济的特色办学,制订关于高职院校组织建设和教育教学总体规划两个方面的审核标准。这项审核标准关系到:高职学位教育活动所需的硬件设施,依据《高等职业学校设置标准》中对高职院校硬件设施的项目分类,高职学位授权时,对"学校占地面积及其使用资源分配、实习实训场所、教学仪器设备、图书馆资源、其他技术资源"五项设施进行重新设置标准,并审核达标情况;高职院校定位与学校治理的恰接度;围绕着"工匠精神"的高职理念和高职院校组织文化建设;高职院校章程建设;中高职之间、高职与普通高教之间的衔接机制。

第三,微观层面上,为高职学位教育活动提供支持性制度环境、技术环境和财务资源。这项审核标准关系到:师资队伍标准及其评聘制度;各高职学位科类完整而有效的教学管理制度;支持实践知识习得、技能形成和职业伦理与公民素质养成的"专业教学资源库、岗位仿真实训中心、工学结合的合作企业";一套完整的经费预算与审计制度。

(2)基于服务个体职业人形成的职业教育审核标准

随着技术和知识更新速度的日新月异,终身学习已成为关乎个体"幸福生活"的一个必要条件,高职学位教育及其文凭符号的最大意义就在于提供个体职业和学习可持续发展的可能性和合法化权力。因此,国家在授权高职学位授予权的审核时,必须对高职学位的教育活动进行标准审核,以保证学位质量与符号的认可度,同时也保障个体升学、转学和面向职业的职业人进路中的无缝接续。这项审核标准涉及以下几个项目:

第一,学位质量审核,包括审核高职学位持有者的就业满意度;企业对高职学位持有者的工作满意度;高职学位持有者就业的对口率;工作三年后高职学位持有者的职业流动;各学位科类教育目标的完成情况;参与本科教育招生考试人数与被录取人数比例。

第二,课程内容审核,主要包括:课程目标;课程分类与结构;课程学习与职业资格等级标准、专业标准的关系;课程开发,包括开发主体、程序与方法。

第三,教学效果评估,主要包括实践知识和专业知识标准、技术能力和职场基本能力标准、职业伦理和公民素质标准三大标准是否达标。

第四,师资队伍建设。主要对本学位科类的教师队伍结构进行考核。如:"双师型"教师比例;副高级、高级专业技术职务比例等。

第五,学制的灵活度。实践型人才不仅需要课堂的知识学习或实训基地的实验学习,更需要走上社会、走向实际岗位上的实战演练。因此,承担高职学位教育的院校应该有弹性学制,合理安排学业进程与实践演练,允许保留学籍休学创业的机制。

(三)高职学位授权与审核的运行

1.从行政审判走向学习成效评价的管理理念

学位授权与审核是国家按照《中华人民共和国学位条例》《实施细则》以及各级教育及其机构设置的相关法律法规,对学位申请单位提出的申请进行全面评估与审核,最终由国务院学位委员会作出是否授权申请者的学位授权审核管理过程。由此可知,学位管理的结果很大程度上指向国家对一类教育和人才的质量期待。因此,保障学位授权审核结果的高质量,必须使其运行具有合理性、公正性和高效性。从学位授权审核的性质来说,学位授权审核行为是一种教育能力评定行为,其目标性和计划性强、技术含量高。从这个意义上说,一所院校的学位教育能力,最主要体现在学生的学习成效上。就学术型学位而言,学习成效主要表现为科研成果,如重大发明发现、公开发表的学术成果等。就应用型学位(包括高职学位和专业学位)而言,学习成效主要表现为执业技术能力、职业综合能力、产品研发等。因此,学位授权审核不单是国家为了管理而管理的学位管理行为,更是为了知识习得、运用与生产的过程。

高职学位是职业实战能力要求很高的文凭证书,高职学位教育主要保障学生的学习成果能否运用到职业场域上的实践中来,因此,国家在对高职学位授权与审核过程中,更应该注重审核与评估申请院校是否有承担起培育高质量的岗位实践者的能力,以学生"学习成果"——包括知识类型、广度与深度,特定岗位技术能力、执业综合能力和行业德行、技术伦理、公民道德与职业态度——为内涵,致力于考察院校的软硬件设施、发展潜力与进步空间。我国现行的学位授权审核运行带有浓厚的行政审批色彩,在审核与评估申请单位时,多采用行政审判的上下级评审模式。由于制度还未完善,申请单位在学位授权的审核过程中没有提出质疑、解释、申诉的自下而上的反馈渠道。关于高职院校设置标准可以偏向于行政审判性指令,而高职学位授予权的资格审批要更加注重学生学习成果与职业岗位需求的匹配度。因此,高职学位授权审核制度应该以学习成效为导向,摒弃以行政审判为理念的授权审核观念。

2.开放式的学位授权与审核运行

相对学术型学位,高职学位与劳动力市场、产业和行业的联系更为紧密,科技发达时代,经济迅猛发展,行业变化飞速,市场对劳动力的智识、技能和素养水平的要求也在不断地变化。因此,高职学位的授予单位如要保证其在劳动力市场竞争中的优势地位,就必须保持其学位教育质量和学位专业设置的时效性。这就要求高职学位的授权审核管理应该是一个开放的模式,而不是国家包揽全部授权和审核权力与职能的计划管理模式。一方面要加大社会力量参与力度,制订与外部社会需求更贴近的授权审核标准。另一方面要运用现代网络技术和先进的数据分析方法,如基于大数据对信息的预测与监测来分析与决策授权标准的变化等问题。高职学位授权单位审核和专业点审核应该基于对产业、行业、劳动力的多元而大量的数据,将这些数据信息整合到一个共享平台,各省级(自治区、直辖市)的学位委员会能够便捷而快速地从平台上集合所需信息,以调整授权审核标准、宏观规划学位点布局,使高职学位教育与社会经济发展紧密相连。开放式的高职学位授权审核模式更能够体现高职学位的职业性,同时也能够在学位授权的源头保障高职学位教育、高职院校服务地方经济的质量。

3.建立学位授权后的监督复评机制,保障学位质量的时效性

建立科学的学位授权单位合格评估与监督机制,促进学位授权单位的可持续发展,这也是学位点建设与发展不可或缺的手段。[1] 设立高职学位授予单位、学位专业点定期复审机制是高职学位授权审核管理的一个重要环节。高职学位复核机制不是学位授权审核进行时的一个环节,不是针对在首次学位授权审核结果中成绩较低的学位申请单位或专业点进行复审,而是强调已获得授权的学位授予单位在一定的周期内再度接受学位授权审核机构的审核。实施学位授予单位或专业点的定期复评意在打破学位授予单位终身制的保护壁垒,以奖励和惩戒为激励手段,促进学位授予单位更加全面地进行教育创新和学校建设,不断更新或淘汰落后的学位专业,升级优势专业,吸纳技术更高和经验更丰富的教师,不断更新课程与教学设计,从整体上巩固和提高高职学位教育水平和院校声誉。例如,国家可以对

---

[1]　林梦泉,朱金明,唐振福,等.学位点质量评估协同机制探究[J].学位与研究生教育,2013(7):20-24.

首次获得高职学位授予权的高职院校或学位点在"试用期"[1]后进行复评,"试用期"以高职学位修学年限为准,对其培养的第一届毕业生的学习成效和培养方案的效用进行评估,根据复评结果决议是否继续赋权,或质量整改,或保留观察等。

(四)高职院校学位评定委员会的组建

由于我国高职院校不授予学位,其组织内部机构设置中未出现实施学位工作的相关组织。高职院校申请学位授予权、实施学位教育、授予学位,必须要有一个专门机构来评价修读学位的学生是否达到该学位水平、是否可以授予学位,以及评价院校的学位授予权申请工作和学位授予权的再审核工作。也就是说,需要一个专门的学位机构作为连接学位教育与学生、高职院校与学位授权的审核主体、高职院校与学位授权主体之间的关系桥梁。那么,高职学位评定是否应该在学术委员会中进行,还是另立机构? 高职院校需要什么样的学位管理机构? 这些问题的解决需要深入思考"学位评定机构的职责与权限定位、成员及结构、与学术委员会的关系"。本研究基于对学术委员会与学位委员会的关系进行理论分析,从两者的关系定位和比较中明确学位委员会的职责与权限。

1.高职学位下学术委员会和学位评定委员会的关系

学术委员会与学位委员会之间的关系处理问题一直是高校学术管理、学术权力研究的重要课题,也是高校章程建设比较棘手的问题之一。当前高校的组织设置中实际呈现出来的关系是以"并列关系"为主,少数采用"上下关系"。学者王玉学考察广东省 23 所高校(包括 16 所本科院校和 7 所高职院校)的章程,只有 5 所高校采用"上下关系",其他 18 所高校采用"并列关系"[2]。而对这一关系的理论研究更倾向于主张"上下关系"。例如《高等学校学术委员会规程》将学术委员会作为高等院校内最高学术权力机构,对校内一切学术事务有统一的决策权威。虽然学位授予权常常被看成学校管理学位的行政行为,然而该权力内生于学术组织,

---

[1] 冯晖.对学位授权审核工作及其评审方法的几点思考[J].学位与研究生教育,2004(4):18-22.
[2] 王玉学,吴楠,谢金华.试论学术委员会、学位委员会及教学指导委员会的关系——以广东首两批核准23 所公办高校章程审查为例[J].高教探索,2016(7):37-41.

并与知识操作发生密切关联[1]。因此,将学位评定委员会设置为学术委员会下属的职能部门,专门管理、实施学位授权申请和学位授予事务,在某种程度上可以减少资源的重复浪费。如果学位评定委员会与学术委员会是平行机构,那么在学术权力上就形成了两个最高机构,由此必将在学术管理过程中出现分歧和派别斗争。

两个委员会采用什么样的关系取决于该组织的效率及其合法性身份的建构。在高校组织多数采用"并列关系"的大环境下,必然会受到声誉和合法地位都更高的大学组织机构设置的影响,造成机构关系设置和制度设计的趋同化。然而,高职院校的学位委员会与学术委员会的关系选择必须遵循高职组织与其他组织不同的特殊使命,它决定着技术选择、制度设计和组织运行的理念和具体形态呈现。就当前高职院校组织中学术委员会的章程来看,其文本规范较少体现高职院校的特性,照搬照抄《高等学校学术委员会规程》的文本成分较多,比如关于学术委员会的职责和权限的规定,机构设置与文本内容规定有为了学校章程的完整性而草率设计的嫌疑,导致了高职院校的学术委员会在组织运行和功能发挥时产生的效用和效率不大。一方面是因为高职院校学术委员会完全赋权不高,另一方面,高职院校内学术相关事务相对较少[2]。归根到底是没有清晰辨明高职院校的"学术"与大学院校的"学术"的不同内涵,这也是高职学位委员会与大学学位委员会之间的本质区别。高职院校的"学术"是在职业场域中的经验知识、实践知识和特定问题情境下的技术运用,强调的是"实践知识的运用之术"。而大学的"学术"是以抽象知识为对象的知识研究和发现,强调的是"理论知识的研究之术"。高职院校的"学术"最终指向"术",而大学的"学术"最终指向"学"。因此,应该改革高职院校学术委员会,明确高职中学术事务之具体意蕴,在重新界定高职院校学术委员会性质、重构高职院校学术委员会职责和章程后,于其内下设学位评定委员会,将倾向于专业化评定的学位评定事务与偏向于学位授予的行政事务分离。综上,本研究认为,高职院校学位评定委员会可设置在学术委员会之下,形成上下关系,共同致力于面向职业岗位的实践知识运用的技术、技巧与能力的传播、认证和开发。

---

[1]　罗建国.制度困境和政策创新:我国学位授权政策改革研究[J].湖南师范大学教育科学学报,2010(9):61-65.

[2]　王玉学,吴楠,谢金华.试论学术委员会、学位委员会及教学指导委员会的关系——以广东首两批核准23所公办高校章程审查为例[J].高教探索,2016(7):37-41+103.

2.高职学位下学术委员会和学位评定委员会的职责

根据《高等学校学术委员会规程》,学术委员会拥有"决策、审议、评定和咨询"四大职权及其最高学术权力,其决策权和审议权应该与学位委员会的评定权、咨询权形成职权分离的格局。

学术委员会关于"高职学位"相关事务所行使的职权:

①决策与审议教学与学生学习成果质量的评价标准和考核办法;

②决策与审议校内各学位专业科类的设置规划;

③决策与审议学位授予的标准及细则、学历教育标准和人才培养方案;

④决策与审议专业技术职务评审和教师岗位聘用办法中的学术标准;

⑤决策与审议学位授予与学位教育的失范行为、学位争议与纠纷的处理规则。

学术委员会授权学位授予专门委员会,即学位评定委员会,行使下列职权:

①评定各学位专业科类设置的学术标准和职业标准,并提供咨询;

②评定各专业科类招生的学位标准,并提供咨询;

③评定学位授予标准、学历教育标准、人才培养方案,并提供咨询;

④评定教学成果、人才培养质量的评价标准,并提供咨询;

⑤对校企合作办学、工学结合教育模式、国际交流与合作项目等事项提出咨询意见或建议;

⑥学术委员会授权的其他事项。

3.学位评定委员会的成员构成

从现行高职院校的组织架构和学位委员会的职能两方面考察,学位委员会成员必须由三大群体构成:第一,党政职务人员,因中国特色的政党体制,学位委员会应该包含少数具有党政职务人员。第二,高级专业技术职务人员,他们由两个群体组成,一是长期奋战在本专业教学工作一线的教师;二是长期从事本职业或职业群的专业技术人员,具有中高级技术职称,熟识岗位运行、了解职业前沿、在某种程度上能够预测职业和行业未来发展方向。他们具有专业权威、职业权威,对学位质量起到了同行业评定的核心作用。第三,行政人员,学校管理的行政人员是支撑学位管理实务、提高管理效率的一线人员。从委员会的组织架构讨论,学位委员会应该设置一位委员会的最高领导者——主席;两位分别分管学位授予工作和学位授权申请、审核、再审核等工作的副主席;若干名各专业系科主任和教务处主任、总务处主任。组织成员人数、各群体在组织机构所占比例应按照院校和各系科的规模而定,任期参照学术委员会成员的任期,一般在 3~5 年为一个任期。学位评定委员会人员组成需省级(自治区、直辖市)学位委员会批准,并由国务院学位委员会备案。

另外,学位评定委员会的委员应当具备以下基本条件:

①遵守宪法法律,学风端正,有良好的职业伦理、职业道德;

②在本专业和职业领域具有良好的技术声誉、职业声望和公认的发明专利成果;

③热心学校建设和发展,有参与教学育人的意愿和能力。

第六章　高职学位的衔接机制建立

高职学位衔接教育系统和职业系统,在教育系统中与更高一层级的学士学位衔接,在职业系统中与职业资格衔接。高职学位衔接机制的构建不仅打通了以职业为导向的学位体系与以学术为导向的学位体系的通路,也打通正规职业教育与非正规职业教育及培训、正式学习与非正式学习之间的通路。它推动了职业教育与普通教育、应用型教育与学术型教育、学校教育与产业一体化的进程,也推进了终身学习理念的实施。本章首先分析与借鉴外国高职学位的衔接机制,综合我国高职的升学与职业准入和晋升的现状,提出高职学位在不同系统内的不同衔接机制。本研究认为,在教育体系内,应用型本科教育是高职学位持有者升学的首选去向。高职学位与应用型大学组合成应用型人才培养联盟,以公认的学分为升学标准,以学分审核、免试推荐的方式升入本科教育,同时发展与完善专业学士学位制度。允许高职学位与学术型学士学位的对接,采用考试考核的办法使其转学至对口专业的学术型本科教育。在与职业系统的衔接上,应该建设国家资历框架,明确各资历内同等水平的学位与职业等级之间的转换条件、标准、方式和程序,从而定位高职学位与职业资格之间的等级关系。

一、高职在教育系统和职业系统内的衔接现状与问题

当前,我国高职在教育系统内通过专升本升学考试实现与本科教育的衔接。但这一升学制度存在很大的局限性,它将一大批高职毕业生排除在本科教育之外,并且没有区分不同教育序列(学术研究教育序列还是应用实践教育序列)升学去向的衔接问题。另外,高职认证与职业资格认证实质是两种互不相通的认证机制,虽然高职实施学历证书与职业资格证书的双证书制度,职业资格等级考试也会存在学历证书的要求,但是两者并不存在等价互换的关系。我国学历学位文凭与职

业资格证书之间尚未实现等价交换。

（一）高职在教育系统内的衔接现状与问题

高职在高等教育体系内的衔接机制实质是高职的升学制度的问题。高职毕业生的升学主要通过专升本制度和同等学力申硕制度实现。这两种制度虽然在某种程度上缓解了高职毕业生升学和高职院校办学的困境，但招生选拔制度不合理，专业对口衔接与专业接续教育问题没有得到重视，从而导致了专业学习无法延续、课程内容与教学方式无法匹配，高职院校的培养质量得不到大学的承认，高职毕业生的学习成果无法转换，其问题主要表现在以下三个方面。

第一，招生选拔中的专业对接问题。2010年，国务院公布的《国家中长期教育改革与发展规划纲要（2010—2020）》、教育部等印发的《现代职业教育体系建设规划（2014—2020年）》等文件相继提出完善高职毕业生直接升学转学制度，特别是以构建现代职业教育体系为目的的专升本制度。此后，国家放开高职高专的招生计划，解禁专升本招生不超过5%的指令。由于专升本招生选拔制度是由各省自主规定，此次专升本改革首先在湖南、上海、河北、天津、江苏、安徽、广东、广西等地试点实施。考察各先试先行省份的专升本招生制度，总结其招生选拔过程中的专业对口率和专业准入标准的特点及其问题。专业对口招生问题始终是1999年专升本政策实施以来的一大重要问题。近几年，针对问题教育部和各省的专升本政策的制定与执行都作出了很大调整，如在2015年新修订的《高职高专专业目录》中"723个专业列举了344个专业接续本科专业"[1]，各省在专升本专业对口入学考核安排上也做出了不同的方案。如：广西等地实施本专之间相同或相近专业对口选拔否则不予选拔资格的原则、重庆市把升学对应专业再次分为文、理等六类来选拔。专业选拔对口率的主要矛盾在于不管是应用型本科院校还是学术研究型本科院校，其专业以学科为划分依据，而高职的专业以行业或职业岗位群为划分依据。以由传统的纯粹知识而形成的学科为系统依托的学术研究型本科教育服务于自然与人类社会规律性、真理性的探索和"高深知识研究者"的基础性培养，然而以由人类社会行为引发的、以行业或职业形式而产生的经济活动为系统依托的应用型

---

[1] 付云.我国高等职业教育专业目录修订的演变[J].教育观察,2016(21):126-128.

本科教育服务于人类社会的实用的、有经济效益的物质财富增长。因此,两种不同知识体系、教育模式和培养目标的本科教育类型,寻找升学过程中的专业对口,必定遭到学科藩篱与行业藩篱的阻隔。拥有高等教育传统权威地位的大学院校对高职院校实施压倒性控制,同时高职院校在选择合作的本科院校时没有考虑该院校是学术型特长的教学教育还是应用型特长的教学教育。高职院校是职业型人才的培养,如果其毕业生欲进入学术型高校再深造,那么这种升学是带有转学意义的、跨转培养目标与模式的、进入高一层级教育的学习;如果其毕业生欲进入职业型或应用型本科院校再深造,那么这种升本的现场实作能力考核和专业对口接续上的要求要更高。

第二,课程设置中的知识连贯性学习与能力持续性培养的问题。课程是人才培养的基本单位和基础实践路径,专升本的最终目的必然落在课程培养的教学活动中。在通过专升本渠道实现升本的课程实施过程中,课程设置本身的衔接问题以及在课程教学中学生知识连贯性的形成、知识运用能力的持续进步表现出一定的缺陷。比如,课程设置本身的问题:专业课程层次性不分明、公共基础课程在本专阶段重复设置、本科课程体系忽视职业能力的全面培养而注重知识体系的形成等。其根源在于,高职没有摆脱对学术型教育的崇拜,在制度设计、培养模式和课程设置等方面不停地模仿大学的教育模式。反之,大学瞧不起高职院校的培养质量,不承认学生在高职院校所修的课程学分。具体表现为:高职本科课程与教学的设置方向偏向于学位标准的达标和职业资格准入证书的取得,而专科层次职业教育课程与教学的设置方向既要关照职场实务操作技能的掌握以提高就业率,也要关照来自升学需求的升学考试内容。因此,本专两个层次的课程架构设置的核心理念在于职业型人才的职业实践能力的形成,以学生的职业实践能力为本,在知识传授的连贯性、能力形成的持续性训练以及如何使学生掌握知识转化成实践创新的能力上作出合理的而高效的课程架构。

第三,攻读专业硕士学位渠道的升学问题。专业硕士学位的生源大部分来源于具有学士学位的报考者,另一部分来自具有一定年限工作经验的专科学历者。例如:法学专硕招生章程规定:"获得国家承认的高职高专学历后满2年或以上者,达到与大学本科毕业生同等学力",具有报考资格。但这种同等学力标准的实际执行存在着许多问题,例如:高职毕业生2年的工作经验是否就能达到大学本科的知识与技能水平;就职 2 年后的高职毕业生可能能够应付专业硕士学位的专业课考试,但是否还有精力和能力应对专业硕士学位所必需的英语、政治和数学科目的考试等。同时,对于报考的学士学位持有者没有限制其学位类型,学术型学士学位持有者不带任何附加报考条件。在专业科类设置上,专业硕士学位仅有一级专业类目,共 39 种专业,与本科专业目录或高职高专专业目录都没有设置对接原则、范围和机制。随着第三次科技革命的到来,信息科技成为产业与经济的决定性因素,2009—2014 年我国科技进步贡献率为 54.2%,比 21 世纪初上升了约 4.5%,科技进步推动着高校专业设置朝着工程技术与管理、制造业、高新技术产业等理工科领域发展。总体上我国产业部门对知识与技术的运用还很欠缺,现代化产业如高新技术产业主要集中在第二产业。"现阶段我国工业需要大量初中级技术工人和建设者、具备一定理论知识和实践技能的技术人员和部分科研开发人员"[1]。因此,提高某些行业或职业就业者的受教育层次和素质水平是知识与科技在更宽广的范围内运用的必要条件。

（二）高职与职业资格认证衔接的现状与问题

高职学历文凭与职业资格等级之间有一定的联系但并没有真正结合。就高职学历文凭而言,21 世纪初,我国高职实施学历证书与职业资格证书结合的"双证书制度",提高了高职毕业生的就业率。就职业资格认证而言,《中华人民共和国劳动法》和《职业技能鉴定规定》规定:只有接受职业技能培训,获得结业证书后,才有参加职业资格证书考试的资格。不仅如此,现实中学历文凭往往也是报考职业资格证书的重要条件。因此,高职学历与职业资格的关系主要体现在高职系统的双证书制度和劳动就业系统的职业资格证书制度。

1.高职双证书制度的现状及其问题

1994 年《中华人民共和国劳动法》规定"对从事技术复杂,通用性广,涉及国家财产、人民生命安全和消费者利益的职业（工种）的劳动者,取得职业资格证书后方可就业上岗"。1996 年《中华人民共和国职业教育法》规定"实施职业教育应根据实际需要,同国家制定的职业分类和职业资格证书制度等级标准相适应,实行学

---

[1] 陈超.产业结构现代化与高教结构改革——发达国家的经验及对我们的启示[J].江苏高教,2001(4): 19-22.

历证书、培训证书和职业资格证书制度"。2004年《关于进一步加强职业教育工作的若干意见》《关于以就业为导向深化高等职业教育改革的若干意见》和2005年《国务院关于大力发展职业教育的决定》提道："推行'双证书'制度，促进人才培养模式创新""积极推进职业院校学生职业资格认证工作"。高职实行双证书制度有经济、社会和教育发展的原因。一是经济上，市场经济时代，各行业、企业的竞争不仅是资金、土地等传统资源的竞争，更是人力资源的竞争。雇主和企业家为了降低成本和提高效率，他们希望招聘者能够直截了当地获得求职者的职业技能能力层次的证明证据，而在这方面，职业资格证书比学历证书的功能性更强。二是社会上，由于文凭社会的到来和学位证书的过剩，致使本处于弱势的学历证书的劳动力市场竞争力下降，学历证书在鉴定劳动者岗位技术能力水平上的信号作用弱化，职业资格证书成为学历文凭的一种补偿性、补充性的评价信号。因此，凭借双证书到就业市场求职，用学历证书评价求职者的技术文化素养和学习能力，用职业资格证书证明求职者的岗位实际职业能力，两者合力可促进高职毕业生更快更好就业。三是教育上，当前高职的学历证书既不能准确评价其毕业生的职业技能水平，也不能畅通其毕业生通往更高一级高等教育的通道。国家从高职"服务就业、服务区域"的教育理念出发，通过双证书制度给予高职与就业市场关联的又一条通道，以更准确而全面地发挥高职的就业功能。

据隋继学和王晓燕的双证就业情况调查表明："在广东、浙江、江苏、上海等沿海发达城市，学生持有双证书就业远比持单一学历证书更受企业欢迎"[1]。高职实行双证书制度是合理有效的，但是由于制度设计与执行上的不完善，校企合作和产教融合的机制还未健全，导致在双证书制度实行时，学历证书和职业资格证书既没有发挥各自的特色作用，又达不到两个证书互补共进的合力效果。

问题一：国家在宏观管理时为了提高学校的职业教育与工作需要的匹配度，以职业资格证书的考取数量为指标来评估高职院校的教学质量。容易导致"考证热"、证书在劳动力市场中的认可度低等问题。在访谈中，几位系主任和教学处管理者坦言："学校每个专业每年都有考证'指标'，每一届毕业生的证书总数如若未达标，那么本校的教学评估就要受损。但是我们心里又很清楚，有近一半的证书在就业准入和工资议价上是起不到作用的"。

[1]　隋继学,王晓燕.高等职业教育双证书制度的研究与实践[J].实验室研究与探索,2009(1):177-178.

问题二：双证书教育是以职业岗位为教学计划、教学内容和课程设置的分析依据，从岗位所需的熟练技术和职业能力为标准来设置的。但是现行的双证书教育是"两张皮"，将职业资格证书考试课程分为一类，专业学历课程分为一类，而职业资格证书考试课程往往被设置在"选修课体系"中。某国家示范性高职院校的建筑系系主任谈道："国内国家示范性高职院校的课程设置一般都是经过调研和论证的，但是很难做到将学历证书课程和职业资格证书考试科目结合起来，一方面是因为师资不够，难度大；另一方面是因为在校企协同制订人才培养方案时企业的影响力较弱。而这种情况在那些不发达的高职院校情况更为糟糕，很多专业的课程都是几个老师拍着脑袋凭空想出来的。"这种情况容易造成以技术、职业为主体，忽视了生活与职业的联结。

2.职业资格证书制度中的学历文凭

职业资格证书制度是为职业技能鉴定服务的一种考试制度，文凭在这个考试制度中具有一定的作用，例如：免试作用、减免某些科目考试的作用、允许跳级考试作用、抵消工作年限要求的作用。有学者把职业资格证书分为两类：技艺型职业资格证书和智能型职业资格证书，技艺型职业资格证书是偏向过程评价，智能型职业资格证书侧重过程与结果评价[1]。而学历证书是过程与结果的评价，且其持有者是受过有计划、有目的的认知培育、知识习得和技术传授的教育。学历证书与职业资格证书相比，职业资格证书考核前实施职业教育与培训的机构的系统性、专业性较正规学校职业教育机构弱。而在内容上，职业资格教育与培训擅长实作实操的技术实战能力的培养，而高职是一定层次水平的塑造"人之所以为人"的教育方式，不仅关注技能养成，更注重价值自由的引导，特别是技术价值与道德的养成。因此，学历文凭与职业资格证书的内涵各具特色。

然而，现实情况是，职业资格证书中掺和文凭要求给当前中国城市化和城镇化进程中，大量农民工的择业、职业培训、再就业、职业晋级的过程带来了很大阻力。据国家统计局2015年农民工监测调查报告显示，农民工平均年龄达38.6岁，40岁以下农民工所占比重为55.2%。2011—2015年，21~30岁的农民工占农民工总数比例最大，初中文化程度占比58%~61%，就业领域主要集中在第二产业，2015年

[1] 张元,蓝欣.日本国家职业资格制度特点及其与学历制度的关系[J].中国职业技术教育,2006(21):39-41.

占比 55.1%[1]。由此可见,农民工队伍就业特征是"大多数以低文化层次从事第二产业技术工岗位的年轻人"。在科技迅速发展的今天,为了农民工在城市里能持续地生活,应该给予他们提升技术等级水平的可能性和再学习的可能性。

二、外国高职学位的融通与衔接经验

当前,诸多发达国家已形成功能多元、结构丰满的学位系统,这些国家的学位系统与行业、职业等级关系更为密切,他们均建立完善的应用型学位与学术型学位、应用型学位与职业资格双轨融通的衔接机制。特别是欧盟和东盟及其各成员国资历框架的建设与实施,使各国家不仅沟通了学校教育与职业世界、应用型教育与学术型教育,而且为每个个体打通了终身学习的通道。澳大利亚、英国、日本、德国、中国台湾地区等在高职学位的融通与衔接机制上处于比较领先的水平,在理念和机制建设方面均对中国大陆高职学位的内外部衔接机制设计极具借鉴意义。

(一)高职学位衔接机制建立的理念

高职学位外部衔接机制体现了"一体化"的管理理念和"终身学习"的教育理念。一体化和终身学习两者是相辅相成的,各级各类教育之间的一体化与教育体系和职业世界的融合就是实现终身学习的途径,而推行终身学习理念就是搭建各级各类教育之间的立交桥,沟通教育体系与职业世界,拉近国家之间、区域之间的距离。2000 年,欧洲生活和工作条件改进基金会(European Foundation for the Improvement of Living and Working Conditions)提出终身学习的要义之一是在不同教育及培训系统之间搭建桥梁[2]。

首先,一体化是世界高等教育发展与管理的内在诉求。第一,高职学位外部衔接机制体现了学术型教育与应用型教育一体化,是打破学术型高等教育与应用型高等教育二元结构而提出来的发展观。从高等教育结构上讲,改善高职低层次、低

[1]　国家统计局.2015 年农民工监测调查报告[EB/OL].http://www.stats.gov.cn/tjsj/zxfb/201604/t20160428_1349713.html.2017-05-28.

[2]　European Foundation for the Improvement of Living Working Conditions. Lifelong Learning and Collective Bargaining[EB/OL].https://www.eurofound.europa.eu/sites/default/file/ef-files/eiro/other-reports/Lifelong_learning.pdf,2020-03-05.

水平的现状,缩小应用型高等教育与学术型高等教育之间的社会地位和教育水平差距,推动应用型高等教育体系的完善,使之与学术型高等教育并肩发展。我国台湾地区的学位体系是名副其实的"应用型学位与学术型学位"同步并行的制度,其"副学士—学士—硕士—博士"的四级学位是由高等技职院校承担的应用型四级学位制度和大学院校承担的学术型四级学位制度的"双轨"体系。从高等教育发展理念的角度上讲,有利于转变"重理论、轻技术"的传统观念,重视并尊重技术人才的贡献。英国高职刚起步时,由于其传统的骑士文化遗产和"重理论、轻实用"的观念,非传统大学(例如多科技术学院和城市大学等)没有学位授予权,其学生获得学位或者取得升学资格得通过向伦敦大学申请"校外学位"。第二,高职学位与职业资格等级的衔接机制体现了教育认证与职业认证的一体化。高职学位与职业资格等级证书都是认证与评价个体职业知识、职业技能和职业能力水平的工具,然而,由于两者评价主体、标准和方式的不同而成为两个体系,高职学位与职业资格等级间衔接机制的建立就是要让二者在保持自身独立性的条件下能够互认、互助,形成一个整体。德国的双轨制职业教育虽然已经将职业学校教育与行业标准联系得非常紧密,但是还是通过国家资历框架将职业等级证书与学位证书联系起来,即从国家资历第六级开始实现高职院校、大学和行业的一体化。第三,区域乃至全球范围内的一体化。20世纪80年代全球化时代全面来临,持续了几个世纪的世界分化格局朝着一体化的方向发展。当前,区域内的高等教育一体化已经形成,例如,21世纪初,欧盟各成员国共同建立了供诸盟国高等教育资格和职业资格对接的欧洲资历框架,随后其他国家和地区相继着手建设与欧洲资历框架相匹配的国家资格框架。2014年,东盟各国亦制定并投入使用东盟资历框架。为了促进各国经济的全球化和人才的无国界交流,全球范围内教育与职业资历框架的出现将指日可待。

其次,国外高职学位外部衔接机制遵循终身学习的理念。国外高职学位的衔接不仅表现在学习机会不因身份、地位、性别和智识水平差异而受阻,而且表现在学习内容衔接的连贯性和渐进性。由于岗位技术的迅速发展和行业标准的不断更新,人们在其职业生涯和社会生活中需要终身式的学习渠道与机会,以更新知识与技能、转变知识类型和智识系统、提升知识运用能力,为自身职业和学业生涯发展创造更多的可能性。联合国教科文组织在《教育——财富蕴含其中》中指出"终身学习是进入 21 世纪的关键所在,也是必须适应职业界的需求以及进一步控制不断变化的个人生活的节奏和阶段的条件"[1]。欧盟发表的《终身学习备忘录》指出,终身学习是指涵盖一切有目的的正式与非正式学习活动,其目的在于增进知识、技能与能力,发展终身学习需要广辟途径以促进学习参与以及对学习成果的认可,尤其是对非正规和非正式学习的认可[2]。综上,高职学位的衔接机制应该遵循着终身学习的理念,使个人在学历教育体系或非学历教育体系、不同国家学习所获得的资格能够转换和累积。

(二)高职学位在教育系统内的几种衔接机制

美国、澳大利亚、英国、日本等国家和我国台湾地区的高职学位在教育体系内的融通与衔接机制是根据教育的实际环境与办学体制特征而制订出的不同规则,主要有以下四种机制。

1.日本考试考核衔接机制

2005 年日本修订了《学校教育法》,创设"短期大学士"制度,将其作为新类型的学位纳入学位制度[3],成为日本的高职学位,与四年制大学衔接,继续完成大学本科后两年教育。在日本,不管是高职与应用型本科教育的衔接,还是普通高等教育和高职的衔接,皆有两种升学机制,一种是考试考核衔接机制,另一种是推荐入学衔接机制。就高职与应用型本科教育的衔接而言,考试入学衔接机制主要采用笔试和面试,面试方式灵活多样,笔试的命题者为应用型的技术科学大学,主要考核国语、英语、数学或应用数学等一般科目和专业科目,面试主要考核报考动机、学习意愿、基础学力、理论性思考能力和表达能力等。而推荐入学渠道,作为审核、评估与接纳者的应用型大学会特别重视申请者所就读的高职院校,主要评估申请者所在短期大学或高等专门学校的地位、培养质量和情况,根据申请者提交的申请、推荐材料进行审核,决定是否录用。就普通高等教育和高职的衔接而言,推荐入学机制要求被推荐者所申请的专业是与高职阶段相同的专业或同领域的专业。

[1]　联合国教科文组织.教育——财富蕴藏其中[M].联合国教科文组织总部中文科,译.北京:教育科学出版社,2014:61-62.
[2]　European Union. A Memorandum on Lifelong Learning[EB/OL]. http://ec.europa.eu/education/policies/III/life/memoen.pdf,2000,2017-05-28.
[3]　陶学梅.日本应用型本科教育与高职教育衔接的政策设计与实践[J].职业技术教育,2017(18):34-39.

2.中国台湾地区考招分离的衔接机制

中国台湾地区高等技职教育任务由专科学校、技术学院或科技大学承担,授予符合标准的二专或五专毕业生副学士学位文凭,随后通过考试和申请的办法升至本科教育阶段,攻读学士学位文凭。1999 年,台湾地区订立《技专校院考招分离制度实行方案》,即招生和考试的标准制订和管理运行由两个不同的组织机构承担,各司其职。2001 年,面向职业的副学士学位持有者通过统一入学笔试和多渠道入学的办法(如登记分发、保送或甄审),升学至技术学院或科技大学的学士学位教育。具体步骤如下:①学生仅需参加一次由技专院校入学测验中心承办的升学笔试测验,所得成绩终身有效,此成绩供各类多元招生通道计算与参考。②学生将在校实作成绩、竞赛、职业证照等能够证明职业能力的凭据,以及统一入学测验成绩向可选专业或院校申请入学。另外,持有技职系统的副学士学位者如若要转学进入学术型本科教育,笔试测验是由地方政府的大考中心统一命题的"学科能力测验",测试科目是国文、英文、数学、社会和自然。然而,台湾地区虽然有技职教育与学术教育双轨分明的教育体制,但是各阶段的毕业生在双轨体制内升学时却没有泾渭分明。也就是说,只有申请者持有低一级的学位证书,通过统一入学测验和招生甄选,且接收学校认定了学力与潜力,那么就可以升学入任何一类教育。

3.澳大利亚和英国的学分互认与转换机制

澳大利亚和英国在专科层次皆实施学位制度,该种学位制度具有学术教育功能,也有职业教育功能,英国实施基础学位,澳大利亚实施副学士学位。该层次学位与学术型学士学位或专业型学士学位的衔接通过校际间或州际间达成课程与学分互认或互换的协议而实现,且是双向认证机制,即 TAFE 学院的职业教育课程、高等教育学位、大学衔接课程等可以转换成大学学士学位课程学分,大学学士学位攻读者亦可以到 TAFE 学院学习,获取面向职业的相关文凭。TAFE 学院与大学一旦形成了合作关系,只要 TAFE 学院毕业生在校期间所学学分达到升学标准和得到接收大学的认定,便可享受免试升学,甚至 TAFE 学院在读生可以同时在合作大学中修习学士学位课程,只是学制要延长至三年。[1] 现以中央技术学院(Central Institute of Technology,CIT)与科廷大学(Curtin University)的学分认定与转换为例,

[1] 陈思佳,米靖.澳大利亚资格框架(AQF)下的课程衔接路径研究[J].中国职业技术教育,2017(14):60-65+69.

中央技术学院 3D 数字设计专业的专科文凭证书能够接入科廷大学 3D 数字设计本科二年级第一学期学习,中央技术学院 3D 数字设计专业的高级文凭证书能够接入科廷大学 3D 数字设计本科三年级第一学期学习。因此,衔接的评定与转换结果,一方面由统一的"学分度量衡"决定,另一方面由合作大学依据其不同专业的学历学位标准和不同 TAFE 院校的证书课程、教师的教学水平、培养质量等进行全面评估后决定。

4. 美国的学分绩点达标制

美国的应用型副学士学位在教育体系内的升学、转学路径采用学分绩点达标机制。社区学院与大学(学术型大学和应用技术型大学)之间学分能够互认与转换的条件有三个:第一,统一了"学分度量衡"——平均学分绩点(Grade Point Average, GPA),将课程学分和课程成绩换算成统一丈量尺度的"学分绩点"。例如,应用型副学士学位持有者如果要升入同专业的四年制应用型大学,那么其先修课程成绩应达到 C 或 C 以上[1],一般应用型副学士学位能够转到学术型本科教育中的学分很少[2]。第二,共同核心课程是应用型副学士学位在教育体系内学分能够轻松互认与转换的主要依据。美国大学本科课程是依据公民教育和专业教育两大理念设置而成,前两年课程的重心在公民教育的通识课程上,后两年按照专业教育目标,开始专业或学科规训。因此,同样重视技术操作者的较为宽广的认知、社会生活基本能力形成的应用型副学士学位课程,亦有少量的通识课程。第三,在应用型教育系统内,专业教育认证制度使得社区学院的某些应用型副学士学位专业能够较为轻易地与应用型大学达成联合培养、升学衔接的合作协议。接收方的大学就不必耗费很大的人力、财力和物力来监测和评估合作方社区学院的培养质量问题,只要审核申请者的学分绩点是否达标即可。

(三)高职学位与职业资格认证对接的国家资历框架模式

21 世纪以来,新西兰、英国、美国、德国等国家的资历框架,和中国香港地区等地方的资历框架先后建立与运行。资历框架是世界各国解决高职学位与职业资格

[1] Admission Requirements for Transfer Applicants(2010). George Mason University[EB/OL]. [2010-08-05]. http://admissions.gmu.edu/transfer/Transfer-Admission Requirements.asp.
[2] 周文佳,刘明生. 美国"2+2"专本衔接学分转换制度述要及其启示[J]. 当代教育科学,2016(9):53-57.

等级对接问题的最普遍手段。实践证明,建立国家资历框架是统筹与联通职业学校文凭教育与职业世界企业培训的有效手段。国家资历框架从法律、组织、制度层面上确立文凭证书与职业等级证书的关系。第一,法律与政策层面上,英国在建立国家资格框架后的第二年颁布了《资历法》,十八年内三次改革国家资格框架,于2012年颁布《资历和质量保障法》,以法律权威固化了资历评定与质量保障机构的权力和地位。2008年中国香港特别行政区政府颁发了《学术及职业资历评审条例(第592章)》,强化了资历框架强制性权威。第二,组织层面上,实施国家资历框架的国家都组建了一个专门执行资历认证、评审、质量保障与信息公开等有序管理与统筹运行的机构。一般称为"专业评定与认证机构",例如,在法国,这个组织是政府行为、国家性质的"国家专业认证委员会"。第三,制度层面上,关于国家资历框架的制度建设关键是资历等级与标准的设计。德国设有八级资历、澳大利亚设有十级资历、中国香港设有七级资历,各层级资历与学历教育、职业资格等级一一对应,即智识、技能、资质和能力能够等价互换。这就涉及了各级各类资历标准的设计,其原则是学校教育的课程教学、实作操练、知识习得的成效应该达到与行业准入标准,并受国家认可。

德国的职业教育及其国家资历框架最能体现职业学校教育与职业世界需求之间的紧密联系。德国八级资历框架的建立就是以"专业化"理念为桥梁,建筑职业实践与理论学习的对等价值关系。例如(通过考试的)师傅、专业管理人员能够与学士并列位于第六等级资质。再加上德国校企合作、产教融合的职业教育"双元制"传统,职业资格等级证书与学位学历文凭证书的衔接就显得更加容易,两者衔接的同时并不会由于一方对另一方的强势权威而导致弱势一方的标准和制度建设模仿、附庸对方。因此,在德国资历框架的标准体系中可以看见,学位学历与职业资格的对接等级标准围绕着职业中心和追求专业化程度的目标。例如:机电智能电工岗位围绕着机械制造行业和信息行业的中心,以不同电工职业层次的职业规范和专业化程度要求,将专业化教育交由学位学历文凭认证,职业实践准入和实际行为规范由行业的职业资格等级认证。由此便形成了德国国家资历框架下,学历学位文凭与职业资格等级平衡共进的局面。

综上,我国国家资历框架尚未建成,借鉴国际公认做法,采用国家资历框架促成高职学位与职业资格证书对接是最为可行和高效的。它既能使高职学位培养标准与职业世界的行业标准相统一,又能够借助新的制度进一步推进我国高职产教融合、校企合作方略的深化。

三、高职学位与专业学位的衔接

高职学位与专业学位的衔接机制有利于形成从中等教育、高职至研究生教育一贯式培养的现代职业教育体系,转变高职作为终止性职业教育的身份,改革专升本制度仅允许少部分学生单一通道升学的局限性问题。建设高职学位与专业学位的沟通机制应该采用学分认证与转换的衔接模式:在区域(以省、自治区和直辖市为单位)内建立高职院校与应用型大学联盟,实行联盟内统一的学分标准;制订学分评估与认定的运行办法;逐步完善应用型大学的专业学士学位制度。

(一)采用学分认证与转换的衔接方式

高职学位与专业学位的衔接采用学分认证与转换的方式打破了传统的层级间的升学观念,在建设现代职业教育体系的背景下,将高职作为应用型教育的基础学习阶段,衔接应用型教育的高级研发阶段。

学分认证与转换衔接模式,使应用型人才培养以行业和企业标准为中心,服务地方社会与经济需求的灵活性,避免统一考试给培养方案带来过强的升学指向性。面向职业领域和职业岗位的应用型教育都是具有极强的地方特色,不宜由国家统一考核各高职教育的专业培养质量。学分认证与转换衔接模式是地域范围内的、有高职学位授予权的高校与有专业学位授予权的高校达成合作培养应用型人才的协定,在统一学分度量衡标准的参照下,实现同类专业、同职业领域之间的学分认定与转换。因此,应当由地方政府高等教育管理部门编制学分度量衡,由高职学位授予权的高职院校与具有硕士及其以上学位授予权的大学在平等、公平的条件下,协商签订合作协议,共同培养应用型人才,在统一的学分标准框架内,互认、互信培养质量。

学分认证与转换衔接模式,减少教育资源的浪费。从教育层级的相对位置来说,专业学位教育是高职学位的高层级学位,由此可知,虽然高职学位教育的知识、技能和能力水平在深度和广度上都不及专业学位教育的水平,但是应该遵循人类认知心理的秩序,为专业学位学习积蓄潜力和可能性。然而在课程设置的实践中往往不能将同一科目的知识、技能和能力的等级标准划分得泾渭分明。因此,实际上同一专业不同层次的培养方案和课程结构存在重复或不能对应的情况。通过学分来避免课程的重复,整合两者的教育资源,保证教育质量,形成专业能力的连续性培养,把握课程教学中的理论与实践含量的"度"。

学分认证与转换衔接模式,明确与保持各自的办学定位。近几年,国家先行先试在高职领域骨干院校、骨干专业,走内涵式发展之路,卓有成效,使占据半壁江山的高职更加凸显其办学与育人的职业特性,为高层次应用型人才储备了一批具有发展潜力的基层劳动力。但高职毕业生在职业岗位上表现出来的后续职业发展潜力不足,知识更新能力、科技转化能力还相对较弱。因此,高职既要根据我国产业、行业和职业岗位的结构特征,准确定位自身在应用型人才培养体系中的位置和质量标准,又要加强与更高层次的应用型教育合理衔接、合作育人,在更深层次的教育教学改革中实现自身的可持续发展。高职学位教育和专业学位及研究生教育在区域高等教育系统中是共生共长的关系,学分认证与转换的衔接模式能最大限度地保护专科高职的实践操作能力培养优势特色,同时也保护应用型大学理论教学培养的强项。在制度上承认实践操作和理论学习是同等重要的前提下,强调从实践到理论的应用型人才培养秩序。

(二)建立高职院校与应用型大学的联盟

高职院校与应用型大学的联盟不仅迎合了社会传统文化对大学教育、学位符号的憧憬与崇拜心理,也满足了个体通过不同途径获得适合自身发展的教育的需求,并能够自由选择是否深入探索高深知识。高职院校与应用型大学的协议联盟是高职院校与大学组织"联合办学",让学生继续接受应用技术教育序列的优化与重建。联盟过程中,首先,高职院校应该以自身教育能力自信、制度自信和功能自信的态度与应用型大学结盟,摒弃以往认为是应用型大学的附庸、附属的认识。其次,就教育目标而言,达成双方各自的教育职能和教学深度、广度界限更加清晰的目的。这不仅要求双方都非常清晰自己的教育目标,并肯定对方的教育目标,同时需要双方就同一个专业领域或职业领域的知识分层、职业分层和能力分层达成共识。最后,就具体的培养方案中涉及的课程结构、教学大纲、学时分配、学分设置等

问题,双方达成具体协议。协议应该包括以下几点主要内容:

①制订这一衔接项目共同的项目标准。有的两校合作协议是通过协商制定项目标准,有的是通过统筹、筛选专业协会对该专业领域的教育标准和行业协会对该职业领域的行业标准以作为此项目标准。

②规定入学的总学分标准,还规定每一门高职学位课程所要达到的最低学分绩点。

③制订衔接课程的教学标准、考核内容与方式、在一定实践内必须完成的学时数。

(三)制订学分评估与认定的运行系统

1.学分评估与认定标准

高职毕业生通过专升本制度考试进入普通高等教育,从接收大学的反馈来看,这些生源学习能力不强、积极性不高、知识基础相对薄弱,高职院校的教育质量得不到大学教育的认可。升学教育难衔接的根本原因来自学分制度的问题。高职院校与大学教育各自为政、互不承认的学分,同一教育系统各教育层次间无法融通,能够标识个体知识、技能和能力水平的文凭与证书之间无法等价与转换。这是因为高职学位和专业学位的培养方式与培养重心差异较大,即高职院校的培养方式以实作为主,课程理论学习为辅,而专业学位教育重视边实践学习边探索新知识,注重学生学理性知识系统的形成与创新。虽然两种学位类型属于相同教育序列,然而学分内涵、计算方式和标准不一致。学分制问题已经不能适应当前个体和社会对跨教育类型学习和终身学习的要求的发展,建设高职学位与专业学位的互认学分机制是推动以职业为导向的学位体系完整化的基石。

因此,高职学位与专业学位的衔接必须进行学分的标准化处理。即将高职学位的学习成果认证为对应的标准化学分。学分标准系统应该包括以下几个项目:①课程名称的标准化。高职院校课程名称的命名相对混乱与随意,这是因为一方面高职院校的各专业的课程科目尚未有统一的标准,另一方面以职业岗位为导向的高职学位课程往往是以岗位任务学习为目的的技能课程,可能涉及多个科学领域,因此课程命名不能以单一学科名称或应用科学名称命名,从而造成了可能是同一知识、技能和能力学习的课程却有好几种名称。②教学大纲的标准化。③课程考核成绩的标准化学分换算,例如美国大多数社区学院规定学生的 GPA 须达到绩点 3.0 及以上才能获得副学士学位和转入大学再深造的资格。④获奖情况的标准化学分换算。⑤学时的标准化学分换算。⑥职业资格证书的标准化学分换算。⑦实习考核成绩的标准化学分换算。这种学分标准设置可以借鉴美国学分绩点 GPA 的做法。

2.学分审核与认定委员会

建立实施高职学位教育的高职院校与实施专业学位教育的大学共建学分转换管理和评估机构,制订本校的执行和实施细则。两个组织在各自的学位评定委员会下设置一个专门的学分审核与认定委员会,针对各自转出和转入的学生,进行可转移学分的单独审核和认定。就实施高职学位教育的高职院校的学分审核与认定委员会,其主要职责是受理已完成高职学位修习要求的本校学生提出的升入实施专业学位教育的大学攻读专业学位申请的审核与鉴定,审核与鉴定的主要内容是:①对其高职学位课程的总学分和各科目学分绩点达标与否进行审核;②综合学生平时的表现,向预转入的大学详细说明学生已具备的能力水平;③对学生自评材料进行审核。而接受大学对申请转入的学生的学分审核、能力评估必须公正、及时地强制执行,因为这是实施专业学位教育的大学的学分审核与认定委员会的义务。应用型大学审核与鉴定应该出具审核与鉴定报告,将鉴定依据、理由和结论告知高职院校及其申请者。

3.学习成果的评估、转换与认定

学分认证与转换的衔接模式与学分银行制度是两个不完全相同的概念,高职学位与专业学位的学分认证与转换衔接机制是高职学位持有者的升学制度,是两个实体机构的双边关系。学分银行制度是构建多方实体关系的手段之一,各级各类教育纵向衔接和横向沟通的、非正规和非正式的培训或教育成果与正规教育成果的对接,只有通过学分银行才能实现。学分互认与转换的评估与认定机制是由"有高职学位授予权的高职院校—学分评估与认定—有专业学位授予权的大学"两大主体一座桥梁组成(图 6-1)。

如图 6-1 所示,高职学位升入专业学位教育的学习成果评估、转换与认定的程序是:高职学位持有者将其课程学习与实践成果交予评估与认定机构,将学习成绩、实践成绩、证书等级和获奖证书等转换成标准学分,以供接收机构(即所申请的应用型大学)审核与鉴定,最后接受大学作出是否录用其进入专业学位学习的决定。

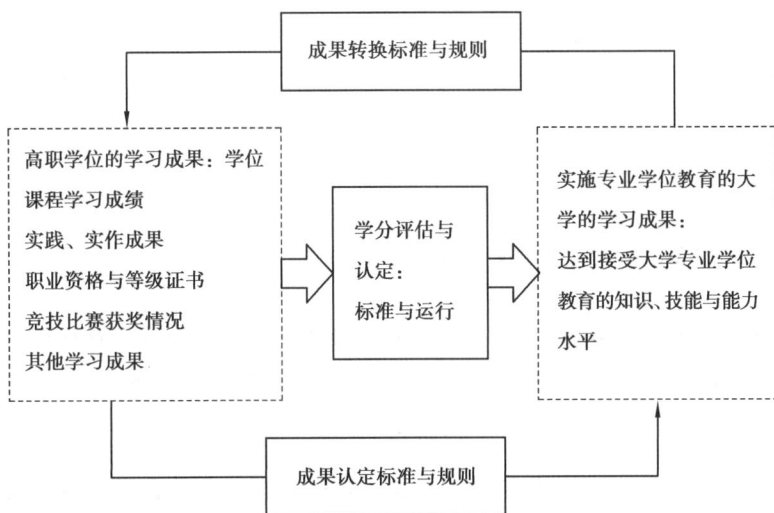

图 6-1　高职学位教育与专业学位教育的学分认证与转换系统的流程图

（四）发展与完善专业学位与研究生教育制度

我国专业学位发展至今已有 47 种类专业类别,但是各层级专业学位发展极不平衡,专业硕士学位占了 40 种,专业学士学位仅有建筑类 1 种,专业博士学位设有 6 种。专业硕士学位试点单位最多,但尚未见专业学士学位授权点。为什么我国在专业学位发展中要大力发展硕士层次学位,放缓发展或忽视发展专业学士学位？原因是顺应当前已进入专业化的职业系统对高层次研发型人才需求的发展趋势。随着有些职业工作的技术含量越来越高,职业分类越来越精细,一些适应现代社会需求与发展速度的职业逐渐步入专业领域,一些专业性很强的行业对人才需求的中心上移,需要提高劳动力队伍素质和知识技能水平,重视劳动力的应用能力、创新能力和研发能力。因此在职业实践领域,对研发型高层次应用人才需求数量日益增多。

专业学位教育与高职学位教育应该分工明确,为保障应用型人才质量,优化应用型人才结构以满足社会经济与行业发展的多元需求,就应该让高职学位教育与专业学位研究生教育能够自然而顺利地衔接。首先,在地方普通高校转型为应用型大学的政策引导下,应用型大学应该逐渐承担起专业学位与研究生教育的任务,大力发展专业硕士学位,甚至是博士学位,与高职院校共同承担学士及其以下学位的教育。其次,发展与完善专业学位教育制度,应该将重点放在专业建设与学位点授权管理上。专业学位的专业遴选应该考虑与高职学士学位专业的衔接,专业培养方案应该继承高职学位专业培养的重视实践能力与文化训练的传统,为专业硕士学位阶段的专业领域内的研发能力培养打下夯实的实践经验基础。

四、高职学位制度内部副学士与学士学位的衔接

高职副学士学位与高职学士学位的衔接是高职与普通高等教育这两种不同教育类型之间的衔接,二者衔接虽是下级学位与上一级学位的自然衔接,但是由于各自的人才培养模式、课程与教学、专业设置、管理体制都有不同,二者衔接机制的建设显得尤为复杂。高职学位与学术型学士学位的衔接重点放在建设两者的衔接课程和升学制度上,采用考试考核的升学选拔衔接模式,设计二者共同的核心课程,以核心课程为笔试的主要内容,加以面试辅助,选拔适合走学术研究道路的高职学生。

(一)采用考试考核的招生选拔方式

高职副学士学位升学至高职学士学位的考试考核选拔是一种常模性考试选拔机制,与高考不同,这种考试考核由接收的应用型大学或高职院校组织承办,接收院校具有笔试命题和面试安排的自主权。高职学位持有者首先参与升学衔接的笔试考试,考分达到了攻读学术型学士学位候选人资格线后,再参加面试考核,由接收大学安排对口专业的教师们经过一对多面试进一步考察候选人的相关必要能力。采用考试考核的选拔衔接模式来实现高职学位持有者转入学术研究型教育序列的原因有以下三点:

第一,用新的考试考核方式与标准,指向学术潜力的考核,选拔适合成为学术研究型人才的可塑性学生。高职学位教育是指向职业能力培养的学位教育,此学位认证的是个体在某职业岗位或职业领域中的实践知识、职业技能水平和职业态度。也就是说,高职学位无法准确证明个体的学术研究兴趣和对高深知识研究的潜力,只有通过新的考核方式来证明那些想升入学术型教育的学生的可塑性。采

用笔试考核的方式,能够直观地考察学生的知识、技能水平,特别是理论知识、通识知识的掌握是否达标。而由于高职学位升学至学术型学士学位是转入了另一种知识类型、学习方式、思维范式,因此,跨教育序列、跨培养模式的选拔式升学招生考试,是选拔出那些对更高深的知识有探索兴趣且学习能力和学习态度出众的人。

第二,由学术型学士学位教育的大学承办考试考核,给予其招生自主权,激发接收大学与高职院校合作的积极性。现行专升本考试是由各省级相关部门承办,出试卷、制订考试规则等,这种考试管理办法是在国家的顶层规划上选拔地方一般研究能力与潜力标准的人才,而没有从各普通高校办学与育人特色的角度出发,使其选拔适合本校本专业培养的学生。不管笔试考核还是面试考核,高职学位与学术型学士学位衔接的考核选拔应该由接收大学承办。如此,一方面,调动了实施学术型学士学位教育的大学组织与高职院校合作的积极性;另一方面,按照谁培养谁负责的原则,强化了接收大学的责任意识,使其自主选择那些他们能够培养好的学生。

第三,面试的考核方法在某种程度上避免了追求学术型教育的升学率而降低了教育质量,重蹈“升格热”的覆辙。受我国“重理论、轻技术”的传统观念影响,学术型高等教育较高职高级,“升格热”和“升本热”在我国高职领域内尤为盛行。1998—2003 年是我国高职院校“升格”的高潮期,随后国家以政策形式将其抑制在专科层次。2001—2006 年,专升本制度实施后,高职毕业生掀起了“专升本”热潮,2006 年,国家再次以政策形式将专升本招生数控制在 5%。为了防止开通高职学位与学术型学士学位的衔接通道后,造成一大批高职院校荒废应举办的职业教育和高职在校生荒废应修习的学业,仅仅为了升入学术型高等教育序列又一次出现“升格热”和“升本热”,面试考核办法就是为弥补笔试考核过于直观而稳定的弊端,给升学道路带来一些主观的不确定性考评,从更感官的视角感受和评估学生的学术研究潜力。

(二)设计高职副学士学位与高职学士学位的共同课程

设计高职学位与学术型学士学位的共同课程是二者衔接的桥梁,也是实施考试考核选拔衔接的载体。只有两者有了共同的教育内容和教育联系才有选拔的考试内容。因此,共同课程则是二者衔接和考试考核模式的基础。我国各高校的课程结构一般采用的是"三段式",即公共基础课、专业基础课程和专业核心课程。但由于高职与学术型大学教育的教育类型不同,两者的培养目标、规格、毕业要求等差异性极大,两类院校根据自身的教育目标和培养定位而设置的课程门类自然不同。这也是高职毕业生转入学术研究教育序列学习的困境所在。但是,当前高职与大学教育也不是没有共同课程,早在1998年,中宣部、教育部联合颁发的《关于普通高等学校"两课"课程设置的规定及其实施工作的意见》明确要求:高等学校必须开设"两课",并对"两课"的课程内容设置和所需修课学时都作了详细的规定。

课程是教育目标和培养目标的实施模块之一。设计高职学位与学术型学士学位的共同课程,就必须明确这两种不同教育类型学位教育的共同之处,即共同的目标维度。从高职院校专科教育定位和普通高校本科教育的教育目标及学业标准来看,《高等教育法》规定高等教育培养"高级专门人才";本科教育的学业标准是"本科教育应当使学生比较系统地掌握本学科、专业必需的基础理论、基本知识,掌握本专业必要的基本技能、方法和相关知识,具有从事本专业实际工作和研究工作的初步能力";专科教育的学业标准是"专科教育应当使学生掌握本专业必备的基础理论、专门知识,具有从事本专业实际工作的基本技能和初步能力"。由此分析,其共同点都是向着专门人才的方向发展,学业标准中涉及的共同项目是专业领域内的基础理论、基本知识和实际工作的基本技能和初步能力。但是,这种规定不利于设计出有效合理的共同课题,原因在于:第一是专科与本科属不同层次水平的教育形式,然而在学业标准的表述上却没有体现出标准水平的差异,这很容易设计出"重复课程"而不是共同课程;第二是"专业"的内涵与指向是不同的。很显然,我国专科教育举办面向职业的教育,本科教育有应用型本科和学术型本科之分,因此,不同专业指向"基础水平"的知识、理论和技能是否有共同性?本研究认为,两者的共同之处有两点:一方面,两者都是培养"专才"的高等教育,只是人才用于不同领域方向;另一方面,两者的学业标准落脚点之一都是实际工作的初步能力,而这一初步能力培养需要"公民教育和通识教育"作为厚实的基础。这就是两者共同教育的空间,也是共同课程的基础。

姚加惠提出,在高职院校增设"过渡课程",即文化基础课程,作为高职学生转向普通高校的过渡学习经历[1];杨洁提出:"'过渡课程'是为了顺利实现不同类

[1] 姚加惠.国际职普高等教育沟通的主要模式及其启示[J].职业技术教育,2011(31):89-93.

型教育间的衔接以及填补生源状况和入学标准之间的差距,可由普通高校开设专门的本科课程(专科起点)"[1];姚加惠还提出,可通过选修课进行沟通,即高职院校开设一些普通高校必修的基础课作为选修课[2]。本书认为,增设"过渡课程"和开设选修课两种办法是设计共同课程都应该采用的办法,但不同的是:第一,"过渡课程"不是文化学习的基础课程,而是我国公民和今后践行研究工作所需要的基本社交能力、基本学习能力和基本道德素养。这些课程应该与学术型本科教育的相同课程衔接起来,可以以公共基础课程的形式出现,亦可以以选修课的形式出现。第二,在高职院校以选修课的形式开设本科教育课程有一定的价值,它能够让学生预先3:1本科教育的知识深度和广度是否是其感兴趣的和能够把握的,同时也可以为学生升学备考作准备。这种做法其实在现有的高职院校中已经开始实施,选修的学生不在少数。选修模式的共同课程可以不计入高职学位课程体系之中,以网络学习、MOOC 课程的形式使有意愿转入学术型本科教育的学生在课余时间,学习此类课程。

值得注意的是,设计高职学位与学术型学士学位的共同课程应该考虑现有课程系统下的"两课"和英语、计算机等级考核成绩是否纳入衔接的共同课程考试考核内容上。"两课"学习是我国学生必须端正的前提性问题,作为两种学位衔接的共同考核课程是妥当的。而英语和计算机等级考核成绩是否作为共同课程考核内容,应该视不同的专业需求而定,以针对性强、减少学生学业负担为共同课程设计和考核内容的原则。

(三)制订考试考核的招生选拔模式

1.招生选拔的组织载体

2011 年,《教育部关于推进高等职业教育改革　创新引领职业教育科学发展的若干意见》(教职成〔2011〕12 号)指出,引导应用型本科院校与高职院校相衔接,拓宽高职院校应届毕业生进入本科学校应用性专业继续学习的渠道。2015 年印发的《关于引导部分地方普通本科院校向应用型转变的指导意见》指出,引导部分本科高校转型发展。国家正努力推进高职院校与应用型大学合作办学和接续培

[1]　杨洁.构建"职普"沟通模式促进高等职业教育发展[J].职教论坛,2011(1):23-26.
[2]　姚加惠.国际职普高等教育沟通的主要模式及其启示[J].职业技术教育,2011(31):89-93.

养。高职院校也积极探索与建设本科层次的高职,目前主要采用以下五种方式:第一种是与普通本科高校"联合办学",培养本科层次人才,例如常见的"2+2""3+2""5+4"的高职本科培养模式。第二种是高职院校在得到地方政府支持之后自发性地举办四年制高职本科。这种办学模式不授予本科学位学历文凭,但在区域内享受本科学历资格的就业待遇。第三种是大学组织内的职业技术学院借助所在大学的本科教育权力试办高职本科,例如云南师范大学职业技术教育学院、昆明理工大学应用技术学院。第四种是高职院校升格为应用型大学。第五种是当前各省、自治区和直辖市正在推行的普通本科院校向应用型高校转型,实施本科层次的高职。高职学士学位的招生选拔应该由接收的高等院校全权负责,就接收高校的外部关系而言,接收高校与中央、省级(自治区、直辖市)政府主管部门从宏观上统筹、监督和保障考试顺利进行,防止舞弊和监督公正考试,不参与具体的考试事务,如考试方式的选择、试题的命题、考官的选拔与组织等。就接收高校的内部关系而言,在教务处设立一个专门考试管理部门,主管高职副学士学位升本入校学习的考试工作。换句话说,两个层次学位在对接、选拔、考核时,高职学士学位教育实施院校应该有招生自主权,自主评估学生知识和能力是否适合本校的培养特色和定位。2017年9月,教育部公布了一流大学和一流学科名单,我国传统大学发展开始新的竞争规则。原本大学身份划分为"985"、"211"、重点大学和非重点大学四个等级,现在仅有一流与非一流两级。各大学要在今后的竞争中存续并蓬勃发展,应该最大限度发挥自身的特色,突出自身的优势专业。这一院校发展战略就决定了在考试录取时,对生源的学习能力、实践与创新潜力、专业态度和学习适宜度等的要求比以往更强调院校需求。因此,应由接收院校自行命题、自行组织面试、自行组织考试。

2.考试考核的方式与内容

高职学位与学术型学士学位衔接的考试考核方式分为笔试和面试,先笔试后面试,通过笔试才有面试资格。笔试采用闭卷考试,面试方式可多样化,例如一对多、一对一、小组面试等。笔试考核是客观量化学生的理论、知识和技巧的掌握情况,从而评估其学习能力。面试考核是主观评判学生学术学习与研究的潜力与兴趣。首先,笔试考核重点考查学生的基本学习能力和通识能力,从学生的通识素养中评估学生是否有进行学术研究的能力。笔试的主要内容包括:一是通识学习能力,它包括汉语阅读能力、汉语语言表达能力、数学能力和写作能力。值得注意的是,写作能力应该成为考核的重点内容,这关系到今后学术研究的成果呈现能力和逻辑思维训练。二是通识社会能力,它针对的是了解我国和世界的历史、文明、政治和经济,初步形成对国情、国史的认识。笔试考核科目应该包括中国古代文学、中国思想史、中外历史、大学数学(根据专业酌情而定)等。学术型本科高校在考核这些科目时可以合并成一科来考,也可以分开来单个考核。其次,面试考核重点考查学生经过高职阶段的专业学习所形成的与专业相关学科知识结构,以及对高深知识探究的兴趣与潜力。面试的题目应该灵活多样,面试形式应该根据院校的主攻学科领域的特点和要求,多元地运用适宜的面试形式,深入而全面地了解学生。应该注意的是决定学生是否进入面试资格前,不仅需要通过笔试,还要有"两课"成绩合格证明,两课成绩不合格者不能参加面试。

五、高职学位与职业资格认证的衔接

近几年,随着技术技能工人队伍的扩大,高级技术人员个体的文化程度参差不齐,表现出高级技术人员队伍的年龄结构、知识与技术等级结构、岗位结构不合理。国家急需重新调整技术工人队伍的治理模式,优化技术工人队伍结构,多渠道满足不同技术工人需求,对接和沟通非正式职业学校教育与正式职业学校教育的工人。2016年,《国家"十三五"规划》明确提出要制定国家资历框架,试图通过"资历框架",实现推进非学历教育学习成果、职业技能等级与学历学位文凭的学分转换互认体制,这将有利于拉近高职学位与职业资格证书的关系,确定两者的等级对接定位。

(一)学位文凭与职业资格证书的辨析

文凭与职业资格证书是两个不同领域的证书符号,文凭证明的是持有者在接受学校教育后是否达到其教育目标水平。职业资格证书证明的是持有者是否具有某工作岗位的胜任力,即从业资格和执业水平。文凭与职业资格证书之间的关系实质是"象牙塔"内的职业教育与工作世界的职业教育和培训之间的对接关系,连接两者的桥梁是"职业岗位要求",两者的共同目标是"培养与认证持有者的职业能力"。两者都具有评价、职业培训及教育的功能,然两者在性质和功能上还是存在明显的不同。

1.性质辨析

中世纪的大学学位与工业社会初期的职业资格证书是"同源同宗"的评价系统。"同源"寓意的是两个证书形式的权力来源,即权力主体;"同宗"寓意的是两证书的社会身份,即评价对象。中世纪大学学位是由大学教师行会设置的一种类似于"学徒制"的证书和教育培训制度,教师行会从教皇皇权和世俗政府那里争取了教师职业和传教士职业的管辖权的符号象征。职业资格证书诞生于工业社会形成之际,虽然较学位文凭晚,但其治理者是那些发展较为迅速的行业所组织起来的行业协会,垄断和规范入行资格和行业内身份等级。由此可见,学位文凭和职业资格证书在兴起之初性质相同。

然而从当前我国学位文凭与职业资格证书的实际情况来看,两者也是"同源不同宗"的两个评价系统。学位与职业资格证书国家统一管理,证书授权者是国家相关管理部门,国家相关部门行使设计制度、制订标准和考核模式等职责。学位文凭和职业资格证书的"不同宗"表现为:由于两者的评价内容和标准不同,使两者表现出不同宗及某些性质的不同。众所周知,学位评价的是那些通过了以某种目标和系统建立起来的学校教育的人们的知识、技术、能力和素养,评价标准不仅要考虑学位的特别性质,更蕴含了高等教育的普遍价值。职业资格证书是对那些想要进入职业、岗位晋升或转换职业的劳动者而设置的一种鉴定凭据。职业资格证书制度是指按照国家制订的职业技能标准或任职资格条件,通过政府认定的考核鉴定机构对劳动者的技能水平或职业资格进行客观公正、科学规范地评价和鉴定,对合格者授予相应的国家职业资格证书的政策规定和实施办法[1]。从考核内容上看,学位准入考核主要从课程学习、学分习得、实践考核和论文答辩等条件入手,而职业资格证书制度是由职业技能水平考试和鉴定两大部分组成。从培养模式上看,虽然职业资格证书考试之前也要求参与职业教育与培训,却是截然不同的两种模式。并且职业资格等级考试培训及教育机构往往都是以营利为目的,没有以学习者职业能力培训与教育为中心,为了考试而培训,师资质量低,培训及教育的方案不够专业与科学。

---

[1] 张涵.我国职业资格证书制度发展对策研究[J].职业技术教育,2008(16):45-47.

2.功能辨析

虽然两者皆有评价和培训及教育的功能,但是学位文凭的功能较职业资格证书的功能丰富。显而易见,学位文凭具有职业资格证书所没有的升学功能,另外,就学位文凭的"文化资本积累、知识传承与生产、职业权力垄断"三大功能而言,在管理劳动力队伍时期比职业资格证书的作用大。

第一,文化资本积累的功能。它是学位文凭与职业资格证书最大的功能区别。虽然职业资格证书也是对一定职业领域的职业知识、职业技术和职业素养的评价,蕴含着职业文化的特征,但是它不具备文化资本的内涵。职业文化是一类社会文化,它显示的是某个职业团体或领域的共同价值观、相处模式和行动目标等。"文化资本"是一类以文化为内容的社会资本,它与职业文化是不同的两个概念。"文化资本"的高低是随着个体社会地位的升降而有不同呈现。高等教育大众化与普及化之前,只有社会上等人才有接受高等教育的权力,才有获得学位的资格。学位本身不仅蕴含着它所服务的社会阶层的价值观、文化观念,而且隐含着社会文化与社会资源再生产的资本能力。然而,职业资格证书所传播的文化是小职业工种的从业人员的职业生活文化,它象征着某个从业者在特定职业岗位中的能力等级,对从业者的社会地位、职业地位不能发挥作用,因为职业资格证书已经框定了从业者所在职业结构的位置。

第二,知识与技术的传承、生产功能。知识与技术的传承功能是两种证书形式都具有的功能,然而职业资格证书没有知识与技术生产的功能,学位文凭仅在硕士和博士阶段发挥着知识与技术的生产功能。究其原因在于,学位文凭是认证性的证书,职业资格证书是鉴定性的证书。学位认证可以是知识与技术的等级认证、含量认证以及知识与技术创新的认证,职业资格鉴定是在已有的资格训练、考试标准下的水平鉴定,知识与技术的创新、再生产不在职业资格鉴定的职能范围之内。

第三,权力垄断的功能。职业资格证书与学位文凭都有权力垄断的功能,但是权力的内涵不同。学位的权力垄断不仅是所对应职业的专业化权威的权力垄断,也是高校特殊权力的斗争,例如专业学位类型是特殊职业专业化的标志和垄断特殊职业管辖领域的权力象征。而职业资格证书权力是个体的从业权力和执业权力,这是一种"资格"权力,不是如学位一样因为被广泛认可而获得的声望权威。因此,职业资格证书仅是劳动队伍的初级管理手段。当然,职业资格证书还有其他功能,如与职称评定挂钩的功能、及时推进技能考核标准更新的功能等。

（二）资历框架下高职学位与职业资格等级的对接

从就业的目的出发,厘清与定位高职学位证书与职业等级证书的关系是十分必要的。这关系到高职学位符号的价值和有效性,以及社会认可度的问题。因此,基于上文对高职学历文凭、学位文凭与职业资格证书的概念辨析与现状阐释,我们将在国家"资历框架"下分析高职学位证书与职业等级证书的关系。

经济合作与发展组织(OECD)认为:"资历框架是资历开发和分类的工具,其依据就是一系列的学习成就级别标准。资历框架表明资历的不同级别和不同资历的可比性"[1]。"资历框架"是用以整理、开发、编排和分类出让整个国家和国际上认可的一系列的学习成就级别标准,并将等级标准架构起来形成体系,以使不同层次和类型的资格和经历具有可替代性、可比性和可转换性。本研究基于高职学位在我国现行学位体系中的科学定位,建立高职学位与职业资格证书对接的国家资历框架,以此为基础确立高职学位与职业资格证书的等级关系。首先,厘清高职学位与职业资格证书两者人才培养的规格;其次,借鉴其他国家和中国香港地区已建立的完善的"资历框架"等级与标准设计,以初步构建出适合我国的资历框架等级与标准;再次,学位文凭的评价目的是知识习得及知识隐含的思维——文化与价值内化的情况,而职业资格证书的评价内容是职业指向性极强,评价标准是非常容易量化的;最后,确定高职学位在资历框架中的位置及其与职业资格层级的对接。

1.厘清两者的人才规格与培养标准

用"知识、技能和能力"三个维度表达人才规格和教学标准已成为教育理论界和实践界的通用结构。而学位与资格证书所评价的人才规格和所实施的训练方案是不同的。第一,职业资格证书制度是面向全社会的劳动者,具有社会性、全民性,学位制度面向特殊群体评价,具有选拔性。第二,职业资格证书的评价标准一般是随着行业发展状况和需求而变动的,它需要行会不断地调研与更新评价标准,学位制度是一种常模参照的评价标准,国家层面上设计出标准化指标,是学位的最低标

[1] OECD.Moving Mountains-Shaping Qualifications Systems to Promote Lifelong Learning[EB/OL].[2006-03-27].http://www.mkuzak.am/images/intdocuments/2006%2003CD%20Shaping%20qualifications%20sysems%20to%20promote%20LLL%20Par2.pdf.

准界限。因此,学位文凭不能显示各持有者的水平差异。第三,学位文凭的评价目的是教育领域的文化和文化内涵的教育的结果,而职业资格证书的职业指向性极强,标准容易量化,可以在短期内得到收益,但变化速度快。张伟远认为,"在职业教育和继续教育的资历框架序列中,以工作为本的学习是终身教育体系的组成部分,'以工作为本'是教育机构与企业或行业组织进行合作,结合学习职业目标和兴趣,获得工作体验的教学模式[1]。显然,他将两种资历证书的对接重点放在了"学习体验和教学过程"上。本研究认为,在坚持两种资历都使用的"知识、技能和能力"三维度基础上,高职学位与职业资格证书的互认对接,重点应该放在教育产品——人的能力形成的结果上,即以"执业能力"为本,兼顾"科学知识"和"通用能力"的人才规格。

2.建立连接文凭与职业资格的国家资历框架

2016 年,我国广东省率先进行资历框架建设试验,制定了七级资历等级,目前只编制了第 4 级标准。国家开放大学学分银行学习成果转换框架设置了 10 个等级,将专科层次和本科层次各细分为两个等级。国家在设置资历框架等级标准时,实质是设置各类型与层次资历的"一般标准",各职业中类、职业细类或学科专业在"一般标准"的框架上,以自身的特殊性重塑本行业、岗位或学科专业的标准。职业资历与高等教育资历之间的互认标准应该坚持本土化和国际化结合的原则,参照现行学制和职业技能鉴定制度。

第一,我国资历框架等级划分应该遵循教育发展规律和社会经济发展规律,既要保证每个公民的核心素养形成和心理健康,也要保证社会经济发展所需要的人力资源深度和厚度。欧盟和东盟的资历框架以初中为起点,划分为 8 级。在全球化背景下,我国资历框架的建设应该与国际接轨,以便参与全球教育事务,有利于"世界精神"的发扬。我国普通教育与职业教育分化于高中阶段,自高中阶段设为一级,开始与职业资历互认,博士作为一类集通识与专业于一身的精英型人才,不对应职业资格等级。因为,博士学位本身是学术职业的最高职业资格等级,是现代高等教育的从业资格证(图 6-2)。

---

[1]　张伟远.工作为本学习:突破终身学习立交桥瓶颈[J].开放教育研究,2016(6):58-64.

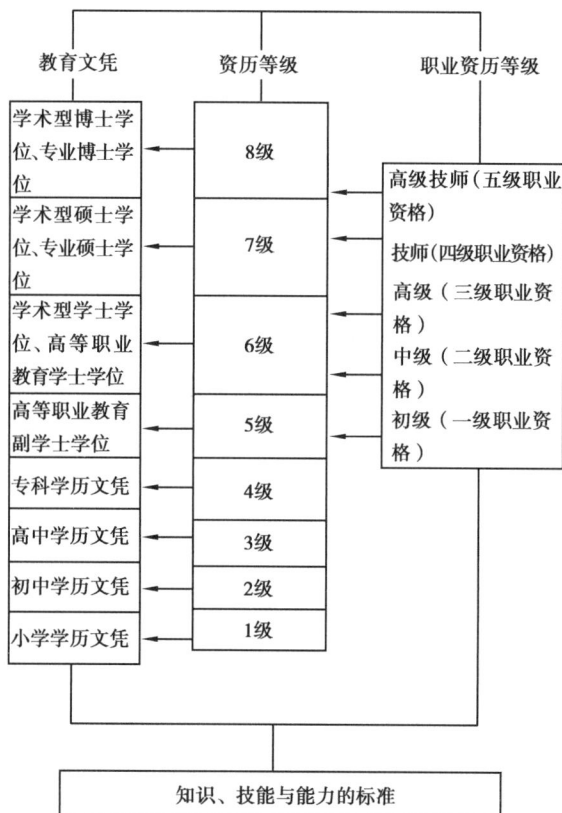

图6-2 我国资历框架等级结构的初步构想图

第二,职业资格证书对接高等教育文凭时,应该加大学位课程的学分和理论知识学习及习作的标准量。按照规定,非正式的职业学校教育机构的职业培训是职业资格证书考试先决条件,然而这些培训机构大多是营利性目的强的非学校教育机构,其培训课程、教学大纲、师资结构缺乏科学性、高质量性,往往是以考什么内容便教什么、让学生背什么。所以,职业资格持证者即使已经在考证前进行过知识学习,但没有将知识与实践结合在一起领悟、内化成执业理念和行为。因此,职业资格证书持有者在换取高等教育学位文凭时,应该加课、加试由正式学校教育实施的学位课程。当前,互联网发达,通过计算机开设的 MOOC 课程拓宽了在"象牙塔"之外的求学者的学习渠道,使随时随地修习正式学校教育的学位课程成为可能。

第三,高等教育文凭对接职业资格证书时,应该加大岗位实操实练的职业经历。实际上,不管是学术型还是专业型的高等教育学位文凭,"实践经历"教育是不完善的。那些职业资格证书持有者有着较强的技术技能实践能力,这些实践能力可能不是通过掌握机器或科技原理而形成,经验、隐性知识的成分更多。我们可以从欧美的哲学博士与专业博士的转换条件看出,专业博士要再修习专业领域内的学科哲学博士是比较容易的,只要补修完哲学博士所要求的学位课程即可,而很少有哲学博士能够成功地再修习一个相关的专业博士。因此,高等教育文凭换取职业资格等级应该重点设计"核心执业技能"熟练度的水平标准。

3.高职学位与职业资格的等级对接

高职学位是新型学位,根据本研究对高职学位在学位体系中的层次定位,它正好处于我国教育体系中的高中以上专科和本科层次的教育。由于职业的专业化程度和稳定性不同,高职教育中的各个专业不是都有能力成为高职学位点。作为一种比学历文凭有更大升学、就业和转学权力的高职学位文凭,应该处在"高于现行专科学历文凭又低于硕士学位文凭"的位置。广东省的《广东终身教育资历框架等级标准》以"教育层次"划分高职资历框架,国家开放大学以"学制"划分高职资历框架,都存在弊端:第一,以教育层次划分资历框架,仅从教育学和现有教育制度环境出发构建终身教育体系,忽视了由于高职与社会经济发展联系甚为密切,不同职业或岗位的社会需求水平不均衡和易变性,导致了即使在同一教育层次的相同教育目标下,高职各专业科类的人才培养方案中的知识、技能和素养的要求也会有所不同。这样,以"知识、技能和素养"为基本维度的资历框架等级划分将会因为职业岗位的不同而造成不平等性。第二,以学制划分资历框架,就是将五年制专科排除在资历框架之外,也是不公平的。第三,根据我国职业资格等级制度,职业技能从低到高分为五级,每一级都有明确的标准描述。按照各级规定的标准可知,"高级技师"所要求的"独立处理和解决高难度问题能力;有创新、创造、革新能力;有授课能力;有管理能力"都具有"研发和品质管理特征",显然其对应的是研究生教育层次的文凭。"初级职业资格证书"的标准是"能够运用基本技能独立完成本职业的常规工作",没有提及"熟练性""在工业社会中轻视'熟练性'必将给工业技术带来危险,窒息工业技术自身的发展"[1]。显然,这种不包含"熟练性"的职业资格等级应对接"中等教育层次"。那么,职业资格等级仅剩"技师"、中级(二级)

---

[1]　星野芳郎.未来文明的原点[M].毕晓辉,董守义,译.哈尔滨:哈尔滨工业大学出版社,1985:191.

和高级(三级)三个等级来对应专科和本科高等教育文凭。按一般常理,较高层次高等教育文凭不可能对应较低层次职业资格等级,也就是说,技师必然是对应本科高等教育文凭的。经过层层推理与排除,高职学位可以与中级和高级两个等级的职业资格对接。

第七章 高职学位的制度化路径

　　任何制度的构建最终都是为了实现新制度的持久运行,使制度最初的指令性实施内化为制度自觉。高职学位制度也是如此,构建高职学位制度仅是新制度生成的第一步,将构建出来的制度形式投入到实践中进而上升为一种常态化的制度性实践,使高职学位制度中蕴含的核心价值、文化观念和认知框架深入到组织成员中,最终形成制度文化。从高职学位制度的价值与预期目标上看,其目的不是设置学位而构建制度,而是希望通过变革应用型技术技能人才评价手段,来矫正学术型人才过剩、应用技术型人才断层的不合理结构,以及转变盛行于高等教育领域"重理论、轻技术"的传统观念,确立以职业岗位为导向的应用技术人才评价系统,提升高职与应用技术的质量和水平。因此,只有当高职学位的制度实践获得相应法律认可、完善的组织运载和社会"文化—认知"的支持,才能被广为接受,在此基础上,我国高职学位制度才算真正建设完成。有鉴于此,在提出我国高职学位制度的"蓝图"之后,本章将进一步从法律层面、组织层面和"文化—认知"层面提出具体的"制度化路径"。

一、高职学位制度化的可能阻力

　　主要从立法层面、组织层面和"文化—认知"层面阐述高职学位制度在制度推行、维护和制度化的过程中可能遇到的阻力。

(一)高职学位制度的立法滞后

　　法律是新制度能够顺利扩散、维持与稳定的基础保障,因为新制度必然会涉及各相关者的利益,在新制度还未被人们内化前,多种因素和群体会出现很多冲突,此时需要有最高形式、最正式权威的法律来坚定制度的目标、内容与价值。从已有的高等教育、职业教育和学位的相关法律法规上考察,高职学位制度尚未有明确的法律法规、条文、章程等来肯定该学位制度,只是通过一个国务院政策决定和一个教育部规划来鼓励社会各界着手"职业教育学位及其制度的可行性"研究。高职学位制度的立法还处于绝对的空白区,这意味着即使设计出这一制度,却仅是一个权力蓝图、符号构想和自由发展"理想国"。湖北职业技术学院的"工士"学位在授予之日的第二天便由于该院校是未受法律认可的学位授予机构而遭到了教育部对"工士"学位授予的法律属性的否认,自下而上的制度改革要承受很大的风险。近几年,关于我国学位制度改革研究不断,这些改革方案的提出大多走在法律建设的前沿,高职学位制度的构建就是走在法律前面的一种改革方案。无独有偶,大学机构也在自发性地探索学位制度改革的实践,即对大学"自授学位"的改革实践。2015年3月,还未从国务院学位委员会获得学士学位授予权的南方科技大学,授予41名毕业生"学士学位"。根据《学位条例》,我国皆不承认高等院校自行审核与授予学位行为的合法性,也不认可高等院校自行授予的学位证书的有效性。南方科技大学仅是学位授予权力的申请审核问题,而湖北职业技术学院还涉及学位授予资格和学位类型缺位的问题。因此,必须以法的最高权威形式给予高职学位制度公认的身份,才能保障这种新学位制度的执行、扩散、维持,最终实现制度化。

高职学位制度的法律承认主要涉及三个方面的问题:第一,以法的最高权威平衡国家意志、高职院校个体和社会公共三者的利益冲突。在高职学位制度的运行过程中,高职院校的专业知识权利、国家宏观管理学位及此类人才的权利、行业决定职业能力的权利三者有一个合理又合法的制衡点,而高职学位制度的法律就是来保障这个制衡点的公正性、规范性与科学性。如果没有合理的制衡,公共利益极其容易因为缺乏具体明确的评价标准而被放大和滥用,进一步侵蚀相对而言更为具体与现实的个体利益空间,最终新制度就无法落实。第二,界定高职学位授予权的性质。由于学位类型和性质不同,高职学位与学术学位的学位授予权性质也不同。当前,学界根据《学位条例》讨论的学位授予权都是学术学位的授予权,它具有"学术性、行政性和法律性"[1],鲜有以分类管理的理念探讨面向实践场域的学位特性。第三,明晰高职学位授权者、授予者和被授予者三大主体身份及其关系。从产权规范的角度上看,高职学位各主体身份及其关系的明晰化就是对高职学

---

[1] 朱平,赵强,程诗婷.我国学位授予权的三重属性探析[J].学位与研究生教育,2013(3):41-44.

位——这一非物质产权的规范。高职学位授权者法律身份的确定问题实质是学位产权的归属问题,也即谁是学位产权主体,各主体在高职学位教育中享有的财产权利的性质、内容及合法性依据问题。

综上,我国高职学位制度如果要实现制度化,必须明确立法权限,规范创制程序,加快相关法律与配套性法规、规章的建立,将高职学位授予的一般问题引入国家公共政策视野,进而上升到国家法律层面。构建起以法律为框架指南、以行政法规为主体规范、以部委规章和高职院校章程为实施细则的高职学位法律体系,使国家发展高职学位制度的政策通过法制化路径进一步规范和承认高职学位制度的合法地位与社会功能。

(二)高职学位教育与授予的组织桎梏

服务于现代农工商业的职业教育及其院校自出现以来就处于边缘地位[1]。新中国成立之前,由于当时社会转型和动荡,洋务派和资产阶级革命家虽然将实业教育当做振兴中国经济的利刃,但是对职业技术教育的“实务、实践”性质认识不足,一直无法准确定位人才标准与类型。新中国成立至今,高职经受了“三起三落”的波浪式发展,当前走向了“内涵式发展”的道路。高职及其组织在国家政策的支持下,在不同的历史时期,发挥着服务实业、服务民族崛起、服务就业的作用,并在与大学组织和国家的抗争下,不断地寻找组织自身的内在逻辑特色和功能定位,以摆脱在高等教育体系中的边缘身份,提高组织社会地位与声望。

高职学位制度的构建及其制度化是重新定位高职院校组织身份的有利契机,高职院校可以通过构建高职学位制度推动其组织身份的重构。被边缘化的高职院校组织身份阻碍了高职学位制度化进程,主要表现在两个方面:第一,从终止性教育转向接续性教育的组织局限。我国高职院校自成立以来,就被限制于专科层次范围内、不能授予学位文凭的终结性职业教育组织。如此,高职成为低层次水平教育的代名词,其内部组织结构及其外部权力关系都阻碍着学位教育的建设与实施。而面向未来中国要实现“制造强国”的目标,这一组织功能结构严重制约了我国高水平应用型、职业型人才的接续培养。第二,从学术序列转向应用技术序列的低层

---

[1] 杨金土.20世纪我国高职发展历程回顾[J].中国职业技术教育,2017(9):5-17.

次教育组织局限。虽然我国高职院校比大学组织更早出现,但它却在近代大学组织建立后受到极大的冷落,这不得不归咎于崇尚科学研究的时代主流思想和我国各行各业领军人物的极大空缺。此时大学组织受到欢迎而高职院校组织举步维艰,因而高职院校便以高社会地位和声望的大学组织为组织基膜,模仿其组织结构、制度安排等,以寻求合法性依据。如此,高职院校便自然而然地进入了学术等级序列之中。众所周知,学术性是大学组织立足和教育制度合法化的根基,而高职院校的立足之本和组织声望来自其面向职业、面向实践的应用特性。因此,在高职及其组织合法化进程中,趋同模仿给处于社会网络弱关系中的高职院校组织带来不自由。博特认为,"只有与他人有独特、具体的关系,而不是与他人毫无关系或缺乏关系,个人或组织才能获得自由"[1]。虽然近几年国务院和教育部颁布的有关高职整体规划、专业设置、教学标准等的决定和规则逐步凸显出高职与普通高等教育的区别,着力建设有别于学术体系的、面向特定职业的另一种高等教育类型系统,但是,高职和高职院校组织并未摆脱大学及其学术等级制度的规训,大多高职院校本身也尚未能够明确定位自身所对应的实践场域。这也使高职久久不能改变其在高等教育领域中的"次等地位"。

(三)社会"文化—认知"层面的学术期待偏好

新制度主义者认为"文化—认知"要素是决定新制度制度化、社会化的核心要素,"文化—认知"层面的制度要素是以社会同一性为目的的共同意义框架,为组织及其成员、为持续运行的新制度提供思考、情感和行动的合理合法性依据与模型[2]。高职学位制度的创设、运行、维护与制度化必须寻找到社会"文化—认知"的共享内涵,只有建立在非正式制度环境的社会文化与大众认知的共同基础之上,才能使新安排的制度运行并内化于社会活动和个体活动之中,被广为接受。职业技术教育是我国最先从西方引入的高等教育形式,清末为了争夺海上权力,清政府打造了第一所培育应用技术人才的高等学府——福建船政学堂。但是,为什么最早引入的高等教育组织与办学形式却没能先行发展,反而成为社会大众认知中最

---

[1] 周雪光.组织社会学十讲[M].北京:社会科学文献出版社,2003:116.
[2] W.理查德·斯科特.制度与组织——思想观念与物质利益[M].姚伟,王黎芳,译.北京:中国人民大学出版社,2010:63-67.

牢固的"次等教育"？如今,在高职学位制度构建的政策倡导下,也出现了一些反对的声音,这些反对意见主要受制于学科制的保守观念,以及对"就业"的过时认知。曾就"您是如何看待高职实施学位制度,高职院校授予学位这一行为的?"访谈某高职院校的一位分管后勤和人事的副院长,他的回答是：

> 职业技术规范和知识低等于学术研究规范和知识,唯有学术才是学位的合理标准,高职管好就业就可以了。

这种对学术期待偏好的社会"文化—认知"的产生是因为"知识"高于"技术"的传统崇拜,及这种崇拜下对"劳动技术"的偏见和"劳动人民"身份认同障碍。不管在西方还是东方,知识高于技术的传统观念都普遍存在。那些为"一己私利"的技术职业天生低等于为了城邦民主和他人幸福的政治家、哲学家、医生、律师和神父等职业。技术与体力劳动者即使是能工巧匠也皆为庶民,即社会底层人民,劳动技术被当成一种非真理、低俗、功利的事物,被排除在大学组织之外。这些遗留下来的文化观念在社会变迁中已经成为高等教育发展的阻力和偏见。安德鲁·阿伯特认为新制度实现"文化—认知"的合法性有两大途径：一是在文化上证明新制度及其成果是具有价值的；二是证明新制度及其成果是按照文化认可的方式与价值理念取得的[1]。

建构高职学位的"文化—认知"制度要素以促进高职学位的制度化,其核心是要在"追求真理""高深知识探索"等"大学精神"之外,寻求一个能够社会共享又具有高职特色的"文化—认知"体系,既要在现有的精神文化体系中重新赋予高职学位制度的价值与意义内涵,又要证明高职学位制度及其产出的人才和对科技的贡献是符合被广为接受的社会"文化—认知"体系的价值理念。概括而言,高职学位制度"文化—认知"建构就是要纠正社会大众对普通高等教育的学术期待偏好并建构起社会大众对高职技术技能的实践信念体系。在主流社会强烈的"学术期待"下,这将是一个非常漫长的过程,但由于科技发达、知识形态的多元化和社会阶层分化标准的变化,高职学位制度建构新的"文化—认知"体系也不是不可能。一种新的制度安排在成功创设并投入运行后并不是其最终结果,制度创造的终极目标是使某种比较先进的治理理念、形式经过社会竞争、淘汰和进化之后,深入人心,得到固化。制度的规范要素和规制要素是可以在短期之内通过人为安排而呈现成

---

[1] 安德鲁·阿伯特.职业系统[M].李荣山,译.北京:商务印书馆,2016:269.

果和得到运行的,但是这种运行要实现合法化、制度化和社会化,必须融入社会及其个体的意识形态之中,并成为一种约束力,成为社会成员和组织成员的行为规范。因此,实现高职学位制度的合法性,关键在于将该制度内化于社会成员和组织成员的主体意识、认知和价值观之中。

二、高职学位制度化的法律完善

从法律层面承认高职学位制度是其合法化的最基本层面。建构高职学位制度的法律依据,应该先分析新制度形成的法理依据,而后明晰高职学位授予的行为主体与行为客体间的法律关系。最后,基于以上两个层面的理论分析,对高职学位的相关实体法律和程序法律提出修订建议。

(一)高职学位法制化的法理分析

布鲁贝克提出高等教育的政治论和认识论两种哲学观点,考察整个高等教育史,政治论与认识论交织于高等教育存续之中的一体两面。不管在哪个历史时期,高等教育及其制度始终服务于政治,但又独立于政治享有一定的学术自由。这正是高等教育和大学组织制度能力历久常新的核心要素。学位制度作为极其重要的高等教育制度之一,其形成、运行与发展也具有政治属性和认知属性。学位制度自中世纪至今已有十多个世纪,长期服务于政治、知识探索以及社会认知与精神,应该将其上升至法律层面,与国家的法律规范和法律精神达成一致,如此既能得到法律的规范又能得到法律的保护。那么,学位制度的立法将对哪些实体内容的制度进行规范与保障,与学位制度的什么制度逻辑相关联呢? 换句话说,从法律层面上对一种制度的合法化,既要使制度的本体内容合法,又要使制度的内在逻辑合法,而在制度先于法律生成、法律为新制度传播、维护和制度化而建立的情况下,这是学位制度立法必须遵守制度与法律之间的高度契合的基本原则。

学位制度与学位立法具有密切的联系,两者不管是在生成或是运行或是发展的状态下,这种联系都是人为建构的。其联结的交叉点在于他们都是以政治逻辑为主线,为了共同的社会公共利益服务而建立起的维护社会稳定、发展的规则。学位制度实质是关于学位授予工作的制度规范,在我国人民民主专政的政治体制下,依据《中华人民共和国学位条例》,学位权力属于以人民为代表的国家,高校代理国家执行学位授予工作。那么,宏观上学位制度的运行就是国家主体授予学位的行政管理行为,即以政治为目的的管理行为。姚建宗认为:"法律的存在与运作始终体现着政治逻辑主线"[1],学位立法则是从更高权威对具有政治目的的学位制度的生存与运行提供合法化依据。这是学位法律实体内容对高等教育及其学位的政治现实与政治逻辑的具体诠释。另外,制度与法律的高度契合不仅表现在它们存在、运行与发展的共通逻辑基础,而且还表现在两者的内在精神是相吻合的,内在精神吻合是制度延续并长存的基石。制度和法律的生命力主要取决于社会承认度。新法律的"出生"必须与《宪法》和其上位法相匹配,它不能违背宪法的精神与实体内容,也不能与其上位法相矛盾,否则即使以法律的权威出台,也无法顺利实施。新制度的安排必须与社会文化、观念制度和公民认知相匹配,否则也无法实现制度化。在制度和法律推行的初期,一般采用自上而下的强制权威推行模式,但随着运行时间的考验,不同利益阶层矛盾步步激化,权威认同在逐渐下降,此时观念认同、文化认同和认知认同将成为决定着制度与法律是否能够长期运行的影响因素。高职学位制度及其法律有共通的内在精神,那就是"公平"精神。

(二)高职学位授予权的性质

以法学视角讨论学位授予权的性质是从本源上规范学位授予工作、评判学位纠纷和厘清各主体利益关系。近几年,国内学者对学位授予权性质研究的重视是基于现实学位授予实践中频发的学位纠纷案,以纠纷案件为蓝本、以《学位条例》为根据,从高校主体、国家和学生三大主体的法律角色和法律关系出发,研究学位授予权的属性。我国学位授予权是一种行政属性的公权力[2],这是毋庸置疑的,国内大多数学者将讨论的重点放在学位授予权中的学术属性及其与行政属性的矛盾、平衡点上。朱平认为,学位授予权具有学术性、行政性和法律性;刘丽华认为,学位授予权是以学术权力为基础的行政权力,学术权力与行政权力共生于学位授予权之中[3]。然而,可以发现,国内这些研究结果不是基于广义上学位授予权的

[1]　姚建宗.法律制度构造论[J].吉林大学社会科学学报,1996(5):22-28+93.
[2]　周光礼.论学位授予行为的法律性质[J].科技进步与对策,2004(3):57-59.
[3]　刘丽华.对我国学位授予权性质的几点认识[J].中国高教研究,2005(11):28-30.

普遍属性研究,而是基于学术型学位的学位授予权的性质研究。因为这些研究的理论根源出自《中华人民共和国学位条例》和学位相关的法律,这些法律法规所规范的学位并不是一般意义上的学位,而是学术型学位。当前面向职业的其他类型学位的兴起,现有的学位法律制度已经无法作为普遍性证据来使用。

我国高职学位授予权与学术型学位授予权是同质不同类的权力性质,它们同属于学位授予权。也就是说,我国高职学位授予权的权力来源同样是国家,本质上都是在行使行政权力。然而,高职学位的特殊属性决定了其权力性质与学术型学位的授予权力性质不同。高职学位具有职业性、实践性,它与专业型学位一样,都是面向职业领域的学位类型,但是比专业学位的等级层次更低,专业性更弱。职业性是区别高职学位与学术型学位的特殊属性,表现在学位授予权力内容上,就是以职业场域中的专门技能为基础的行政权力,而非以学术为基础的行政权力。在学位授予主体上表现为行业主体异军突起,行业、企业中的专家的重要性和决策力将比学术主体(教授、学者)更为关键,而高职学位中的学术内涵指的是基于职业专业化了的专门理论。另外,表现在学位授予权力施行标准上,以职业能力评价为基准,学术水平也称专业水平,将是职业技能标准的辅助评价指标。因此,高职学位授予权不仅具有行政属性,而且从高职学位特性出发,还具有职业技能评价自主权的内涵。这种针对职业技能评价而非学术评价的自主权,不受行政与司法权力的干涉,它在学位授予的行政权力行使之前,所作出的评价结果在职业场域和高职场域中具有排他的正确性。

高职学位授予权力的行政权力属性和行业属性是独立而又相互依存的两个本源要素。行政权力属性决定了高职学位授予权的法律性质和各主体的法律角色与关系,同时也体现了政治目的、政治背景。职业技能评价属性决定了高职学位授予权的精神内涵和文化认知,体现高职学位授予行为的特殊性要素,同时也表达了当前职业背景、行业企业需求。在授予权力行使过程中,两者相互独立,行政权力负责权力行使过程中的程序完整、合理合法、正当的问题,不参与对学位达标的评价事务,而职业技能评价权力负责评价是否达到高职学位标准的职业技能水平的问题。但是,两者又是相互依存的,职业技能评价权力不能代替行政权力作出学位授予行为,而行政权力没有职业技能评价权力的执行也不是完整的行政管理过程与结果,行政权力与职业技能评价权力的结合是内在统一于以高职学位制度合法化为目的的高职学位授予权之中。

(三)高职学位的实体法律

高职学位制度的实体法律是围绕着高职学位这一核心而形成的法律体系。一方面,从高职学位制度的法律体系外部形式上看,它由不同位阶的法律构成,包括上位阶的基本法律、第二位阶的与高职学位直接相关的一般法律、第三层次的高职学位相关部门或机构的法规章程。另外,还包括制度及其法律实施程序的内容。另一方面,从高职学位制度的法律内部要素上看,它包括法律目的、法律政策、法律价值、法律标准等。也就是说,高职学位制度的实体法律应当包括外延的"主法(宪法和基本法律)与副法(包括立法解释、各种行政法规和规章)"[1],以及内部的法律目的、价值、政策、标准要素。

1.主法

除了《中华人民共和国宪法》外,与高职和学位相关的、由全国人民代表大会通过的法律都是高职学位制度的主法,它包括《中华人民共和国教育法》《中华人民共和国高等教育法》《中华人民共和国职业教育法》《中华人民共和国学位条例》。这些基本法律规范了高职学位及其制度的基本法律环境与地位、同类属社会关系、基本性质等。《中华人民共和国教育法》规定:"国家实行职业教育制度",使我国职业教育制度的制定、实施与社会化有法可依。《中华人民共和国职业教育法》首次确立了职业教育从初级到高等的一贯制接续教育制度,并确立了高职的法律地位,是高职院校办学的法律依据。但是直至1998年,《中华人民共和国高等教育法》才以法律的形式将高职纳入高等教育范畴,确立高职院校的法律地位。《中华人民共和国学位条例》(下称《条例》)是我国唯一一部与学位直接相关的一般法律,它规定了我国学位权力性质、最高学位权力主体、学位授予的专门评审机构、学位标准的基本要素、学位管理基本架构等。高职学位制度的立法应当以《条例》的内容和性质为基本框架。因此,高职学位的实体法建设建议从基本法律的位阶上对高职的教育类型、层次和文凭作全面完善和补充,以确立高职学位的合法性身份。

---

[1]　姚建宗.法律制度构造论[M].吉林大学社会科学学报,1996(5):22-28+93.

第一，修订《中华人民共和国高等教育法》，专科层次教育不仅授予学历文凭而且授予学位文凭，将我国三级学位转增为四级学位。在"总则"部分，增加"实施四级学位、培养两大类人才的学位体系"；在"基本制度"部分，修改第二十二条为："国家实行学位制度。学位分为专科副学士、本科学士、研究生硕士和博士。公民通过接受高等教育或者自学，其学业水平达到国家规定的学位标准，通过学位评审专家考核后，可以向学位授予单位申请授予相应的学位"。在"高等学校的设立"部分，将第二十六条："应当根据其层次、类型、所设学科类别、规模、教学和科学研究水平，使用相应的名称"改为"应当根据……所设学科类别、专业化的职业科类……"

第二，修订《中华人民共和国职业教育法》，确立高职院校授予高职学位的法律依据。在"总则"部分，第八条增订"实行学位证书、学历证书、培训证书和职业资格证书制度"，第十一条增加"省、自治区、直辖市人民政府统筹协调和督导评估本行政区域内服务地区经济和社会发展的高等职业教育事业，主要管理为地方人才供需和国务院授权管理的高职院校"的内容；在"职业教育体系"部分，修补第一条为："国家根据不同地区的经济发展水平和教育普及程度，实施以初中后为重点的不同层次的教育分流和终身职业教育体系，建立、健全职业培训与正式教育并举、职业教育与学术教育分类协同发展的职业教育体系"；在"职业教育实施"部分，修补第二十五条为：接受职业学校教育的学生，经学校考核合格，按照国家有关规定，发给学历证书和学位证书……学历证书、学位证书、培训证书按照国家有关规定，作为职业学校、职业培训机构的毕业生、结业生从业的凭证。还应增加："符合学位授予条件的高职院校，有权申请和获得相应条件学位层次的应用型学位，经省级（直辖市、自治区）学位委员会审批，授予高职院校学位授予资格"。

第三，修订《中华人民共和国学位条例》，增加专科层次学位的指导性标准、同等学力者授予办法以及授予程序补充具体的法律条文和实施规范。自1980年《条例》确立以来，2004年修改了第九条，将学位评定委员名单的决定权交予学校后，距今已有13年。随着社会知识的意义不再仅限于科学理论发现，职业实践领域也需要高深知识，《条例》对应用型学位及其人才合法身份的漠视，是《条例》修订的主要内容和依据。修改《条例》的第三条，增加专科层次学位，并增加对这一学位标准的指导性条例："较好地掌握本职业领域的专业基础理论、技术知识和基本技能形成,具有担负从事一线管理、技术和服务工作的中高级职业技术能力"。明确专科层次学位的授予单位,修改第八条为"专科层次学位、学士学位由国务院授权的高等学校授予"。

2.副法

对于副法的存在,学术界有很多争议,有人认为,我国存在过多的副法,将主法(也就是实体法)过度特殊化和细则化导致司法的弱化、教条化和僵化[1]。季卫东认为滋贺秀三关于中国传统法在运用上不重视解释学而重视成例的观点,以及关于案件具体特性相对应的副法在法律变更中起了实质性的作用的假说,皆是非常中肯的评价,中国法律规定趋于严密周详应该着眼否定适用裁量,而不是完备适用要件[2]。因此,作为一种特殊类型的学位,在建立副法体系时,不能从其特殊性出发而应该为立法精神和高等教育法治化理念服务。

第一,《中华人民共和国学位条例暂行实施办法》(以下称《实施办法》)是国务院颁布的一部对《条例》实施进行具体解释的副法。《实施办法》提出了对"学士、硕士和博士"三级学位和"名誉博士"学位授予的具体实施标准与程序、同等学力者学位授予办法、学位评定委员会权利与义务以及其他规定。它不仅涉及实体性的具体授予标准,而且涉及程序性的实施准则。它为合法与科学地设立高职院校学位评定委员会,以及给予学位评审专家及其评审委员会最大的自主评审评定权力作出了贡献。自1981年《实施办法》确立以来已有36年,现行的《实施办法》是针对以学科为载体的学术型学位的学位授予实施办法,并没有针对应用型或职业型学位的授予办法。增补第二条内容:"学位按学科的门类授予学术学位,另一类别,按已形成相对独立的专业技术与知识的职业门类授予学位"。增加高职学位的授予标准,这一标准应该对毕业学分、课程结构、教学设计等作出宏观标准定位,是比《条例》更为具体的非指导性法规文件。另外,增加高职学位授予的具体程序,以及高职院校的学位评定委员会建立的指导性、规范性内容。

第二,近几年国家重点建设现代职业教育体系,国务院颁布的专科层次学位的行政性法规有:《国务院关于加快发展现代职业教育的决定(国发〔2014〕19号)》,提出"研究建立符合职业教育特点的学位制度"。教育部颁布的专科层次学位相

---

[1]　王昭振.我国刑事司法诠释体制的反思与定位[J].武汉理工大学学报(社会科学版),2008(5):707-712.
[2]　季卫东.法律程序的意义:对中国法制建设的另一种思考[J].中国社会科学,1993(1):83-103.

关的重大规划与规章有:《高等职业教育创新发展行动计划(2015—2018)》《现代职业教育体系建设规划(2014—2020)》。《现代职业教育体系建设规划(2014—2020)》提出:"逐步实现职业教育学历学位证书体系、专业学位研究生教育与职业资格证书体系的有机衔接,探索建立各级职业教育与普通教育相衔接的制度"。《高等职业教育创新发展行动计划(2015—2018)》提出,截至 2018 年,由教育部、职教司和学位办共同"开展设立专科高等职业教育学位的可行性研究"。这些行政性法规和相关部门的规章推动着社会各界研究高职学位制度,也为高职学位制度的设计和实施提供了可能性。但是这些副法都还未涉及学位授予的行政权力的裁量基准问题和适用裁量过程的问题,因而对高职学位制度的立法未有实质性的帮助。例如应该加强对"高职学位设置与授权审核条例""高职学位授予实施细则"等。

(四)高职学位的程序法律

程序法律也称法律程序,关于程序的法律法规,法律程序是制度化的基石[1]。在法律程序与学位制度之间的关系中,学位授予的法律程序既监督和保障学位制度实施过程的正当性和合理性,体现了国家通过法律法规对学位授予工作的干预,又对高等院校自主性和自治权具有司法保护与司法节制的功用。学界对我国学位法的法律程序不完善问题有很多讨论,如:"程序规范方面的漏洞或不足导致学位评定与授予工作中学术权力之行使缺乏制度的刚性指引"[2],高校行政职权的行使一直以来缺少法定程序的制约[3],还有一些法学专家直言"学位授权审核的程序'本身就是一锅粥',学位授权审核在行政决策、专家评审与行政行为等诸多方面确实存在程序瑕疵和纰漏"[4]。现行的学位法由于程序性法律不完善而导致了学位授予过程中学术权力与行政权力的权限边界不清。构建高职学位的法律程序,有利于厘清行业权力、专业权力与行政权力的界限,以公正、平等的理念保护学位授权审核、学位授予纠纷中各主体的合法权利与义务。

---

[1] 季卫东.法律程序的意义:对中国法制建设的另一种思考[J].中国社会科学,1993(1):83-103.

[2] 朱丽娟."学位法"修订的保守立场[J].中国高教研究,2011(1):49-51.

[3] 解瑞卿.我国现行学位授予审查制度的反思与修正[J].高教探索,2012(1):31-35.

[4] 人民网,学位制度建设——西北政法大学申博案法律分析研讨会法律分析研讨会实录[EB/OL].[2009-07-24].http://society.people.com.cn/GB/86800/9718755.html2020-05-05.

第一,确立高职学位制度中的程序性法律问题。就学位制度的一般属性而言,涉及的法律程序性问题有:学位授权申请程序、学位审核程序、学位授权程序、学位授予标准评定程序、学位授予程序。每一个大的程序模块中又涉及一些部门、机构之间的行为关系与准则。程序性法律一般是服务于"核心主体"特殊性运作的法律条文,它可能以专门性的法条出现,也可能是镶嵌在实体性法律文本之中。程序性法律的合理性、正义性和适用性首先体现在是否能够诠释"核心主体"的本质属性,其次是否能够体现法律精神,最后是否能够代表国家意志,这三大"是否"贯穿于"核心主体"实践的每个步骤。对于高职学位这一核心主体而言,由于学位制度参与主体的地方化和行业化,因此,高职学位授权与授予的程序必然有其特殊性。以高职学位授予程序为例,一般的学位授予程序是按照"各系、科申报学位申请者及其材料——校级学位评定委员会审核——提名交予上级教育主管部门批准——将学位授予名单报国务院学位办备案"的先后顺序,即"申报、审核、审批、备案"四个步骤组成的学位授予程序。而高职学位授予程序的特殊性表现在:①高职学位评定委员会的成立程序。由于高职学位是职业技能水平的标志,行业专家必然成为学位评定委员会的成员,因此,在高职学位评定委员会评选程序中,应该涉及行业专家、一线教师和学校管理者的人员构成比例,按一般标准初步筛选人员,再从初选人员中,按照优中选优和民主正义的原则,进行二次决议选定最终的高职学位评定委员会委员。另外,将委员名单上报学校,经校党委会表决程序决议委员会成员。②高职学位授予的审批程序。高职学位评定委员会在审核、评定、表决授予对象的程序中,应该包含法定最低出席人数、委员会评定内容与范围的权限(如不参与具体鉴定专业水平和职业技能水平)、表决投票数量的最低比例等内容。

第二,以平等为理念,着力构建听证与申辩法律程序。学位制度实施的听证与申辩法律程序不仅需要由行业专家、学生、教师、学校管理者和主管部门人员组成的听证小组参与整个立法过程,以保障公开和公正的学位授予工作,更需要注重完备学位授权和授予进行时的听证和申辩程序。一方面,高职学位制度的确立过程需要多方听证、多方参与。例如,在制订学位授予标准体系时,应该少学术标准,多职业技能标准,多采纳行业专家和劳动部门的意见,以信息的大数据和参与者人数的大数据,透明信息来源和决策过程,民主化吸取、分析与管理大量的参与者的意见和建议,构建起正义而民主的听证与申辩法律程序。另一方面,听证与申辩机制可以避免行政权力压倒学术权力,或学术权力和行政权力压倒学生权力。当学位授予单位对国务院学位委员会作出的关于撤销其学位授予权或申请单位对国务院学位委员会作出的关于不授权决定提出质疑或不服时,学位授予单位或申请单位有合法渠道和权利向国务院学位委员会提出申辩请求,并且举办申辩过程的公开听证会。当学生对学术委员会或学位评定委员会作出的关于其学术造假、考试舞弊等其他违反学术诚信规定的决定提出质疑或不服时,学生可以向学术委员会或学位评定委员会提出申辩请求,并且举办申辩过程的公开听证会。不管学位授予单位、学位授予权申请单位或是学生,最终凡是对行政权力或学术权力的申辩结果不服的,可通过法院司法渠道寻求合法权益的保护。

三、高职学位制度化的院校组织转型

高职院校组织只有寻求和建立了自我独立空间,按照自身的内在使命和功能来建构,才能获得真正意义上的合法化,彰显组织特殊性,使高职学位制度的实施、维护、制度化有广为认可与接受的载体。反之,高职学位制度的实施在某种意义和层面上推动着高职院校组织转型。组织社会学的信号理论认为,"组织采用一种可信而有效的信号制度向外界发出与众不同的讯息"[1]。高职学位及其制度将是高职院校组织特殊性的有力证据,高职学位预示着持有者的"半专业化"职业技术能力的信号讯息是高职院校组织从办学理念、教育教学模式再到人才产出等方面区别于学术教育组织和专业教育组织的特殊性。

(一)重构高职机构的组织目标

高职与学位联结,使高职开始具有学位教育功能,组织功能的变化必然引起组织结构和目标的变化,这就是高职院校组织转型的主要原因和依据。在推动高职学位制度制度化进程视野下,高职院校组织转型必须秉持实用逻辑与多元融通的组织目标,以调整高职院校组织的新型关系结构,合理配置资源。高等教育组织目标是由客观形成的组织内在使命与不同历史时期社会需求二者之间的博弈形成的。

[1] 周雪光.组织社会学十讲[M].北京:社会科学文献出版社,2003:142-143.

实用逻辑是高职院校组织的立足之本和应有之意。除教会大学外,在我国本土大学组织未成立之前,以高等实业学堂命名的机构是我国高职组织机构的萌芽。高职组织最早作为实业救国、民族崛起和建设现代工业社会的先驱,激发和推动着高等教育走向多元化和高级化。19世纪末才出现以"教授高深学术、养成硕学闳材、应国家需要"[1]为目标的大学组织。随后为了应对国家对高层次人才的需求,大学开始大力发展研究生层次教育。由此可见,我国高等教育机构诞生于民族存亡和工业革命爆发的特殊时期,"实用"是高等教育组织建构的核心目标与内在逻辑。在现代工业社会和市场经济的背景下,高等教育组织更无法只为了纯粹的知识生产与探索或培养道德至上、心灵自由的人而存活,而是高职必须体现国家意志、符合政治与经济目的、满足大众利益。因此,高职院校组织的实用逻辑与应用型高校的应用逻辑[2]有所不同,如果应用型大学是通过知识应用和产品研发来打破教育和产业的边界,深度融合教育和产业,那么高职院校则是通过技能养成来追求教育与工作世界生产实践的联结,努力实现教育和职业的一体化。教育和职业是密切联系并可以相互促进的两大系统,"在教育中获得职业"是以教育为手段获取就职机会和工作岗位,以提供生存最低经济保障、积累社会资本、产生经济效益和追求幸福生活;"在职业中受教育"是"做中学"教育方法论的最真切的体现,它可以在经验获得的同时受到理论知识、职业道德、技术伦理以及技术技巧等启发式教育。当然,高职院校组织在处理教育与职业的实用逻辑关系上与专业教育必然不同。专业学位教育是面向已经实现高度职业化、专业化了的特殊职业的较高等级层次的大学教育,而高职院校组织的实用逻辑是以基础职业的技能教育与较低阶层工作岗位为目的的组织新身份建构的逻辑。因此,高职院校转型的实用逻辑要求它必须在迎合社会需求、发挥实用功能与自身发展的内在逻辑与规律中寻求平衡点。

多元融通是高职学位制度运行下新型高职组织的治理航标。多元化是现代化教育的一个重要特征,高职院校转型必须坚持多元融通的中国特色的发展之路,将其以开放、多元、融通、一以贯之的理念嵌入现代社会和应用型本科教育、专业学位教育之中。这顺应了越来越专精的社会分工和人才分类的趋势。文凭和证书不仅

[1]　欧阳哲生.中国近代思想家文库蔡元培卷[M].北京:中国人民大学出版社,2014:184.
[2]　姚荣.中国本科高校转型如何走向制度化——基于组织分析的新制度主义视角[J].教育发展研究,2015(3):1-10.

是从一种职业身份符号转向多种职业的从业标志,而且是更加细致、更加专业化了的职业分层的结果。以科研产品为主体的技术推广、技术应用和技术生产是高职组织和专业学位教育组织的共同目的。作为专科教育承担主体的高职院校,长期以来备受歧视,高职院校被认为是低效益、低质量的高等教育,高职毕业生更是被看做"三流学生[1]"。这种不平等地位主要是由国家政策造成的。由于教育资源有限,新中国成立后,国家大力发展大学科学教育,给予职业技术教育及其院校的地位、财政经费、毕业生待遇等远不如前者,一直将职业技术教育当做科学教育的低端教育层次,限制其毕业生升学数量和学校升格进路。根源在于没有清晰认识职业教育与普通教育是两个性质、目标、培养方式完全不同的教育类型,因而在高职院校定位、目标、升格轨道、人才类型上尚未形成完整的制度规范。依据我国现行的高等教育分类管理政策与今后的发展趋向,我国高等教育学位架构由学术型学位和面向职业的学位两大类组成。从当前现状可以看出,学术型学位制度的高等教育系统比较完善,承担各层次学位的教育组织的内部秩序结构与外部关系结构都比较完整。而面向职业的学位制度及其授予组织的设置还在创建探索之中,围绕一贯式职业教育及其学位授予的"组织目标与职能"的内外部权力关系、学位评定委员会、授予机制、专业设置机制、评价机制尚是空白。因此,深入改革高职院校组织,引导与促进组织转型,重构组织基膜,关键是树立高职院校组织在职业教育体系中的地位和权威,明确其组织目标、结构及运行机制和学术型教育组织、应用型教育组织的界限,促进三种教育组织合作和相互融通的升学、升格机制。

(二)加强学位治理的高职院校章程建设

高等学校章程是高职院校和大学组织的纲领性、规范性和政策性的规章制度[2],它不仅反映教育基本法对高等教育组织的法制管束,而且反映高等教育组织能动地随着社会政治、经济和文化的需求变化而动态调整或变革。依据《教育法》《高等教育法》和《高等学校章程制定暂行办法》,高职院校应该建立区别于大学组织的章程,秉持建设现代大学制度的"民主自治"理念,主要对高职院校章程的独立法人内涵、办学体制和人才培养基本问题等内容进行规范。高职院校组织

---

[1] 顾坤华,赵惠莉.我国高等职业教育立法探究[J].黑龙江高教研究,2011(5):90-95.
[2] 别敦荣.论我国大学章程的属性[J].高等教育研究,2014(2):19-26.

转型需要从正式制度的路径上确认其合理、合法与可行。同时,就我国当前社会经济发展战略而言,需要储蓄大量的技术技能型人才以培养更多高层次应用型人才,从而服务未来工业 4.0 和中国制造业发展。因此,基于高职学位制度,将操作型具有丰富经验的技术技能工人与研发型具有高深知识的应用技术人才衔接起来,高职院校章程应该服务于确立这一体系下的高职院校组织理念、功能与结构的转型目标。

　　制定与完善高职院校章程,应该致力于凸显高职院校新型组织的定位与特性。陈寿根认为:"高等职业院校章程的内容应该包括七大内容:法人特征、办学理念、办学使命、办学基本制度、利益相关者的权利与义务、文化传承与创新、人财物管理"[1]。第一,体现高职院校法人在民事权利、行政权力与专业领域的特殊性。高职院校自批准办学之日起取得独立法人资格,根据高职学位的职业属性和高职培养技术技能型人才的国家战略,高职院校章程中明确高职院校法人应该"具有培养技术技能型人才的民事权利、具有认定其毕业生技术技能水平并授予职业教育学位的行政权力、具有职业教育权威的专业权力"的特征。第二,"实践、实用和效率"的办学理念与使命。高职院校章程中对高职院校办学理念与使命的体现是渗透在各个制度系统的文本规范和运行机制上的,它不仅是对高职是什么、什么是高职的现代蕴意的抽象化、一般性诠释,而且体现了特定地区对高职院校特殊功能、使命的期待与理解。根据 20 世纪以来高等教育的"实用与效率"理念和"服务于工业社会经济发展、注重工作实践"职业教育使命,我国高职院校章程应该坚持专科教育定位,以"实践、实用与效率"为普遍办学理念与使命,并结合特定地区的特别需要。第三,各利益相关者的权责利及办学基本制度。高等院校章程中的办学基本制度蕴含着各利益相关者的权责利。这一章程内容主要涉及高职院校内部管理结构,新型高职院校组织应该重点建设与调整"理(董)事会、专业指导委员会、学位评定委员会、教职工代表大会"的内部管理机构,以提高职业院校治理能力。2015—2018 年高职的重点工作之一就是:"在坚持党委领导下校长负责制的同时,健全以章程为统领,规范行使办学自主权的制度体系"。第五,文化传承与创新。任何组织的章程建设必然是基于组织发展历史之上的传承与创新。虽然高等教育及其组织的存续已离不开服务社会政治与经济,不再以蔑视世俗社会的态度仅关

---

[1]　陈寿根.高等职业院校章程内容研究[J].高等教育研究,2013(11):66-70.

注人类的认知和灵魂,但是没有文化底蕴的组织是没有精神、没有创造力、没有生命力的组织。新型高职院校组织章程的制定与完善应该弘扬"工匠精神",坚持就业导向,以培育"匠人"为章程制度伦理与核心内容。第六,财物管理。高等院校的财物管理主要涉及高等院校组织对教育经费、有形与无形资产等资源合理配置等。比如,高职学位教育下的教育经费配置,应该加大"工学结合和在职业教育序列中的升学培养"的资金投入。

制定与完善高职院校章程,应该编织起高职院校新的社会关系网络。社会网络理论认为,个体或组织都是在一定的社会关系网络结构中生存与发展,个体或组织行为受制于关系网络并在这种关系中获得自由。从高职院校组织的功能与结构上看,其主要的社会关系是与行业企业的关系、与大学组织的关系、与劳动力市场的关系、与国家的关系。与不同主体之间的关系形成了独立的关系场域,这些小而散的关系场域构成了高职院校组织的整个社会关系网络。将高职院校的章程建设与其社会关系结构建设联结起来,实质是要在给予高职院校组织不同于大学组织身份的学位标识的前提下,防止高职院校组织的"低度社会化和过度社会化"[1],突出高职院校组织的个性差异,进而理性地去编织高职院校在现代职业教育体系、高等教育系统以及教育组织与国家关系等宏观结构中的关系网络。高职学位制度下的高职院校组织是身份辨识度更强的职业教育组织,是与社会经济发展联系更为密切的职业教育与培训机构,它力求与应用型本科教育、专业学位教育衔接,为应用技术大师培养提供基础的操练型技术人员,并且力求服务区域经济发展、满足就业市场要求。因此,制定与完善高职院校组织章程,应该凸显高职院校组织职业教育的专业权力,从而以区别大学教育的高等教育类型,独树一帜,凸显其实施现代职业教育的组织特色,以高等层次的现代职业型学位教育的组织身份编织起其所属教育类型的内外部关系网络。

制定与完善高职院校章程,应该将工作重点放在"融入应用型学位序列和应用技术权力序列"上来。自1981年我国真正开始实施现代学位制度以来,一直是学术型或者理论型学位制度一家独大,学位类型不具有多样性。经过十年探索与发展,国家从产业及经济发展现实和战略需求出发,首次建立了面向职业领域的新型

[1] Mark Granovetter.*Getting a Job:A Study of Contacts and Careers*[M].Cambridge MA:Harvard University Press.1974:179.

学位制度——专业学位。这意味着高等教育及其组织的服务范围开始扩大,服务功能开始壮大,标志着高等教育及其组织正积极地应对市场经济所带来的对科学教育、专业教育和技术教育之理念的挑战。现代工业社会更突显科学与技术两者的合作互利,科学是技术的支撑与内涵,技术是科学的表现与升华。在科学与技术的这种关系中,科学理论型人才和技术应用型人才的内涵较工业化前期已发生了变化。自高等教育引进以来,国家将大力气放在发展大学教育及其组织上,忽略了对经济发展有直接而高效贡献的职业型、应用型高等教育及其组织的扶持,导致高职文凭社会认可度低、就业率高而招生难等。因此,制定与完善高职院校章程,应该摆脱对学术权力的盲目崇拜,另起炉灶,明确高职及其组织对培养应用型人才、职业型人才的专业权力,不以学术标准来评价高职组织及其教职工的绩效,给予区别于学术型学位的人才类型与质量标识。第一要增加高职院校组织章程中关于"学位委员会的组成原则、负责人产生机制、运行规则与监督机制"等内容;第二要完善高职院校组织章程中关于"学校性质、功能与服务"的相关内容条款。这一部分内容不仅要明确高职面向职业岗位之实践人才的类型定位和应用技术之技术技能操作人才的层次定位,而且要关注与高层次面向职业的应用型、专业型人才培养衔接的组织特性。

(三)选拔具有变革能力的领导者

我国高等教育组织不是教师或学生自发形成的产物,而是国家强制力顶层设计的安排,在组织转型、变迁和发展的过程中,国家及其代表国家的组织领导者对组织使命和组织竞争优劣势的认知起到至关重要的作用。高职学位制度构建不仅是一种新型学位的建设,更是高职及其组织的深度改革。改革需要有意志坚定、有胆识有魄力的领导者,他(她)决定制度改革能否顺利推行、维护乃至制度化。教育部颁发的《现代职业教育体系(2014—2020)》已经开始重视高职院校领导者能力与素质的选拔与培养,指出:"制订符合职业教育特点的校长(院长)任职资格标准,鼓励企业家、创业家担任校长(院长)。"领导者推行新制度的变革能力,一方面来自他对高职定位和发展理念,另一方面来自他对工作经验思考所得。

一方面,领导者对高职学位制度推行的态度。高职院校的领导者们对高职院校组织转型与制度变迁的态度和认知在一定程度上影响组织和制度性利益的产生和变化。经统计,由 100 所"国家示范性高等职业院校"最近一届的领导者们(在我国党委领导制度下,统计对象取高职院校学校党委书记)的履历可知,一直从事职业院校工作的领导者约占 40%,从大学组织的管理职务转到高职院校的领导职务的最多,从相关政府部门调到高职院校任职的人数居中。领导者对高职学位的需求往往是由他们在工作中所受到的身份质疑、价值观认同和地位压迫等所致。高职院校的领导者若以大学组织的管理理念、思维惯性和传统认知来领导高职院校组织的改革与发展,那么他们必不如一直从事职业教育的管理者那样对高职院校的地位紧张、组织改革有更深的迫切感,对高职的认识与管理思维也定不如长期从事职业教育的专业管理者那样清晰。同理,高职院校的领导者若有政府部门管理者的履历,那么可能更准确地把握和领悟到国家政策与规划,但也可能对高职理念和高职院校的治理理念认识不到位,从而不能在高职院校组织新身份寻求、执行与变革中很好地作出决策。高职院校的领导者们如果没有真切地感受到高职及其组织机构需要一种新的身份以摆脱大学组织对它的管控和学术等级制度对技术创新的钳制的需求感和地位剥夺感,那么高职学位制度的实施以及高职院校组织转向中心化就没有实践的"支持者",也没有自下而上的"改革者"。

另一方面,领导者对组织服务场域的评估能力。组织的服务场域也是组织的供给对象与空间,如果将高职看作一种服务产品,那么高职院校组织的需求场域便是被服务者,也就是高职"服务对象"。由于地区经济发展水平不平衡,不同的高职院校服务场域存在一定程度的差异。而领导者对高职院校服务场域的决策力影响着高职学位教育供给与需求匹配程度。目前,我国高职院校存在对其服务场域无法准确评估、定位的问题,究其原因,是其最高领导者及其领导层对评估结果的决策能力问题。由于高职院校的最高领导者及其领导层对自身组织的能力与潜力评估不到位,也对其服务场域的需求标准与需求变化规律不明了,使高职院校无法发挥自身优势,无法避开自身短处,更无法准确把握高职学位的供应市场的需求变化。组织分析的新制度主义学派认为,组织的机会场域(也就是需求场域/服务场域)包括市场中适合组织生存和发展的潜在小生境,同时设计这些机会空间中组织竞争的相对激烈程度。[1] 显而易见,一个身份明确且地位稳定的组织必然是非常

---

[1] 沃尔特·W.鲍威尔,保罗·J.迪马吉奥.组织分析的新制度主义[M].姚伟,译.上海:上海人民出版社,2008:372.

了解其"服务对象"的特征和变化规律。组织对自身服务场域的评定实质是自下而上地为自身在开放而有限的生存环境中树立专家权威的过程。因此,高职院校组织必须评估、占领,最后做强自己的服务场域,形成竞争优势,才能为身份中心化、合法化打牢根基。

四、高职学位制度化的"文化—认知"建构

制度的"文化—认知"要素是制度合法性的关键要素,它关系到新制度在外部环境中的认同程度。新生成的制度要实现制度运行、维持和固化,光靠强制性的法律和保障性的组织载体是不够的,必须建构一套与社会文化和大众认知相符合的、被广为接受的"文化—认知"体系,以得到新制度中相关主体的价值认同、文化自觉和内化。就高职学位的文化与认知层面制度化而言,高职学位制度的"文化—认知"建构就是要纠正人们的学术偏好,摆脱高职受学科文化和学术文化的钳制,在高职的外部环境中树立"平等、民主、具有培养半专业化人才的专业权威"的形象,在高职教育的内部环境中形成"职业技能本位"的认知框架,强调技术、应用和实践的理念。一种新制度的价值与文化观念被接受与认同要经过三个阶段:一是制度文化的意识和认知框架初步生成,这时新制度的文化与认知框架尚未被广泛接受,仅是在先进的制度设计者与推行者组成的群体中共享;二是通过相关性的互补制度或政策的诱导,激励更广泛的制度主体通过反复行动实践而强化意识与认知结构,即从心理认知和意识觉醒转向行为行动的强化、巩固阶段;三是新制度的文化认知融入到整个社会文化与认知之中,被大多数社会个体内化为共享的价值理念。这一过程不仅是证明新制度的文化价值,更是寻求新制度在传统文化图式范畴内的文化创新。综上,高职学位制度的"文化—认知"建构,应该从以下三个方面着手:首先,重视技术技能群体共享价值的形成,主张"精益求精"的职业精神,将其向共享高职学位符号意义的高职院校及其成员推广并成为其共享的价值认知。其次,以互补性制度或政策的手段激励高职院校组织和高职毕业生从心理认知转向行动参与。最后,以新职业主义时代思潮为指引,弘扬职业生涯的"终身学习"理念,通过整合职业教育与专业教育、职业教育与学术教育,以实现技术文化与学科文化平等、相互尊重的社会认知内化。

（一）培育制度主体的"精益求精"的价值认同

"精益求精"的价值认同是高职学位制度区别于学术学位制度的价值认知的核心文化。高职学位制度的"精益求精"价值定位不仅取之于中国传统文化认知，而且是"工匠精神"的核心价值。培育制度主体（高职院校组织和高职学位持有者）"精益求精"的价值观，有利于强化技术技能人才及其培养组织的主体意识，促使高职学位制度设计、运行和结果能够符合面向行业、面向岗位的质量要求。

1.取之于传统文化认知的"精益求精"价值

我国古代社会，技术一般是手工工艺，从事手工工艺的技术劳动者一般称为"匠人"。"匠人"不仅为人类制造了很多生产劳动工具，而且在中华文化演进中形成了有别于"学而仕则优"的精神特质，那就是"精益求精"的职业技术精神，它包含了求真、求美、求善、求精的工作态度与产品品质。掌握成熟技术的"匠人"在职业生涯中要成为"能工巧匠"，必定是已形成了"精益求精"的工作态度和职业追求。第一，具有"精益求精"精神的"匠人"，追求产品的艺术美。他们不是简单地重复技术制造器物，而是将自己的审美标准和美的体验融入技术操作过程，以艺术生产的态度制造产品。第二，具有"精益求精"精神的"匠人"，追求产品的完美至善。古代社会由于需求有限，匠人们在产品生产时往往会"量体裁衣"，不仅在产品的完整性上下功夫，而且针对特殊的需求群体或目的而对产品稍作改进。第三，具有"精益求精"精神的"匠人"，追求产品生产的同时领悟人生真谛。中国受儒家和道家思想深厚的影响，对于"能工巧匠"而言，技术精湛已不是他们的人生目标，只有通过技艺理解生活世界，从技艺中领悟人生、参透人生、看破人生才是技术劳动的真正目的。第四，具有"精益求精"精神的"匠人"，追求精致产品和精湛技术。求精是"精益求精"的核心价值内涵，《论语》谓之："如切如磋、如琢如磨。"[1]

2."精益求精"职业精神的当代释义

现代工厂工业取代了传统手工业，技术劳动者从"匠人"变成了"工人"，有人认为，"精益求精"的职业精神已经不符合当前工作岗位上对技术劳动者职业性的要求，特别是工厂中流水线上的工人，他们条件反射式的工作性质已经不再需要有

---

[1]　（宋）朱熹集注.论语[M].上海：世纪出版集团，上海古籍出版社，2007：7.

过多的主体意识和行为。但事实并非如此,现代化的工业制造更需要"精益求精"的职业态度和职业精神,它依旧具有重要的社会文化价值。2016 年,中国提出《中国制造 2025》第一个工业强国战略的十年行动纲领,力争将我国从制造大国向制造强国转型。当前,我国虽号称"世界工厂",但也存在产品质量问题。质量问题产生的根源在于经济利益最大化的无限度扩张,摒弃了以人为本、尊重人的主体性的价值取向。人们关注制造"生产"服务活动的经济利益,忽视产品的质量标准问题,更不必说追求产品生产的"真、善、美、精"了。历史教训告诉我们,只有高质量才有好信誉,唯有好信誉才能创建出百年不衰的品牌,有了品牌声誉才有发展的动力和资本。中国要发展成工业强国,必须在保证质量的基础上追求精益求精,不断精雕细刻,在产品和服务上呈现彰显民族特色。因此,工业 4.0 时代下的技术技能人才应该具有普遍的职业道德和技术伦理,不仅在技术上精益求精,而且要以宽泛的通识素养和一定的科学理论制造出具有民族特质的、优良品质的产品。

3.高职学位培育"精益求精"价值认同的路径

第一,发挥教师榜样作用,传达"精益求精"的职业态度。从教育学的角度,对高职学位持有者"精益求精"精神的培育,应当渗透到学位课程、顶岗实习、教学等环节中。一方面增加技术伦理和职业道德相关课程;另一方面在实训课中坚持规范操作,自主思维,培养学生求精、求善、求美的工作态度。因此,教师在"精益求精"精神培育中起到至关重要的作用。教师要有高水平的精湛技术,谦逊的做事和做人作风,注重细节,以自身外显的"精益求精"态度和精神,在潜移默化中感染学生,进而引导学生作为技术人或职业人的自我意识,让学生认识到"精益求精"精神对自己未来就业、学习和成长的重要意义,使之将精益求精、追求完美、勇于创新的认知内化成自我思想,融入到日常工作和生活行动当中。

第二,以职业可持续发展为高职学位教育与管理的理念。技术技能人才追求技术精湛与产品品质的"精益求精"精神不是一蹴而就的,它需要在职业生涯中不断地深入学习、反省反思技术实践。虽然"就业"是职业教育的终极目的,但这并不意味着职业教育就等同于岗前培训或在岗进修。高职学位制度应该从人的职业发展长远目标出发,面向终身就业的职业可持续发展的高等层次的职业教育。高职学位教育的"职业技能本位"育人观也不是"去人文化"的功利教育,而是整合职业与专业、技术与意义的职业人的"可持续发展"。

第三,提升学位课程中实践训练的"道技合一"标准。"什么是美好生活"是高等教育的永恒主题。在技术功用对社会政治、经济和文化发展的贡献度与科学一样大的今天,关注技术技能人才的生活,重视技术技能人才的"道与技"养成尤为重要。对于学术人才的"道与技"养成,经过几个世纪的探索,形成了"以习明纳"为核心方法来养成学者"修养、科学、自由、寂寞"的性格特质,以实现"美好生活"。而21世纪,技术人才的"美好生活"指向何方? 高职学位课程的结构和标准设计应该摒弃"基础课程、理论课程和实践课程"的课程三段模式,整合理论学习与实践训练,重视在"技术经验"的反复训练中形成的"默会能力",从而以这种能力理解生活世界、工作世界,形成正能量的职业使命感,调动学生的学习积极性,提高学生自身各方面的素质和能力,以成就一名"精益求精"的匠人为标准。

（二）完善互补性制度以诱致技术文化实践

新制度的文化认同与内化是一种漫长而渐进的过程,对于个体而言,它需要长时间以自内而外的方式经历"认识—适应—内化"的过程;对于社会而言,它正如社会化的过程。依靠相关政策或制度从侧面采用激励手段,激发高职学位制度主体的文化实践,即唤醒高职院校和高职学位持有者作为"技术人"对技术文化的认同和自觉,实现自下而上、自发地推动高职学位制度的建构和变迁。

1.建立以技能为导向的应用技术人才评价体系

人才评价体系是社会评断某类人才的价值观、道德伦理、知识、技能和思维模式为正向价值的系统。它符合社会核心价值观和社会整体利益,在人们作出教育和职业选择时起到激励、导向作用。我国主流的人才评价体系是对学术型、研究型人才的价值肯定,同时大力倡导科学探索,弘扬尊重知识分子和科学研究工作者的社会氛围。而另一种与社会经济发展联系更为密切的应用型人才的社会价值导向还非常模糊,配套政策的缺失导致这一人才类型的社会接受度和认同感仍然有待提高。首先,积极推进《关于深化职称制度改革的意见》,改革"唯论文、唯资历、唯学历"的单一评价标准,设立多元标准以满足多种人才评价需要,拓宽应用技术人才的内涵与标准。构建应用技术人才评价体系,站在国家产业振兴的高度,正视应用技术在我国当前和今后产业结构调整中所发挥的重要作用。就高职而言,其培养的技术技能人才是应用技术人才体系中的最底层,把职业技能而不是研发技能或理论知识作为技术技能评价的核心项目改革。《国家中长期人才发展规划纲要（2010—2020）》提出，"社会化职业技能鉴定，企业技能人才评价，以职业能力为导向，以工作业绩为重点，注重对劳动者职业道德和职业知识水平进行考核和评价"。因此，高职学位制度只有与"应用技术人才评价体系、技术职称评定政策"紧密结合，使文凭与职称评定"挂钩"，才能真正实现高职与普通高等教育、技术文化与学术文化的平等化。

2.健全职业教育学制系统

我国当前的学制体系是由1922年"六三三学制"演变而来，在该学制中，职业教育集中在中等教育层次，小学校后2~3年可根据地方需要酌情设置职业教育，未见高等教育阶段有职业教育类型。这是因为彼时教育制度建设主要由留德留美归来的学者（如蔡元培、陶行知）主持制定、修订，因而制度框架的设计有浓厚的美德色彩——高等教育独尊学术。1985年，职业教育进入高等教育学制序列，但并没有使其真正与学术型高等教育关联，形成完整的一贯制高等教育领域的职业教育，而只是在教育层次上提升了职业教育等级，还是以"限制升学、断头教育"的形态呈现。高等教育学制的这一基本制度形态大大削弱了人们就学职业教育的积极性，降低了职业教育的平等身份，同时也大大贬低了技术价值。综观发达国家职业教育学制，从应用技术人才与科学研究人才结构平衡出发，我国学制改革应该走向健全一贯式职业教育学制，使我国现代职业教育体系始于中等教育终于研究生教育层次，建立"中职—高职—本科—专业硕士—专业博士"升学晋级的完整学制，以提高人们选择接受职业教育、从事技术技能职业的意愿。

3.完善所得分配与社会福利制度

高职学位制度不只是意味着技术技能人才的规格培养，更意味着一种特别的培养模式。高职学位制度与高职学历制度的人才规格和培养模式与特征有很大的区别。在社会所得分配与福利制度中最大不同是技能水平的变化。产业革命之前，社会进步依靠技术工人的一般技能，故而用学历证书制度的人才规格和培养模式就足够圈护这类技术人员，并保障其劳动分配所得和社会福利。而产业革命爆发后，社会进步转向对特定技能的依赖，而这种特定技能又需要紧跟科技发展而不断升级更新。仅凭学历证书制度很难支撑技术技能人才终身学习、不断更新技术的上升渠道，在很大程度上阻断了技术技能人才对社会待遇和社会地位提升的期待。所得分配是社会公平与社会平等的显示器,一个社会如果过度限制某类教育话语地位与权力,那么该教育内学生几乎将被禁锢在低话语权的职业范畴内。另外,高职学位制度与社会福利制度关系密切。知识经济时代,高职学位制度不仅提供予应用技术人才知识与技术训练的机会保障,而且提供予应用技术人才就业和继续教育的机会保障。如果技术工人的社会福利制度足够健全,那么技术工人就能够沿着自己的职业或职业群领域大胆地投资"技术、文凭和职业证书"等教育与培训。

(三)建构高职学位制度的技术文化

技术文化与学科文化是两个截然不同的文化生态。从教育教学来看,技术文化是高职或应用技术大学中各院系的教研室文化;从技术群体组织来看,技术文化是同一技术行业中各层次从业者所形成的行会文化;从知识体系的角度,技术文化是以技术知识为整体的,而非以科学知识为体系,按照某种标准和方法对某一技术领域的知识进行科学划分。从高等教育结构优化之科学型教育、职业型教育、应用型教育分类上讲,技术文化的对立面是以学科为载体的科学教育之学科文化。学科文化是学科建制下的学术文化形态。从学术组织来看,学科文化是同一学科组成的学者群落文化;从教育教学的角度看,学科文化是大学中各院系的教研室文化;从知识体系的角度看,学科文化是人为分化了的科学知识的共享价值、思维范式和语言。我国现有 13 个学科门类,110 个一级学科,每个学科都有自己特殊的文化。有的学科历史悠久,文化与内涵深厚;有的学科年轻有活力,文化内涵有待进一步挖掘。高职学位制度下的高职必须破除学科制度规训,冲破学科文化、学术文化的规制,以构建技术文化为起点,突出技术不仅是劳动生产的一种工具媒介,更是除了有形器物之外的技术规训、技术思维、技术理念、技术价值等制度和精神层面的内涵。用现代职业教育理念下的技术文化来建立新型学位符号之"文化—认知"合法性。

高职学位制度下的技术文化,不是高职的教育技术文化,也不是简单的技术伦理,而是基于高职及其高职学位之育人功能的技术知识、技术行为规训、技术思维范式、技术价值观的技术文化。有学者认为,"作为文化形态的技术文化的发展大体上经历了三个历史阶段,表现为由低到高的三种技术形式,即幻想的技术形式、经验的技术形式和科学的技术形式"[1]。高职学位制度是现代职业教育体系下高职的内涵式再定位，作为支撑现代高职内涵发展的技术文化形态，是当前社会特殊历史发展时期的技术文化形式。笔者认为，高职学位制度下的技术文化是以应用科学为依托的技术文化内涵，具体有以下四个层面的内涵，这四个层面是相互支撑的整体，任何单一层面都不能构成或代表技术文化内涵与特色：

第一层是技术文化的知识层面。技术知识是技术文化的知识主体，徐国庆认为，"技术知识"是指"生产某种物品或者提供某种服务所需的知识，它不仅包括用于理解技术过程的技术理论知识，而且包括直接用于控制技术过程的技术实践知识"[2]，即它包括由技术范畴内的基础学科知识、技术理论知识和技术经验知识三者组成的显性知识，以及隐性知识，如实践操作场所术语、技术伦理等。关于技术知识是一个独立的知识体系还是科学知识运用下的衍生知识，科学家和技术专家有着不同的看法。科学家认为，技术知识是人们将科学知识深入运用到技术实践中，而技术专家却认为，技术知识与科学知识是两个独立的知识系统，技术是以应用科学为依托的独立领域[3]。例如工程等应用技术领域，作为应用科学的工程专业，其培养方案中的知识分配、知识传授方式、知识思维训练和行业术语等都与作为纯粹科学的工学的知识体系截然不同。

第二层是技术文化的规训层面。技术文化的规训层面实质是技术使用规范、思维范式和技术运用过程中的道德伦理规则。它包括技术实践规则、技术水平评价标准、技术发明与创新的产权形式和要求等。技术规训标志着初级技术技能人才和高级应用技术人才在入职之前所习得的技术行为和思维规范。高职学位制度设计下的技术规训是同一类型学位不同层次的技术规训过程，这种层次划分的标准一般以技术的复杂程度和对其操作者的复合技术能力为要求，也就是说，不同层次的技术服务于不同等级的工业需求，而不是服务于人类的需求层次。我国20世纪初的职业教育主要发挥着"生计教育"的作用，"使无业者有业，使有业者乐业"[4]。而如今，简单机械的操作技术和岗位在技术更新换代速度极快的时代很容易被淘汰，机器代替人工的职业岗位越来越多。因此，现代发达的工业社会下的

[1]　蔡俊生,陈荷清,韩林德.文化论[M].北京:人民出版社,2003:103.
[2]　徐国庆.从工作组织到课程组织:职业教育课程设计的组织观[J].教育科学,2008(12):37-41.
[3]　陈凡,陈玉林.技术概念与技术文化的建构[J].科学技术与辩证法,2008(3):39-45.
[4]　黄炎培.黄炎培教育文选[M].上海:上海教育出版社,1985:52-56.

技术文化规训内容是灵活的。

第三层是技术文化的行为层面。技术文化的行为层面是由同一技术不同水平的群体的工作、生活样态共同呈现出来，它包括技术人员的技术实践和学习的时间安排、技术工作方式、职业生涯发展倾向、技术交流、技术协会（或称行会）成员的职称进路等竞争与发展模式。就学术文化的行为层面而言，研究学术群落的学术生活样态最能够体现不同学科群体的知识文化、研究文化和生活文化。而对于技术文化的行为层面，研究技术人员、技术专家、技术大师的工作与生活样态，能够生动而丰富地还原、概括和研究特定技术领域的职业场域文化和技术实践文化。

第四层是技术文化的精神层面，即某种技术的价值观、信仰、研究范式、实践习惯。概括而言，其实质是高职的理念，即对"高职何为"的哲学解答。自大学诞生以来，"大学何为、什么是大学精神"问题已是高等教育研究的永恒话题。"学术自由、大学自治"是古典大学留给现代大学、后现代大学的不能遗弃的精神遗产。新型学位符号下高职的理念是"平等、理性和实用"，平等是"应用型人才与研究型人才"的社会地位和机会的平等；理性是"工具理性与价值理性有机结合"的理性；实用是"面向行业特色实践"的实用。高职学位制度下的技术文化必须坚定地执行"平等、理性和实用"的价值信仰。在技术研究或技术运用研究的范式和技术实践习惯方面，应该从中华民族传统工匠之发明、运用、实践中汲取属于中国特色的技术实践习惯和研究范式，同时积极考察与研究德国等职业教育发达、技术文化先进的发达国家特色，以取其精华而进行本土化。

附录　构建高职学位制度的高职院校 领导访谈提纲

尊敬的老师：

您好！非常感谢您对我课题的支持与配合！本次访谈调研服务的项目是"我国高职学位制度构建研究"，我把"高职学位"定位在专科教育层次的应用型学位。我国现行"学士—硕士—博士"三级学位制度，专科层次不授予学位，授予学历文凭、毕业证书。然而国内已开始面向职业领域设置学位，1991年至今我国基本形成了以硕士学位为主、针对社会特定职业领域需要的博士、硕士、学士三个学位层次并存的专业学位教育体系。2014年《现代职业教育体系建设规划（2014—2020）》和2015年《高等职业教育创新发展行动计划（2015—2018）》先后提出了探索专科层次职业教育学位的可行性。因此，我今天的访谈就这个问题请教各位老师。

需要强调的是：访谈者会对访谈过程中涉及的个人信息、学校信息、个人对某个问题的看法及观点进行保密，并且访谈的内容仅作研究之用。

非常感谢您的配合与支持！

1.请问贵校是如何定位培养的人才以培养出区别学术型学位人才和衔接专业学位人才？

2.有些报道和高职毕业生反映，高职教育是"压缩饼干式的本科教育"，您是如何看待这个问题的？贵校是如何制定培养标准以作出区别？

3.为实现市场需求与学校人才供应的平衡，贵校通常如何掌握和分析所在地区产业和行业的发展需求以增设、更新、撤销专业科类？经常遇到哪些困难？

4.贵校是在管理专业、课程设置时如何分配省级政府、学校和行业权力的？特别是行业，它是如何参与专业与课程设置？

5.贵校成功实现专升本的学生数大概有多少？现行专升本制度给该校学生带

来的最大困难是什么？

6.贵校的往届生参加硕士研究生招考,直接升入专业学位研究生教育的人数和比例是多少？您对我国同等学力申硕有何看法？

7.您认为我国专科教育是否应该设置学位,您怎样看待高职院校构建职业教育学位制度问题？

8.您认为专科设置学位制度是否能给贵校带来招生方面的好处或者弊端？涉及哪些具体问题？

9.您认为专科设置学位制度是否能给贵校带来就业方面的好处或者弊端？涉及哪些具体问题？

10.您认为专科设置学位制度是否能给贵校带来学校管理方面的好处或者弊端？涉及哪些具体问题？

再次感谢您的配合与支持!

参考文献

一、中文著作文献：

[1] 阿克塞尔·霍耐特.为承认而斗争[M].胡继华,译.上海:上海人民出版社,2005.

[2] 阿兰·柯林斯,理查德·哈尔弗森.技术时代重新思考教育——数字革命与美国的学校教育[M].陈家刚,程佳铭,译.北京:华东师范大学出版社,2013.

[3] 阿什比.科技发达时代的大学教育[M].滕大春,滕大生,译.北京:人民教育出版社,1983.

[4] 埃米尔·涂尔干,马塞尔·莫斯.原始分类[M].汲喆,译.上海:上海人民出版社,2000.

[5] 埃米尔·涂尔干.社会分工论[M].渠东,译.北京:生活·读书·新知三联书店,2000.

[6] 艾伦·布卢姆.美国精神的封闭[M].战旭英,译.南京:译林出版社,2011.

[7] 安德鲁·阿伯特.职业系统——论专业技能的劳动分工[M].李荣山,译.北京:商务印书馆,2016.

[8] 安东尼·史密斯,弗兰克·韦伯斯特.后现代大学的来临?[M].侯定凯,赵叶珠,译.北京:北京大学出版社,2014.

[9] 巴特舍夫.苏联职业技术教育简史[M].黄一卿,鲁爱珍,译.北京:教育科学出版社,1989.

[10] 巴兹尔·伯恩斯坦.教育、符号控制与认同[M].王小凤,等,译.北京:中国人民大学出版社,2016.

[11] 北京师范大学外国教育研究所.国外学位制度[M].北京:地震出版社,1981.

[12] 伯顿·克拉克.高等教育新论——多学科的研究(第二版)[M].王承绪,等,译.杭州:浙江教育出版社,2001.

[13] 蔡俊生,陈荷清,韩林德.文化论[M].北京:人民出版社,2003.

[14] (宋)朱熹集注.论语[M].上海:世纪出版集团、上海古籍出版社,2007:7.

[15] 查尔斯·霍默·哈斯金斯.大学的兴起[M].王建妮,译.上海:上海人民出版社,2007.

[16] 陈洪捷.德国古典大学观及其对中国大学的影响[M].北京:北京大学出版社,2002.

[17] 陈厚丰.高等教育分类的理论逻辑与制度框架研究[M].广州:广东高等教育出版社,2011.

[18] 陈金圣.大学学术权力的制度化建构:基于组织分析的新制度主义视角[M].北京:中国社会科学出版社,2014.

[19] 陈英杰.中国高等职业教育发展史研究[M].郑州:中州古籍出版社,2007.

[20] 琚鑫圭,等.中国近代教育史资料汇编(实业教育和师范教育)[M].上海:上海教育出版社,2007.

[21] 田中万年,大木荣一.终身职业能力开发:劳动者的学习论[M].蓝欣,姜征,马金强,译.天津:南开大学出版社,2008.

[22] 戴晓霞,莫家豪,谢安邦.高等教育市场化[M].北京:北京大学出版社,2004.

[23] 道格拉斯·C.诺思.制度、制度变迁与经济绩效[M].杭行,译.上海:生活·读书·新知三联书店,2008.

[24] 杜威.杜威教育论著选[M].赵祥麟,王承绪,译.上海:华东师范大学出版社,1981.

[25] 杜威.民主主义与教育[M].王承绪,译.北京:人民教育出版社,1990.

[26] 南茜·弗雷泽,阿克塞尔·霍耐特.再分配,还是承认?——一个政治哲学对话[M].周穗明,译.上海:上海人民出版社,2009.

[27] 傅殷才.新保守主义经济学[M].北京:中国经济出版社,1994.

[28] 郭玉贵.美国和苏联学位制度比较研究——兼论中国学位制度[M].上海:复旦大学出版社,1991.

[29] 国家教育委员会职业技术教育司组织.国外职业技术教育[M].北京:北京师范大学出版社,1994.

［30］国家劳动总局培训局.五国职业技术教育：日本、印度、苏联、西德、美国的职业技术教育概况［M］.上海：劳动出版社,1981.

［31］国务院学位委员会办公室,国家教委研究生工作办公室.研究生教育和学位制度研究［M］.北京：人民教育出版社,1994.

［32］哈佛委员会.哈佛通识教育红皮书［M］.李曼丽,译.北京：北京大学出版社,2010.

［33］海斯汀·拉斯达尔.中世纪的欧洲大学：大学的起源［M］.崔延强,邓磊,译.重庆：重庆大学出版社,2011.

［34］韩慧.英国近代法律教育研究［M］.济南：山东人民出版社,2014.

［35］汉斯-格奥尔格·加达默尔.真理与方法［M］.洪汉鼎,译.上海：上海译文出版社,2004.

［36］河连燮,制度分析：理论与争议［M］.2 版.李秀峰,柴宝勇,译.北京：中国人民大学出版社,2014.

［37］贺国庆,等.外国职业教育通史（上卷）［M］.北京：人民教育出版社,2014.

［38］侯世光,黄进和.台湾教育年报（技职教育篇）［M］.台湾：国家教育研究院出版社,2014.

［39］黄炎培.黄炎培教育文选［M］.上海：上海教育出版社,1985.

［40］中国职业大学教育研究会.高等职业技术教育文集［C］.武汉：江汉大学高等职业研究所,1986.

［41］姜大源.当代德国职业教育主流教学思想研究［M］.北京：清华大学出版社,2007.

［42］姜蕙.当代国际高等职业技术教育概论［M］.兰州：兰州大学出版社,2002.

［43］教育部教育年鉴编纂委员会.第二次中国教育年鉴［M］.北京：商务印书馆,1948.

［44］杰弗里·A.康托.美国 21 世纪学徒制——培养一流劳动力的奥秘［M］.北京市职业能力建设指导中心,译.北京：中国劳动社会保障出版社,2016.

［45］杰勒德·德兰迪.知识社会学中的大学［M］.黄建如,译.北京：北京大学出版社,2010.

［46］金川,李蓓春,吕韩飞.高等职业教育办学定位理论与实践研究［M］.北京：中国政法大学出版社,2013.

[47] 金耀基.大学之理念[M].北京:生活·读书·新知三联书店出版社,2001.

[48] 经济合作与发展组织.OECD展望:高等教育至2030(第一卷)[M].杨天平,王宪平,译.重庆:重庆大学出版社,2011.

[49] 卡尔·波普尔.猜想与反驳:科学知识的增长[M].傅季重,等,译.上海:上海译文出版社,1986.

[50] 卡林·诺尔-塞蒂纳.制造知识:建构主义与科学的与境性[M].王善博,等,译.北京:东方出版社,2001.

[51] 康翠萍.学位论[M].北京:人民教育出版社,2005.

[52] 克里斯托弗·温奇.职业教育的技能积累[M].杨明光,陈云山,杨永兵,等,译.北京:北京师范大学出版集团,2016.

[53] 柯林斯.文凭社会——教育与阶层化的历史社会学[M].刘慧珍,等,译.台北:桂冠图书股份有限公司,1998.

[54] 威廉·克拉克.象牙塔的变迁——学术卡里斯玛与研究性大学的起源[M].徐震宇,译.北京:商务印书馆,2013.

[55] 克拉克·科尔.大学的功用[M].陈学飞,等,译.南昌:江西教育出版社,1993.

[56] 劳凯声.中国教育法制评论(第10辑)[M].北京:教育科学出版社,2012.

[57] 劳伦斯·维赛.美国现代大学的崛起[M].栾鸾,译.北京:北京大学出版社,2011.

[58] 雷国鼎.比较职业技术教育[M].台湾:台湾中华书局,1974.

[59] 雷蒙·阿隆.社会学主要思潮[M].葛智强,胡秉诚,王沪宁,译.上海:上海译文出版社,2013.

[60] 李·泰勒.职业社会学[M].张逢沛,译.上海:复兴书局,1972.

[61] 李梦卿.管视与谋思:职业教育发展研究[M].桂林:广西师范大学出版社,2012.

[62] 理查德·斯科特.制度与组织——思想观念与物质利益[M].3版.姚伟,王黎芳,译.北京:中国人民大学出版社,2010.

[63] 梁忠义,金含芬.七国职业技术教育[M].长春:吉林教育出版社,1990.

[64] 卢现祥.西方新制度经济学[M].北京:中国发展出版社,2003.

[65] 鲁德纳.社会科学哲学[M].曲跃厚,林金城,译.北京:生活·读书·新知三联书店,1988.

[66] 陆学艺.当代中国社会阶层研究报告[M].北京:社会科学文献出版社,2002.

[67] 伊恩·罗伯逊.社会学(下)[M].黄育馥,译.北京:商务印书馆,1991.

[68] 罗纳德·H.科斯.财产权利与制度变迁——产权学派与新制度学派译文集[C].刘守英,等,译.上海:上海人民出版社,2014.

[69] 骆四铭.中国学位制度:问题与对策[M].武汉:华中科技大学出版社,2007.

[70] 吕鑫祥.高等职业技术教育研究[M].上海:上海教育出版社,1998.

[71] 马克斯·韦伯.韦伯论大学[M].孙传钊,译.南京:江苏人民出版社,2006.

[72] 马克斯·韦伯.学术与政治[M].冯克利,译.北京:生活·读书·新知三联书店,1998.

[73] 马歇尔,安东尼·吉登斯.公民身份与社会阶级[M].郭忠华,刘训练,译.南京:江苏人民出版社,2008.

[74] 马早明.亚洲"四小龙"职业技术教育研究[M].福州:福建教育出版社,1998.

[75] 麦可思研究院.2013年中国大学生就业报告[M].北京:社会科学文献出版社,2013.

[76] 麦克·F.D.扬.知识与控制——教育社会学新探[M].谢维和,朱旭东,译.上海:华东师范大学出版社,2002.

[77] 毛澹然.美国社区学院[M].北京:高等教育出版社,1989.

[78] 约翰·S.布鲁贝克.高等教育哲学[M].王承绪,等,译.杭州:浙江教育出版社,2002.

[79] 约翰·康芒斯.制度经济学(上册)[M].于树生,译.北京:商务印书馆,1962.

[80] 倪世光.中世纪骑士制度探究[M].北京:商务印书馆,2007.

[81] 欧阳哲生.中国近代思想家文库蔡元培卷[M].北京:中国人民大学出版社,2014.

[82] 帕克·罗斯曼.未来的教与学:构建全球终生学习体系[M].青岛:中国海洋大学出版社,2007.

[83] 潘懋元,王伟廉.高等教育学[M].福州:福建教育出版社,1995.

[84] 潘懋元,等.中国高等教育百年[M].广州:广州高等教育出版社,2003.

[85] 皮埃尔·布迪厄.实践感[M].蒋梓骅,译.江苏:译林出版社,2009.

[86] P.布尔迪厄.国家精英——名牌大学与群体精神[M].杨亚平,译.北京:商务印书馆,2004.

［87］P.布尔迪约,J.-C.帕斯隆.再生产:一种教育系统理论的要点［M］邢克超,译.北京:商务印书馆,2002.

［88］石伟平.比较职业技术教育［M］.上海:华东师范大学出版社,2001.

［89］石中英.知识转型与教育变革［M］.北京:教育科学出版社,2001.

［90］孙祖复,金锵.德国职业技术教育史［M］.杭州:浙江教育出版社,2000.

［91］唐纳德·A.舍恩.反映的实践者——专业工作者如何在行动中思考［M］.夏林清,译.北京:教育科学出版社,2007.

［92］埃米尔·涂尔干.教育思想的演进［M］.李康,译.上海:上海人民出版社,2006.

［93］涂又光.中国高等教育史论［M］.武汉:湖北教育出版社,1997.

［94］瓦尔特·吕埃格.欧洲大学史(第一卷):中世纪大学［M］.张斌贤,等,译.保定:河北大学出版社,2008.

［95］贺国庆,朱文富,等.外国职业教育通史(上卷)［M］.北京:人民教育出版社,2014.

［96］王昕红.美国工程教育专业认证研究［M］.西安:西安交通大学出版社,2011.

［97］王战军.学位与研究生教育评价理论与方法［M］.北京:高等教育出版社,2012.

［98］王忠烈.台湾、香港、澳门学位制度与研究生教育研究［M］.北京:中国人民大学出版社,1997.

［99］王忠烈.学位与研究生教育比较研究［M］.北京:中国人民大学出版社,1999.

［100］维尔斯曼.教育研究方法导论［M］.袁振国,等,译.北京:教育科学出版社,1997.

［101］魏峰.韦伯传［M］.北京:中国广播电视出版社,2003.

［102］沃尔特·W.鲍威尔,保罗·J.迪马吉奥.组织分析的新制度主义［M］.姚伟,译.上海:上海人民出版社,2008.

［103］吴本厦.略论中国学位与研究生教育［M］.西安:西安交通大学出版社,1993.

［104］吴清山,席荣维.综合教育小法规［M］.台湾:心理出版社,2004.

［105］吴雪萍.国际职业技术教育研究［M］.杭州:浙江大学出版社,2004.

［106］吴镇柔,陆叔云,汪太辅.中华人民共和国研究生教育和学位制度史［M］.北京:北京理工大学出版社,2001.

[107] 希拉·斯劳特,拉里·莱斯利.学术资本主义[M].梁骁,黎丽,译.北京:北京大学出版社,2014.

[108] 谢桂华.20世纪的中国高等教育(学位制度与研究生教育卷)[M].北京:高等教育出版社,2003.

[109] 谢泳,智效民,等.逝去的大学[M].北京:同心出版社,2005.

[110] 星野芳郎.未来文明的原点[M].毕晓辉,董守义,译.哈尔滨:哈尔滨工业大学出版社,1985.

[111] 许纪霖.智者的尊严——知识分子与近代文化[M].上海:学林出版社,1991.

[112] 许正中,等.中国现代职业教育理论体系研究[M].北京:人民出版社,2013.

[113] 续润华.美国社区学院发展研究[M].北京:中国档案出版社,2000.

[114] 雅克·勒戈夫.中世纪的知识分子[M].张弘,译.北京:商务印书馆,1996.

[115] 杨少琳.古老而常新的法国学位制度[M].重庆:重庆大学出版社,2010.

[116] 伊曼纽·华勒斯坦.学科·知识·权力[M].刘健芝,等,译.北京:生活·读书·新知三联书店,1999.

[117] 易红郡.战后英国高等教育政策研究[M].长沙:湖南师范大学出版社,2012.

[118] 袁立锟.欧美比较职业技术教育[M].台湾:大圣书局,1978.

[119] 翟海魂.发达国家职业技术教育历史演进[M].上海:上海教育出版社,2008.

[120] 张陈.我国当代学位制度的传统与变革[M].重庆:重庆大学出版社,2014.

[121] 张建新.高等教育体制变迁研究——英国高等教育从二元制向一元制转变探析[M].北京:教育科学出版社,2006.

[122] 张健.高等职业教育整合论[M].北京:教育科学出版社,2015.

[123] 张磊.欧洲中世纪大学[M].北京:商务印书馆,2010.

[124] 张伟远,段承贵,傅璇卿.搭建终身学习立交桥:国际的发展和比较[M].北京:中央广播电视大学出版社,2014.

[125] 中华人民共和国教育部发展规划司.中国教育统计年鉴2014[M].北京:人民教育出版社,2015.

[126] 中华人民共和国教育部高等教育司.中国普通高等学校高职高专教育指导性专业目录(建议方案)[M].北京:高等教育出版社,2004.

[127] 法律出版社编辑.中共中央关于教育工作的指示和国务院关于全日制学校的教学、劳动和生活安排的规定[M].北京:法律出版社,1959.

[128] 钟金明.中外学位制度与学位申请[M].武汉:武汉出版社,1988.

[129] 周洪宇.学位与研究生教育史[M].北京:高等教育出版社,2004.

[130] 周建松.高等职业教育专业建设理论与探索[M].杭州:浙江大学出版社,2010.

[131] 周雪光.组织社会学十讲[M].北京:社会科学文献出版社,2003.

[132] 朱有瑜,高时良,等.中国近代学制史料[M].上海:华东师范大学出版社,1989.

二、中文期刊

[1] 毕家驹.国家学位标准要与时俱进[J].高教发展与评估,2006(6).

[2] 毕家驹.欧洲高等教育区的学位标准和质量保证准则[J].高教发展与评估,2006(5).

[3] 别敦荣.论我国大学章程的属性[J].高等教育研究,2014(2).

[4] 别敦荣,赵映川,闫建璋.专业学位概念释义及其定位[J].高等教育研究,2009(6).

[5] 杜时贵.高等职业教育应引入本科教育[J].职业技术教育,2010(6).

[6] 曹必文,刘青.欧美高等职业教育的学位授予及其启示——以美国和瑞士为例[J].中国高教研究,2010(9).

[7] 曹必文,刘青.欧美高等职业教育的学位授予及其启示——以美国和瑞士为例[J].中国高教研究,2010(9).

[8] 曹必文.我国高等职业教育学位授予模式构建[J].职业技术教育,2011(22).

[9] 曹晔.高等职业教育实施"工士"学位制度的思考[J].教育发展研究,2014(21).

[10] 曹晔.职业技术教育研究生学位制度的解构[J].职教论坛,2013(28).

[11] 陈超.产业结构现代化与高教结构改革——发达国家的经验及对我们的启示[J].比较教育研究,2001(9).

[12] 陈凡,陈玉林.技术概念与技术文化的建构[J].科学技术与辩证法,2008(3).

[13] 陈厚丰,李海贵.建立我国高等职业教育学位制度的探讨[J].高等教育研究,2015(7).

[14] 陈鹏,庞学光.培养完满的职业人——关于现代职业教育的理论构思[J].教育研究,2013(1).

[15] 陈思佳,米靖.澳大利亚资格框架(AQF)下的课程衔接路径研究[J].中国职业技术教育,2017(14).

[16] 陈伟.分化与整合:学术"场域"的进化逻辑[J].学术研究,2010(7).

[17] 陈正.德国应用技术大学的历史变迁对我国职业教育的启示[J].国家教育行政学院学报,2014(10).

[18] 程正宇.论基于学位本质的职业教育学位制度改革[J].湖北科技学院学报,2014(1).

[19] 崔延强,吴叶林.我国高等职业教育学位的制度功能及其构建[J].教育研究,2015(9).

[20] 单春艳,肖甦.俄罗斯高等教育层次结构及学位制度的改革与现状评述[J].比较教育研究,2008(9).

[21] 邓瑞芳,武夷山.国外企业大学的发展经验对我国企业的启示[J].科学学与科学技术管理,2006(10).

[22] 董艳.美国社区学院副学士学位课程及对我们的启示[J].中国成人教育,2006(5).

[23] 赵康.专业、专业属性及判断成熟专业的六条标准——一个社会学角度的分析[J].社会学研究,2000(5).

[24] 樊平军.专业设置:一种官方知识的控制[J].中国高教研究,2010(7).

[25] 范守信,杨咏.高校学士学位授予标准问题初探[J].学位与研究生教育,2009(6).

[26] 冯晖,王志中.对学位授权审核工作及其评审方法的几点思考[J].学位与研究生教育,2004(4).

[27] 冯桂林.我国高技能人才需求问题的调查与思考[J].江汉论坛,2005(8).

[28] 佛朝晖.博洛尼亚进程中意大利高等教育学位制度改革[J].比较教育研究,2009(1).

[29] 付云.我国高等职业教育专业目录修订的演变[J].教育观察,2016(21).

[30] 傅伟,柳青松,邓光.基于工作过程系统化的高等职业教育专业建设内涵探析[J].职教论坛,2010(9).

[31] 高建红,邱同保.从 20 世纪中美日苏的学制变迁论我国高等职业教育学制设置[J].职业技术教育,2007(20).

[32] 顾海兵,王亚红.探讨取消高校毕业证书与设置副学士学位问题[J].学术界,2007(3).

[33] 顾坤华,赵惠莉.我国高等职业教育立法探究[J].黑龙江高教研究,2011(5).

[34] 顾明远.论苏联教育理论对中国教育的影响[J].北京师范大学学报(社会科学版),2004(1).

[35] 郭必裕.高教层次结构与区域经济的关系[J].江苏高教,2003(5).

[36] 郭建如,邓峰.高职教育培养模式变革、就业市场变化与毕业生就业概率分析[J].高等教育研究,2013(10).

[37] 韩映雄.世界主要发达国家学位授权制度分析[J].高等教育研究,2009(8).

[38] 何万宁.试析专业学位教育与高等职业教育的对接[J].高教探索,2002(4).

[39] 华迎放,韩永江.劳动保障:高技能人才队伍建设良性发展的保证[J].中国劳动,2006(11).

[40] 何杨勇.英国基础学位的发展问题解读和评析[J].现代大学教育,2014(6).

[41] 和震,于青.论职业教育升学制度的构建与高等教育的变革[J].中国高教研究,2010(2).

[42] 胡玲琳.学术性学位与专业学位研究生培养模式的特性比较[J].学位与研究生教育,2006(4).

[43] 华迎放,韩永江.劳动保障:高技能人才队伍建设良性发展的保证[J].中国劳动,2006(11).

[44] 黄宝印,陈艳艳.学位内涵与功能辨析[J].高等教育研究,2007(10).

[45] 黄粹.我国半官办社团的制度变迁路径分析——以行业协会为例[J].求索,2009(9).

[46] 季卫东.法律程序的意义——对中国法制建设的另一种思考[J].中国社会科学,1993(1).

[47] 贾生超,张新科.中德高等职业教育制度设计历程与框架比较研究[J].职教论坛,2012(12).

[48] 姜大源.现代职业教育体系构建的理性追问[J].教育研究,2011(11).

[49] 解瑞卿.高等职业教育学位授予的障碍排除——以制度合法性为主要观察视角[J].职教论坛,2014(22).

[50] 解瑞卿.我国现行学位授予审查制度的反思与修正[J].高教探索,2012(1).

[51] 康翠萍.对学位类型界定的一种重新解读[J].学位与研究生教育,2005(5).

[52] 康翠萍.关于国家学位政策体系及其内容的思考[J].教育研究,2005(12).

[53] 雷彦兴,王德林.美国当代学位制度的特征[J].学位与研究生教育,2002(9).

[54] 雷正光.现代职教培养目标定位研究[J].职教论坛,2003(9).

[55] 李安萍,陈若愚,潘剑波.学位与学历关系的误读分析——由高职"工士"学位授予引发的思考[J].职业技术教育,2015(18).

[56] 李成明,王晓阳.针对职业领域的专业学位研究生教育:内在逻辑与知识[J].学位与研究生教育,2015(2).

[57] 李红卫.高等教育对职业教育的控制 以职校生直接升学制度为例[J].职业技术教育,2012(6).

[58] 李宏,刘东,肖建国,等.工程硕士学位标准体系的构想[J].学位与研究生教育,2007(3).

[59] 李宏昌.以"工士"学位制度推进高职教育发展"新常态"[J].教育与职业,2015(29).

[60] 李梦卿,王若言.工士学位及我国高等职业教育学位名称推定语境研究[J].职教论坛,2014(31).

[61] 李梦卿,杨楠.高等职业教育"工士"学位的多维价值论研究[J].教育与职业,2015(5).

[62] 李梦卿,安培.从工士学位审视我国高等职业教育学位授予标准[J].职业技术教育,2014(22).

[63] 李梦卿,安培."工士"学位的学理逻辑、法理意义及选择最优性研究[J].高等教育研究,2015(3).

[64] 李梦卿,肖乐.高等职业教育"工士"学位的应用性特征研究[J].中国职业技术教育,2015(6).

[65] 李梦卿,杨楠.高等职业教育"工士"学位的多维价值论研究[J].职业与教育,2015(5).

[66] 李梦卿,安培,王克杰.高等职业教育学位制度的理论循证与实践形态——兼谈我国"工士"学位制度建设[J].教育发展研究,2014(21).

[67] 李巧针,余雪莲,郄海霞,等.国际高等教育专科层次学位的设置、发展与比较分析[J].学位与研究生教育,2005(12).

[68] 李巧针.浅论美国的副学士学位[J].学位与研究生教育,2005(8).

[69] 李树德.从国家示范性高职院校建设看高职教育社会认可度的培育[J].教育与职业,2009(3).

[70] 李维利,高文杰,刘文江.我国高等职业教育制度的现状、问题及设计原则[J].中国职业技术教育,2011(16).

[71] 李兴业.法国高等教育文凭与学位制度改革[J].比较教育研究,2006(1).

[72] 李玉静.国际高等教育专科学位制度发展与实践探析——以澳大利亚副学士学位为例[J].职业技术教育,2014(28).

[73] 李玉静.系统看待高职学位建设问题[J].职业技术教育,2014(25).

[74] 李玉梅.论学位的功能——质疑高校管理中不授予学位处罚的运用[J].学位与研究生教育,2005(5).

[75] 廖申白.亚里士多德的技艺概念:图景与问题[J].哲学动态,2006(1).

[76] 林华.论学位管理体制纵向关系的法制建构[J].学位与研究生教育,2015(12).

[77] 林杰,朴雪涛.我国教育硕士专业学位标准研究[J].研究所教育研究,2012(1).

[78] 林梦泉,朱金明,唐振福,等.学位点质量评估协同机制探究[J].学位与研究生教育,2013(7).

[79] 刘大伟.路径依赖与制度变迁:"工士"学位机制创新的诉求[J].教育理论与实践,2016(3).

[80] 刘恒,邱新.我国学位标准立法研究[J].江海学刊,2014(3).

[81] 刘会胜,王运来.我国应当增设副学士学位[J].学位与研究生教育,2003(4).

[82] 刘丽华.对我国学位授予权性质的几点认识[J].中国高教研究,2005(11).

[83] 刘丽华.浅谈英国的学位授权审核制度[J].学位与研究生教育,2006(2).

[84] 刘少雪,刘念才.我国普通高校的分类标准与分类管理[J].高等教育研究,2005(7).

[85] 刘自团.我国学士学位制度发展三十年述评[J].西南交通大学学报(社会科学版),2012(2).

[86] 罗兵,高月华.专业学位硕士研究生校企合作培养案例分析[J].高校教育管理,2013(3).

[87] 罗朝明.实践与实践性理解:布尔迪厄反思社会学的主题与品格[J].上海大学学报(社会科学版),2012(2).

[88] 罗建国.我国学位授权改革目标与策略探究[J].高等教育研究,2014(8).

[89] 罗建国.制度困境和政策创新:我国学位授权政策改革研究[J].湖南师范大学教育科学学报,2010(1).

[90] 罗先锋,黄芳.普及化阶段的高等职业教育——美国的经验和中国的展望[J].中国高教研究,2016(8).

[91] 罗祥云.我国学位的历史沿革与新中国学位制度的创立[J].学位与研究生教育,1991(6).

[92] 骆四铭.学位管理:"认证"还是"授权"——中美学位管理比较分析[J].黑龙江高教研究,2009(5).

[93] 骆四铭."学位研究"及其体系建构[J].高教探索,2006(4).

[94] 骆四铭.中国特色学位制度构建略论[J].江苏高教,2009(4).

[95] 倪小敏.专业评估:社会维度的质量保障[J].江苏高教,2004(4).

[96] 马怀德.加快学位制度改革切实推进学位立法[N].法制日报,2000-07-23.

[97] 马怀德,林华.论学位管理体制的立法逻辑[J].教育研究,2014(7).

[98] 马静萍.英国的学位授予权审核制度及启示[J].高等农业教育,2014(7).

[99] 秘舒.劳动力市场的结构变迁与动态特征——求职过程的宏观分析[J].南开学报(哲学社会科学版),2012(6).

[100] 潘发勤.英国的基础学位制度简介[J].中国职业技术教育,2005(29).

[101] 潘懋元.建立高等职业教育独立体系刍议[J].教育研究,2005(5).

[102] 潘懋元,陈厚丰.高等教育分类的方法论问题[J].高等教育研究,2006(3).

[103] 潘懋元,董立平.关于高等学校分类、定位、特色发展的探讨[J].教育研究,2009(2).

[104] 冉红琼.适时增设高职学位的必要性、目标及实施路径[J].武汉职业技术学院学报,2015(6).

[105] 申国昌,程功群.高等职业教育"工士"学位的内涵、价值及其构建[J].教育发展研究,2014(21).

[106] 申素平.学位立法的国际比较与借鉴[J].学位与研究生教育,2004(11).

[107] 沈海东,任君庆.高职院校在现代职业教育体系建设中的定位探讨[J].中国高教研究,2012(6).

[108] 沈苏林.国际视野下构建我国高等职业教育学制与学位体系的思考[J].继续教育研究,2011(10).

[109] 沈文钦,赵世奎.美国第一级职业学位(FPD)制度分析[J].教育学术月刊,2011(7).

[110] 隋继学,王晓燕.高等职业教育双证书制度的研究与实践[J].实验室研究与探索,2009(1).

[111] 孙大廷.关于学位授予程序的几个问题[J].辽宁教育研究,2002(11).

[112] 孙大廷,杨有林.论学位的本质属性[J].北方论丛,2003(4).

[113] 孙粤文.论专业学位研究生教育与高等职业教育的衔接[J].学位与研究生教育,2014(1).

[114] 堂吉伟德.比给工士学位更重要的是职业教育改革[N].深圳商报,2014-6-23(A08).

[115] 唐瑾,叶绍梁.从学位形态演变看我国学位形态发展新趋势[J].学位与研究生教育,2007(8).

[116] 唐小俊,顾建军.关于高职教育课程标准建设的几点思考[J].江苏高教,2009(4).

[117] 陶学梅,李作章.日本应用型本科教育与高职教育衔接的政策设计与实践[J].职业技术教育,2017(18).

[118] 屠群峰.国外高职教育学位制度的特点及启示[J].职教论坛,2010(21).

[119] 王继平.深化职业教育改革[J].职教论坛,2014(13).

[120] 王立科.论文化资本及其对高等教育机会平等的影响[J].中国高教研究,2009(2).

[121] 王利芬,骆四铭.论基于学位本质的学位制度改革[J].现代大学教育,2008(3).

［122］王林.高等职业教育投资效益分析及提升路径研究——基于层次分析法［J］.教育评论,2016(6).

［123］王珑.高职教育专业评估指标体系构建与创新研究——基于高职人才培养规格新界定的视角［J］.职教论坛,2013(33).

［124］王永颜.高等职业教育工士学位制度改革探析［J］.职教论坛,2014(31).

［125］王永颜,申国昌.高等职业教育工士学位制度改革探析——基于价值论视角［J］.职教论坛,2014(31).

［126］王永颜.高等职业教育学位制度研究综述［J］.湖北职业技术学院学报,2014(4).

［127］王玉学,吴楠,谢金华.试论学术委员会、学位委员会及教学指导委员会的关系——以广东首两批核准23所公办高校章程审查为例［J］.高教探索,2016(7).

［128］王昭振.我国刑事司法诠释体制的反思与定位［J］.武汉理工大学学报(社会科学版),2008(5).

［129］尉健慧.西方国家学士学位标准及其启示［J］.中国高教研究,2009(5).

［130］魏欢,黄红富,赵会泽,等.从封闭走向开放:学位点授权审核制度的回顾、变迁与展望［J］.学位与研究生教育,2009(2).

［131］文永红,等.以职业需求为导向的专业学位研究生培养实践探索——以中国石油大学全日制工程硕士培养为例［J］.国家教育行政学院学报,2016(5).

［132］吴本厦.新中国研究生教育和学位制度的发展历程［J］.中国高等教育,1999(20).

［133］夏卫星,谢建斌,张长元.论现代职业人［J］.中国职业技术教育,2009(33).

［134］向城,黄宗明,张云怀.打破学科专业束缚 按行业大类定位培养复合型专业学位人才［J］.学位与研究生教育,2016(2).

［135］向智男,孙延明.国际化视野下我国工程硕士学位标准的分析及对策［J］.高等工程教育研究,2012(2).

［136］辛莹.当代中国学位体系结构失衡问题研究［J］.中国电力教育,2010(7).

［137］翟帆.工士学位,国家学位制度会采纳吗?［N］.中国教育报.2014-07-08.

［138］徐国庆.从工作组织到课程组织:职业教育课程设计的组织观［J］.教育科学,2008(6).

[139] 徐国庆.职业知识的工作逻辑与职业教育课程内容的组织[J].职业技术教育,2003(16).

[140] 许明.从基础学位制度的建立看英国职业教育的发展[J].教育评论,2000(6).

[141] 闫明杰.技术创新导向型税收制度设计研究——基于发展低碳经济背景[J].科技管理研究,2015(7).

[142] 杨国栋.职业教育不缺学位缺技能[N].台州晚报,2014-06-23(5).

[143] 杨金土.20世纪我国高职发展历程回顾[J].中国职业技术教育,2017(9).

[144] 杨柳.德国推行新学位证书等级制度,提升职业教育地位[J].比较教育研究,2014(5).

[145] 杨少琳.法国学位结构分析与启示[J].国家教育行政学院学报,2011(3).

[146] 杨勇.我国高等职业教育学位层次结构的构建[J].职教论坛,2014(7).

[147] 姚建宗.法律制度构造论[J].吉林大学社会科学学报,1996(5).

[148] 姚金菊.学位正当程序的制度构建[J].学位与研究生教育,2014(9).

[149] 姚荣.中国本科高校转型如何走向制度化——基于组织分析的新制度主义视角[J].教育发展研究,2015(3).

[150] 易浩.美国学位授予权的法律基础[J].科教文汇(上旬刊),2010(12).

[151] 尤西林.大学人文精神的信仰渊源[J].高等教育研究,2002(2).

[152] 于晓敏,吴旸,樊文强,等.博士学位点区域发展差异与趋势研究——基于2005年至2011年追踪数据的实证分析[J].国家教育行政学院学报,2013(6).

[153] 余晓,董富全.经验导向的学位建设:英国基础学位计划[J].现代教育管理,2013(7).

[154] 余雪莲,李巧针.高等教育专科层次学位的国际比较与设置规律[J].比较教育研究,2005(5).

[155] 俞文.世界高等教育学位制度新的发展趋势[J].高等理科教育,1997(3).

[156] 禹智潭,陈文化.技术:实践性的知识体系[J].科学技术与辩证法,1998(6).

[157] 袁本涛,胡轩,杨力苈.目标与路径:专业学位培养方案的内容分析[J].高等工程教育研究,2015(5).

［158］袁本涛,王孙禺.我国实施学位授权审核制度的反思与改革刍议［J］.高等工程教育研究,2005(2).

［159］袁潇,高松.高职院校专业管理机制研究［J］.高教探索,2017(1).

［160］翟亚军,王战军.省级政府学位与研究生教育管理职能的历史演进及未来走向［J］.学位与研究教育,2012(4).

［161］翟亚军,王战军.我国专业学位教育主要问题辨识［J］.学位与研究生教育,2006(5):23-27.

［162］詹姆士·奥汉伦,林恩·莫尔斯坦森,李荷珍.关于教师教学工作的评价［J］.高等教育研究,1981(4).

［163］湛中乐,李凤英.刘燕文诉北京大学案——兼论我国高等教育学位制度之完善［J］.中国教育法制评论,2002.

［164］张弛.多维视角下高职教育“工士”学位制度的建设与发展研究［J］.职教论坛,2015(19).

［165］张等菊,江洧.高职院校专业设置与区域经济发展的适切性研究——以广东省为例［J］.高教探索,2017(3).

［166］张涵.我国职业资格证书制度发展对策研究［J］.职业技术教育,2008(16).

［167］张桂春.“第二渠道”——德国高专毕业生的攻博之路［J］.世界教育信息,1996(9).

［168］张建功,张振刚.美国专业学位研究生教育的学位结构及启示［J］.高等教育研究,2008(7).

［169］张金辉.美国社区学院副学士学位制度分析［J］.教育与职业,2005(2).

［170］张金荣.我国设置高职院校学位制的价值与构想［J］.辽宁教育研究,2008(8).

［171］张劲,陈小亚.高职“专升本”教育的需求分析与实施方案构想［J］.职业技术教育,2001(13).

［172］张爽.英国《基础学位计划》政策的评价及启示［J］.外国教育研究,2006(8).

［173］张伟远.工作为本学习:突破终身学习立交桥瓶颈［J］.开放教育研究,2016(6).

［174］张秀峰,高益民.高职院校开展专业学位教育的理论矛盾和现实选择［J］.学位与研究生教育,2013(8).

[175] 张秀霞.高等职业教育"工士"学位的理论内涵、价值意蕴与路径探索[J].教育与职业,2015(16).

[176] 张应强.关于设置教育博士专业学位的政策建议[J].现代大学教育,2003(1).

[177] 张永泽.专业学位研究生基于项目的校企协同培养模式探索[J].学位与研究生教育,2014(6).

[178] 张元,蓝欣.日本国家职业资格制度特点及其与学历制度的关系[J].中国职业技术教育,2006(27).

[179] 张忠恒,张成.从生态学视角看中国高等教育制度创新[J].学术交流,2008(2).

[180] 赵炬明.学科,课程,学位:美国关于高等教育专业研究生培养的争论及其启示[J].高等教育研究,2002(4).

[181] 赵康.专业、专业属性及判断成熟专业的六条标准——一个社会学角度的分析[J].社会学研究,2000(5).

[182] 赵长林.中国学位制度实施三十年:回顾与总结[J].研究生教育研究,2012(1).

[183] 郑焱,张昶.从法律视角重新认识学位与学位授予权[J].学位与研究生教育,2006(4).

[184] 钟金明.中法学位、学历和文凭关系的研究[J].武汉大学学报(哲学社会科学版),1997(5).

[185] 周光礼.论学位授予行为的法律性质[J].科技进步与对策,2004(3).

[186] 周海霞.德国应用科技大学(FH)获博士学位授予权之争议[J].外国教育研究,2014(10).

[187] 周洪宇."工士"学位为高职教育"定位"[N].中国教育报,2015-02-13(3).

[188] 周佳丽,廖兴界.高等职业教育设置专业学位探究[J].职业教育研究,2011(1).

[189] 周建松,唐林伟.本科层次高等职业教育:现状、挑战与方略[J].大学教育科学,2015(5).

[190] 周文佳,刘明生.美国"2+2"专本衔接学分转换制度述要及其启示[J].当代教育科学,2016(9).

［191］周祥.四川省高等教育层次结构与经济增长关系研究［J］.职业圈,2007(7).

［192］朱丽娟."学位法"修订的保守立场［J］.中国高教研究,2011(1).

［193］朱平,赵强,程诗婷.我国学位授予权的三重属性探析［J］.学位与研究生教育,2013(3).

三、外文文献

［1］ Accrediting Council for Independent Colleges and Schools. Accreditation Criteria Policies,Procedures,and Standards［EB/OL］.(2009-01-01)www.acics.org.

［2］ Adlam D S, Turner G J, Lineker L. *Code in context*［M］. London：Routledge/Thoemms Press,1977.

［3］ Anderson Lester. *Academic Degree Structures：A Point of View*［M］. Norderstedt：BoD-Books on Demand Press,1972.

［4］ American Technical Education Association. National Minimum Standards for Associate Degree Technical Education Programs1991［Z］.1992.

［5］ Bourdieu P.Distinction：*A social critique of the judgement of taste*［M］.Cambridge：Harvard University Press,1984.

［6］ Collis F.Kevi,Biggs B.John.Matriculation,Degree Structures,and Levels of Student Thinking［J］.*Australian Journal of Education*,1983,27(8).

［7］ Dominic Madell.Foundation Degree Forward：A Comparative Study of Foundation Degree Development and Experience in the Public and Private Sectors［R］.2006. Report Ref：No.RS5306.

［8］ Flexner.Abraham.Is Social Worle is a Profession？［J］.*School and Society*,1915,6(26).

［9］ Further and higher edcation act 1992［EB/OL］. 1992-06-05. http://www.legislation.gov.uk/ukpga/1992/13/section/76.

［10］ Green C,Radwin D. Characteristics of associate's degree attainers and time to associate's degree［R］.National Center for Education Statistics,2012(3).

［11］ Heritage George,Thomas Andrew.Institutional Bias and the Degree Class System［J］.*Journal of Geography in Higher Education*,2007,31(2).

［12］ Higher Education Funding council for England. Foundation Degree Prospectus (2000)［EB/OL］.http://www.hefce.ac.uk/pubs/hefce/2000/00_27.pdf.

［13］ Ihde D. *Instrumental realism*: *The interface between philosophy of science and philosophy of technology*［M］.Bloomington:Indiana University Press,1991.

［14］ Jay D. Teachman. Family Backgroud, Educationl Resources, and Educational Attainment［J］.*American Sociological Review*,1987,52(4).

［15］ Kehm M.Barbara,Michelsen Svein,Vabo Agnete.Towards the Two-Cycle Degree Structure: Bologna, Reform and Path Dependency in German and Norwegian Universities［J］.*Higher Education Policy*,2010,23(2).

［16］ Lester S.Conceptualizing the practitioner doctorate［J］.*Studies in Higher Education*, 2004,29(6).

［17］ Louisiana State Dept.of Education,Baton Rouge.of Vocational Education.Office Systems Technology Associate Degree.Louisiana Technical Education Program and Course Standards. Competency-Based Postsecondary Curriculum Outline from Bulletin1822［R］.1995(6).

［18］ Loveland,Thomas.Initiating a Standards-Based Undergraduate Technology Education Degree Program at St.Petersburg College［J］.*Technology Teacher*,2006,65,(8).

［19］ Mark Granovetter.*Getting a Job*:*A Study of Contacts and Careers*［M］.Cambridge: Harvard University Press,1974.

［20］ Marshall Dave.Degree Accreditation in Canada［J］.*Canadian Journal of Higher Education*,2004,34(2).

［21］ Palmer,George Herbert.*Trade and Profession*:*Boston and New York*［M］.Chicago: Honghton Mifflin Company,1914.

［22］ Pierre Bourdieu.The forms of capital,in J.G.Robinson(ed) *Handbook of Theory and Research for the Sociology of Education* ［M］. New York: Greenwood Press,1986.

［23］ Rmaswamy V. Kizhanatham, Boyd L. Joseph, Desai Mayur. Master's Degree in Management Information Systems with a Supply Chain Management Focus ［J］. *Journal of College Teaching & Learning*,2007,4(5).

［24］ Shields-Bryant，Elayne.Academic Standards for Developing，Implementing，Evaluating，and Improving Information Science and Technology Baccalaureate Degrees［J］.*Journal of Information Technology Education*，2006，5（24）.

［25］ Stephen.Spur.*Academic Degrees structure Innovative Approaches*［M］.New York：Cambridge Books，1997.

［26］ Teachman J D.Family background，educational resources，and educational attainment［J］.*American Sociological Review*，1987.

［27］ The Quality Assurance Agency for Higher Education.Foundation degree awarding powers（2015）［EB/OL］.［2017-05-28］ http：//www. qaa. ac. uk/en/Publications/Documents/FDAP-Criteria-Mapping-Template-15.docx.

四、学位论文

［1］ 董仁忠."大职教观"视野中的职业教育制度变革研究［D］.上海：华东师范大学，2008.

［2］ 耿富云.本科生学力发展与课程对策研究［D］.重庆：西南大学，2015.

［3］ 吉莉莉.加拿大社区学院高等职业技术教育研究［D］.北京：中央民族大学，2007.

［4］ 任钢建.美国社区学院升学与就业双重功能研究［D］.重庆：西南大学，2008.

［5］ 孙玫璐.职业教育制度分析［D］.上海：华东师范大学，2008.

［6］ 谢媛媛.副学士学位制度研究［D］.杭州：浙江大学，2006.

［7］ 徐国庆.实践导向职业教育课程研究［D］.上海：华东师范大学，2004.

［8］ 余伟良.二十世纪的中国学位制度研究［D］.长沙：湖南师范大学，2008.

［9］ 张宜君.台湾职业结构与劳动力市场转型的动态分析（1978-2012）［D］.台湾："国立"台湾大学，2015.

［10］ 张勇.我国高校学位授予权研究［D］.上海：上海交通大学，2014.

［11］ 苏兆斌.我国学位制度的历史与现状研究［D］.长春：东北师范大学，2013.

［12］ 常小勇.高等职业教育制度创新［D］.长春：东北师范大学，2009.

［13］ 彭志武.高等职业教育学制研究［D］.厦门：厦门大学，2007.

［14］蒋春洋.制度分析视角下我国高等职业教育发展研究［D］.长春:东北师范大学,2013.

［15］肖化移.高等职业教育质量标准研究［D］.上海:华东师范大学,2004.

［16］匡瑛.高等职业教育发展与变革之比较研究［D］.上海:华东师范大学,2005.

［17］乔佩科.中国高等职业教育政策发展研究［D］.沈阳:东北大学,2009.

［18］邓光平.我国专业学位设置的政策分析［D］.武汉:华中科技大学,2006.

五、其他

［1］第五次人口普查的统计报告［EB/OL］.［2001-05-15］.http://www.stats.gov.cn/tjsj/pcsj/rkpc/5rp/index.htm.

［2］第六次人口普查的统计报告［EB/OL］.［2011-04-28］.http://www.stats.gov.cn/tjsj/pcsj/rkpc/6rp/indexch.htm.

［3］2016年第四季度部分城市公共就业服务机构市场供求状况分析［EB/OL］.［2017-01-11］.http://www.chinajob.gov.cn/EmploymentServices/content/2017-01/11/content_1270274.htm.

［4］"工士"学位首先要与市场对接［EB/OL］.［2014-06-23］.http://news.sina.com.cn/o/2014-06-23/085030406294.shtml.

［5］国家统计局.2015年农民工监测调查报告［EB/OL］.［2016-04-28］.http://www.stats.gov.cn/tjsj/zxfb/201604/t20160428_1349713.html.

［6］何勇海.评论:"工士学位"难解职教歧视［EB/OL］.［2014-6-23］.http://www.chinadaily.com.cn/hqpl/zggc/2014-06-23/content_11879331.html.

［7］江西现代职业技术学院浓情举行2015届毕业典礼暨工士学位授予仪式［EB/OL］.［2015-7-13］.http://www.gx211.com/news/2015713/n2634281663.html.

［8］教育部对国内首个"工士"学位说不!［EB/OL］.［2014-06-23］.http://news.mydrivers.com/1/309/309431.htm.

［9］教育部明确工士为荣誉称号非学位［EB/OL］.［2014-06-23］.http://epaper.ynet.com/html/2014-06/23/content_68274.htm? div=-1.

［10］联合国教科文组织.国际教育标准分类法（2011 年版）［EB/OL］.［2014-07-30］.http://www.doc88.com/p-5819882090549.html.

［11］首个"工士学位"意义远超一纸文凭［EB/OL］.［2014-06-23］.http://edu.sina.com.cn/gaokao/2014-06-23/1057424868.shtml.

［12］香港特别行政区政府.资历框架［EB/OL］.［2016-09-30］.https://www.hkqf.gov.hk/en/home/index.html.

［13］学位制度建设——西北政法大学申博案法律分析研讨会［EB/OL］.［2009-07-24］.http://society.people.com.cn/GB/86800/9718755.html.

［14］周洪宇.在职业教育中试行"工士"学位制度［EB/OL］.［2015-03-11］.http://edu.ifeng.com/a/20150311/41004948_0.shtml.

［15］中国社会科学院语言研究所词典编辑室.现代汉语词典［Z］.北京:商务印书馆,1992.

结　语

美国学者马克·萨奇曼认为："促进制度创造的动力机制是一个重复发生的问题出现,对问题进行识别和定名,而以前存在的制度又对这个问题没有提供满意的应对措施"[1]。我国高职学位制度是一项从无到有的制度创建过程,其创建的动力是基于当前高等教育宏观结构和学位体系无法解决反复出现的高职发展困境和应用型人才断层供给与质量认证问题。缘此,高职学位制度的创建与实施是可行的、必要的,以此为前提,本研究从理论上探索高职学位制度的应然样态及其制度化的路径。

在高职学位制度的理论审视上,高职学位是职业教育文凭和大学学位经过几个世纪的演变、符合当前社会需求的学位化职业教育文凭。它具有学位的一般属性,又体现实践知识的评价属性、半专业化的职业权力属性和技术实践文化属性。它与职业资格证书、学历证书不同,高职学位教育是系统化、有计划、有目的的教育形式,能够与学术型学位教育、专业学位教育以及非正规教育直接转换与融通,这是职业资格证书和学历证书所无法企及的。虽然我国高职以专科层次为主,本科层次高职尚未成熟,但在科技发达的工业社会,高职学位制度应体现更高深的知识实践、技术创新的教育内涵,故而高职学位不应该局限在学士以下学位,而应再包含学士学位阶段。

在高职学位点设置上,高职学位点有别于学术型学位点和专业学位点,高职学位点的选择与建设应该打破学科目录的规训,突出区域产业和行业特色。由于高职各专业的发展很不平衡,高职学位点的确立应选择那些达标了的高职专业来评估。从微观层面看,高职学位点的专业建设实质是职业岗位所需知识、技能与态度的系统化,这种系统化具体表现为课程系列计划、教学安排、师资配备等,它不仅能

---

[1]　W.理查德·斯科特.制度与组织——思想观念与物质利益[M].姚伟,王黎芳,译.北京:中国人民大学出版社,2010:113.

够响应产业、行业和企业对工作胜任者的特质需求,而且能够为更宽广的职业生涯发展打下夯实的知识、技能与能力基础。从宏观层面看,建立具有高职特色的学位点评估制度。第一,高职学位点设置是以产业和行业需求为主导,发挥行业和企业在学位点评估中的评审与咨询作用。第二,以学位点设立标准为衡量尺度,评估高职专业的课程、师资、校企合作规模与成效等内容。第三,采用国家规范与市场机制相结合的学位点评估运行模式。

在高职学位的授予标准上,学位标准在国家强制力的作用下,成为高校办学、学生学习及质量评估的重要指挥棒。高职学位的构建既要把握普通高等教育学位的标准结构,同时也要依据高职学位的性质和高职人才培养定位,制定出国家层面统一的学位标准。本研究从目标、过程和结果三个维度来架构高职学位标准体系,总体归结为以下两大内容:其一,基于行业或岗位需求,构建职业人显性的知识和技能标准。这一标准旨在回归执业能力,具体而言,即知识和信息的掌握标准、完成岗位工作的熟练操作标准以及自主工作的半专业能力等。其二,基于技术的伦理诉求,构建技能人才的关键价值标准。技术是一把双刃剑,风险社会下技术工人的技术伦理观和技术文化涵养同样需要重视,在学位标准的设计上,应该将主体的道德与价值作为重要内容维度纳入标准体系构建。

在高职学位的管理机制上,国家是学位授予权的权力源头。高职学位管理机制的建设主要从宏观层面确立授权主体,在微观运行上界定行业、企业的权责范畴。第一,建立以省级(直辖市、自治区)学位管理机构主导的学位授权体制。我国实行的是国家性质学位,省级学位管理机构或高校在国家赋权委托的前提下开展学位授予工作。然而,由于高职主要面向区域发展,地方政府在快、准、全获取信息和高效地统筹规划本行政区域资源上具有优势,国家和高职院校较之略显劣势。因此,在中央、省和高校三级权力体系中,省级学位管理机构作为高职院校获取学位授予权的授权主体具有合理性和必要性。第二,建立行业、企业主体充分参与决策学位管理的运行机制。在普通高等教育学位授予的过程中,学术委员会起到决定性作用,对学位申请者的学术水平有着严格的把关。高职学位同样需要建立学位授予的决策与执行机构,但与普通高校不同,高职院校需要整合学校技能专家、行业企业专家以及政府相关部门共同进行学位授予评议工作。

在高职学位的衔接机制上,高职学位衔接机制的构建实质是建设衔接双方在证书标准、培养或培训内容、学习成果上的等值认证与转换。由于高职学位是面向职业的学位制度，其应该在教育体系内与专业学位制度衔接，也应该与工作世界的职业资格认证衔接。不同的衔接对象采用不同的衔接机制。第一，与专业学位的衔接，高职院校应该在与应用型高校建立联盟关系的基础上，采用学分认证与转换的方式，以一定的学分标准对高职学位持有者的学习成果进行评估、认证与转换。第二，与学士学位的衔接，应该在课程设计和专业上加大衔接机制的构建。第三，与职业资格的衔接，建立国家资历框架，以国家资历等级与标准为衡量尺度，实现高职学位与对应职业资格等级的对接。

在高职学位制度化路径上，一种新制度设计生成后能够有效而持久地投入使用，不仅因为该制度本身的适切性和科学性，更要有内化于人的意识行为和外化于法律和组织保障的要素，这也是制度化的必备条件。第一，法律层面上的制度化路径。完善和修订与高职相关的法律，颁布高职学位条例，系统化建设高职学位制度的实体法和程序法。第二，组织层面上的制度化路径。推进高职院校组织转型，以实用逻辑和多元融通理念为组织目标，加大力度制定与完善组织章程，选拔具有变革能力的组织领导者，搭建适应与保障高职学位制度实施的组织型态。第三，"文化—认知"层面的制度化路径。这是新制度制度化的根本路径，应该从制度主体的共同文化与共享价值出发，培育学生"精益求精"的价值认同，打破学科文化界限，建构高职学位制度的技术文化，并以其他互补性制度诱导与推进技术文化的内化。

高职学位制度对完善我国高等教育体系，建设多元学位系统，构建现代职业教育体系具有重大意义。回顾整个研究过程与结论呈现，本研究还存在不成熟之处。一方面，由于研究者有限的学识、思辨能力、社会资源以及对已有研究成果的掌握程度，不可避免地造成研究的不确切和深度不够，虽几易其稿，反复修改，但仍然掩盖不了本研究的局限性，故研究观点仅为一家之言。另一方面，还需进一步识别、诊断、分析高等教育学位制度的实际运用问题。本研究是对新学位制度的制度构建研究，最终还要落实到实践中去。只有具备实际践行的有效性，才能体现本研究的真正价值。因此，在构建高职学位制度系统的基本样态之后，如何调适制度以切合具体实践应用，仍需进一步思考与论证。这也是有关高职学位制度今后的研究方向。本研究着力于高职学位制度主体的构建研究，在未来后续的研究中，应该将着力点放在外部关系建设上，即放在与学术型学位、专业学位以及其他文凭、证书的衔接融通机制上。不同层次与类型的学位制度一体化、学位文凭与其他证书和文凭之间的转换对接是世界高等教育制度的一大发展趋势,同时也符合我国高等教育发展战略。